·国家社科基金特别委托项目·

本丛书由中国社会科学院世界社会主义研究中心编

中国社会科学院创新工程学术出版资助项目

世界社会主义研究丛书·研究系列 78

金融帝国主义与国际金融危机

FINANCIAL IMPERIALISM AND INTERNATIONAL FINANCIAL CRISIS

栾文莲 等/著

社会科学文献出版社
SOCIAL SCIENCES ACADEMIC PRESS (CHINA)

本书编审委员会成员

李慎明　王立强　傅军胜
邓纯东　张祖英　黄胜奇

目录

世界社会主义研究丛书·研究系列 78

总 论

当今世界仍然处于金融帝国主义时代，必须
居安思危，坚定信心 ………………………………………… 李慎明 / 3

第一篇 垄断资本主义的发展与资本主义经济金融化及其经济危机

第一章 虚拟金融资本统治是 2008 年国际金融危机的根源
……………………………………………… 黄振奇 黄海燕 / 23

第二章 经济增长中不得不注意的贫富拉大问题
——兼评皮凯蒂的《21 世纪资本论》 ……… 丁一凡 / 31

第三章 从垄断资本主义的发展分析垄断深化、
金融化与经济危机 …………………………………… 栾文莲 / 39

第四章 马克思恩格斯列宁关于垄断问题的理论与启示 …… 周 森 / 56

第五章 资本主义日益膨胀的虚拟经济必然加重其危机 …… 单 超 / 66

第六章 马克思主义的当代意义 ……………………………… 张祖英 / 76

第七章 中外学者剖析资本主义经济金融化 ………………… 栾文莲 / 81

第二篇　国际金融危机与资本主义走向

第八章　危机中的美欧，"第三条道路"在回归 …………… 何秉孟／103

第九章　国际金融经济危机与资本主义向何处去
　　　　——一个阶级分析的视角 ………… 朱安东　蔡万焕／116

第十章　金融资本主义的新发展及其危机 ………………… 朱安东／131

第十一章　新自由主义与资本主义经济危机
　　　　　——基于阶级分析方法的研究 ………………… 裴小革／146

第十二章　西方左翼学者、共产党人关于金融危机的反思
　　　　　　………………………………………………… 刘志明／158

第三篇　资本主义经济金融化与国际金融危机的背景下，切实维护中国国家经济安全

第十三章　人民币国际化与美元霸权地位 ………………… 李长久／177

第十四章　后危机时代金融安全问题的思考 ……………… 祁敬宇／189

第十五章　中国应在 G20 框架下倡导建立全球金融规则 …… 张　斌／201

第十六章　发达资本主义国家垄断的新发展对
　　　　　我国深化经济体制改革的启示 ………………… 周　淼／206

第十七章　深入反思国际金融危机　切实维护中国经济安全
　　　　　——"资本主义经济金融化与国际金融危机研究"
　　　　　研讨会会议纪要 …………………………………… 刘志明／211

后　记 …………………………………………………………………… 220

总论

当今世界仍然处于金融帝国主义时代，必须居安思危，坚定信心

李慎明*

摘　要　我们必须明确我们所处的时代及时代主题，认清时代性质、时代问题、时代主题。当今时代仍然是金融帝国主义时代。列宁所讲的"金融帝国主义时代"特指资本主义社会发展的最高阶段和各种矛盾积累激化到一定阶段并由此向新的社会形态过渡的一定历史时期。金融帝国主义不是一种暂时现象和政策，而是资本主义社会发展的一个特殊的也是最高即最后的阶段。尽管时代的主题随着形势的变化而变化，但当今帝国主义时代的本质并没有任何改变。认清当今我们所处的时代，科学判断时代性质，是制定我国社会主义现代化建设和改革开放事业战略策略的根本依据，也是我们党进行社会主义政治和意识形态建设的带有根本方向性的最基本的指导原则。

关键词　时代　金融帝国主义　和平与发展　居安思危

习近平总书记在党的十八届三中全会上对《中共中央关于全面深化改革若干重大问题的决定》做说明时明确指出："全面深化改革需要加强顶层设计和整体谋划"，"大家来自不同部门和单位，都要从全局看问题，首先要看提出的重大改革举措是否符合全局需要，是否有利于党和国家事业长远发展"。[①]

---

* 李慎明，全国人大内务司法委员会副主任委员，中国社会科学院原副院长，世界社会主义研究中心主任，研究员。
① 《人民日报》2013年11月16日。

在上述要求中，习近平同志特别强调"顶层设计"。什么是"顶层设计"呢？接着他做了精辟的阐发：一是符合党和国家的全局事业；二是符合党和国家的长远事业。从一定意义上讲，全局是指空间，长远是指时间，空间＋时间＝历史。强调全局和长远，而不仅讲局部和眼前，特别不仅仅讲自己的"一亩三分地"和自己的任期内，这才是彻底的历史唯物主义，才是真正全心全意和完全彻底地为人民服务，才是中国特色社会主义共同理想与共产主义远大理想的有机统一。全局事业与长远事业相加，也可以说就是宏伟的中国特色社会主义事业和壮丽的共产主义事业。

而真正要树立全局与长远观念，搞好我们的"顶层设计"，不仅需要认清人类历史发展的规律，同时迫切需要正确认识我们当今所处的列宁所界定的时代。

不管承认不承认、正视不正视、认识不认识列宁所界定的时代，但它都时时刻刻存在于我们现实的政治经济社会生活之中，存在于我们亟待统筹的国内国际两个大局之中。从一定意义上讲，这是我们进行科学顶层设计中亟待弄清的一个十分重大的基础理论问题和客观现实问题。

科学判断时代性质，是制定我国社会主义现代化建设和改革开放事业战略策略的根本依据，也是我们党进行社会主义政治和意识形态建设的带有根本方向性的最基本的指导原则。认清当今我们所处的时代，不但对于我们最终实现党的最高纲领，对于坚持和发展中国特色社会主义，而且对于认真领会和坚决贯彻以习近平同志为总书记的党中央提出的"四个全面"战略布局都有着强烈的现实意义和深远的历史意义。

一

何谓时代及时代主题？这是讨论当今我们所处时代必须首先要明确的。

人们用生产工具作为划分时代的标准，如石器时代、青铜器时代、铁器时代、蒸汽机电力时代甚至"互联网＋"时代等；人们也用主要产业和产业的产值作为划分时代的标准，如农业时代、工业时代、信息时代等。

马克思恩格斯用占社会主导地位的阶级来确定和划分"过去的各个历史时代"、社会发展形态，并明确提出了"资产阶级时代"这一概念。

列宁发展了马克思恩格斯的思想，他所说的时代，是其对资本主义社会发展不同阶段划分的独创，是对资产阶级在资本主义社会不同发展阶段阶级本质特殊表现形式认识的独创。列宁明确指出："这里谈的是大的历史时代……我们能够知道，而且确实知道，哪一个阶级是这个或那个时代的中心，决定着时代的主要内容、时代发展的主要方向、时代的历史背景的主要特点等等。"①

列宁有句名言："马克思主义的最本质的东西、马克思主义的活的灵魂：具体地分析具体的情况。"② 列宁对马克思恩格斯所说的"资产阶级时代"做出了具体分析。按照列宁划分时代的标准，我们可以把马克思恩格斯所说的资产阶级细分为三个阶段：一是商业资产阶级，二是工业资产阶级，三是金融资产阶级即金融帝国主义。同时相对应地把资产阶级这一"大的历史时代"细分为三个较小的历史时代：一是商业资本主义时代。二是工业资本主义时代。商业资本主义时代和工业资本主义时代同为自由竞争的资本主义时代。三是工业资本和银行资本加速集中并日益融合的金融帝国主义时代。金融帝国主义时代则是垄断的、腐朽的资本主义时代。

依据列宁的思想，我们还可以做如下判断：时代，是在"世界历史"范围内按一定标准划分的社会发展的一定历史阶段；是处在时代中心的特定阶级，即矛盾的主要方面，决定着时代的主要内容、发展方向和历史背景的主要特点等。处在时代中心的阶级本质的表现方式发生了改变，即矛盾的主要方面发生了改变，那么时代的主要特点即时代主题也就会跟着发生改变。时代问题、时代主题或时代潮流，则是一定"时代的历史背景的主要特点"，也就是一定时代的不同时期所需要解决的主要矛盾，是世界各种政治力量斗争的焦点。从时间上看，"大的历史时代"、时代，常常是比较漫长的历史阶段，而时代问题、时代主题或时代潮流，则由于"有各种不同的斗争形式提到首位，成为主要的斗争形式"而不断转换，由于世界格局的重大变化而变化，其时间相对于"大的历史时代"、时代则要短暂很多。因此，时代与时代问题或时代主题有着必然的联系，但无疑有着本质的区别。时代规定着自身所特有的不易被人们所直接感知的时代性质的本质内涵，是时代问题或时代主题的上一个层次的问题，而时代问题或时代主题则是易被人们感知的特定时代性质的本质内涵的多样的外在表现形式。时代性质与时代问题或主题是决定和被决定的关系，而不是并列关系，更不是相反关系。现在理论界有的同志把时代性质与时代问题或时代主题混为一谈，把时代性质的本质内涵与时代性质本质内涵的外在表现形式混为一谈，就有可能得出不正确的结论。

列宁当时所讲时代的国际关系是围绕着战争与革命展开的，战争与革命是时代的主题。第二次世界大战以后直到20世纪五六十年代，世界形势虽

---

① 《列宁全集》第二十六卷，人民出版社，1988，第143页。
② 《列宁选集》第四卷，人民出版社，1972，第290页。

然发生了巨大的变化，但仍是以战争与革命为主题。正是由于"战争与革命"时代主题的演进，推动了社会主义阵营的诞生和第三世界的民族独立与民主解放运动，世界范围内阶级力量对比发生重要变化，为时代主题的转换、"和平与发展"时代主题的到来提供了历史的可能性和必然性。正是由于"战争与革命"时代主题的演进，国际资产阶级虽然仍然处在时代的中心，决定着时代的性质，但国际资产阶级受到了极大的削弱，战争的力量受到了极大的削弱，和平的力量得到了极大的发展。同时，我们也要看到，随着苏共二十大后苏共对马列主义和社会主义的逐渐脱离、背离，特别是苏联大国沙文主义和霸权主义行径，战争的力量又得到了增长。还有，随着社会主义中国的发展壮大，包括独立自主研发的"两弹一星一潜艇"问世，随着美苏争霸和苏联对中国进行军事打击的企图而引起的中美关系的松动，随着以美国为首的西方世界对社会主义国家实施"和平演变"战略的逐步倚重，随着20世纪70年代末80年代初，一些社会主义国家及发展中国家以市场为取向的经济体制改革的开始等，总之由于这些"历史的合力"，国际力量对比和世界格局开始发生重大变化，使战争与革命的时代主题逐渐转换为和平与发展。邓小平毅然决然地抓住这一时机，力主集中主要精力，搞好中国国内的经济建设，搞好改革开放，使中国的社会生产力在30多年内得到空前的大发展。这充分展现了邓小平作为伟大的政治家、战略家敏锐的政治目光和果敢的政治魄力。

"战争与革命""和平与发展"的时代主题都是处在资本帝国主义或金融帝国主义这一相同的历史时代内不同时期的时代主题、时代问题。"战争与革命"和"和平与发展"两大时代主题又属于对立统一、相互转化的关系，永远处在既矛盾又统一并最终发生质的变化的历史运动之中。矛盾的核心或者说主要矛盾就是国际资产阶级与国际无产阶级的斗争。当然，国际资产阶级与国际无产阶级在各个不同时期都有很多的表现形式，在世界范围内有"多种多样的层次"。矛盾的主要方面仍然是国际资产阶级。所以，我们一方面要看到，国际资产阶级即金融帝国主义依然处在时代的中心，当今时代依然是"资产阶级时代"这一大的历史时代，同时又是资产阶级这一大的历史时代中"金融帝国主义"这一相对小一点的历史时代，还要看到矛盾的运动和转化，看到金融帝国主义的相对下降与国际无产阶级的总体上升，看到由十月社会主义革命所开始的由资本主义向社会主义的过渡。这就是我们对于时代性质判断的"两点论"。看不到前者，看不到国际资产阶级即金融帝国主义仍然很强大，我们就可能在时代性质判断上犯"左"倾错误，就可能盲目乐观，急于跨越金融帝国主义时代，放弃在一定条件下与一些发达国家和平共处、合作共赢的机会，与西方国家搞全面对抗，企图"毕其功于一役"，犯"关门主义""冒险主义"等错误，甚至"唯我独左""唯我独革"，把自己置于孤家寡人的境地。看不到后者，看不到国际资产阶级即金融帝国主义的相对下降与国际无产阶级的总体上升，看不到由资本主义向社会主义的过渡，我们就可能在时代性质判断上犯右倾错误，就会对中国特色社会主义共同理想和共产主义远大理想丧失信心，社会主义初级阶段这一伟大理论就会失去立论的前提和理论的基础；丧失对金融帝国主义本质的深刻认识和必要的警惕性，甚至重蹈苏联亡党亡国之覆辙。

在马克思主义的字典中，对于战争与革命、和平与发展，从来不是孤立、片面和静止地去理解，而是从矛盾运动、对立统一、相互转化中去理解。正如列宁所指出的："在经济演进的各个不同时期，由于政治、民族文化、风俗习惯等等条件各不相同，也就有各种不同的斗争形式提到首位，成为主要的斗争形式，而各种次要的附带的斗争形式，也就随之发生变化。"[①]"战争与革命""和平与发展"都是从十月社会主义革命开始的由资本主义向社会主义过渡的历史进程中的不同斗争形式。正因为处于"大时代"之中的时代主题不会凝固不变，和平与发展的时代主题何时转化、如何转化即转化的空间方向、方式和具体内容值得我们认真关注和研究。

二

如何对时代主题进行判断？邓小平一开始并没有使用"时代主题"这一提法，而使用的是"时代问题"。1984年10月，邓小平指出："国际上有两大问题非常突出，一个是和平问题，一个是南北问题。还有其他许多问题，但都不像这两个问题关系全局，带有全球性、战略性的意义。"[②] 1988年12月21日，邓小平又指出："当前世界上主要有两个问题，一个是和平问题，一个是发展问题。和平是有希望的，发展问题还没有得到解决。"[③] 虽然邓小平自己始终没有直接使用过"和平与发展是时代主题"这一提法，但在1989年5月31日他明确地说："十三大政治报告是经过党的代表大会通过的，一个字都不能动。"[④] 而党的十三大报告则指出："根据国际形势和

[①] 《列宁全集》第十四卷，人民出版社，1988，第2页。
[②] 《邓小平文选》第三卷，人民出版社，1993，第96页。
[③] 《邓小平文选》第三卷，人民出版社，1993，第281页。
[④] 《邓小平文选》第三卷，人民出版社，1993，第296页。

我国现代化建设的需要，围绕和平与发展两大主题，调整外交格局和党的对外关系，发展了独立自主、反对霸权主义、维护世界和平的对外政策。我们在国际上的朋友更多了。"[1] 十三大报告中虽没有正面论述，但出现了"和平与发展两大主题"这一明确的表述。这说明，邓小平是赞成"和平与发展两大主题"这一提法的。党的十四大报告又正式表述为："和平与发展仍然是当今世界两大主题。"[2] 其间历经党的十五大直至十八大，这一提法基本上没有变动。十八大的表述为："当今世界正在发生深刻复杂变化，和平与发展仍然是时代主题。"[3]

邓小平在1989年5月31日间接肯定"和平与发展两大主题"之后，又多次强调了和平与发展这两大主题中存在的问题。1989年11月23日，邓小平在会见南方委员会主席、坦桑尼亚革命党主席尼雷尔时指出："我希望冷战结束，但现在我感到失望。可能是一个冷战结束了，另外两个冷战又已经开始。一个是针对整个南方、第三世界的，另一个是针对社会主义的。西方国家正在打一场没有硝烟的第三次世界大战。所谓没有硝烟，就是要社会主义国家和平演变。"[4] 1990年3月3日，邓小平又说："和平与发展两大问题，和平问题没有得到解决，发展问题更加严重。"[5] 可以说，和平与发展仍然是当今时代的两大主题，同时也是当今世界所要解决的两大课题，更是跨入21世纪后我们所竭力要解决而没有解决的两大问题。随着世界经济、政治形势的变化，这两大问题极有可能变得更为严重，也绝不排除在特定条件下所发生的转化。和平与发展这"两大主题"、"两大课题"和"两大问题"，绝不是几十年甚至上百年乃至更长一点的历史阶段所能轻易解决得了的。原始社会存在100多万年，奴隶社会存在1600多年，封建社会存在2000多年，资本主义社会才存在370多年，尽管现在历史加快了自己的发展步伐，但我们没有理由更没有力量让资本主义现在就寿终正寝。从一定意义上讲，西方强国只要主导着我们这个世界，这两大主题、两大课题和两大问题就不可能从根本上得到解决，战争就不可能完全避免。列宁的判断依然科学而准确：帝国主义是战争的策源地。冷战结束以来，世界范围内发生了十多起较大的局部战争，都直接或间接地与帝国主义大国有关。之所以说世界和平有希望，主要是说世界各国人民其中包括所有发达国家和发展中国家

---

[1] 《十三大以来重要文献选编》上，人民出版社，1991，第7页。
[2] 《十四大以来重要文献选编》上，人民出版社，1996，第35页。
[3] 《人民日报》2012年11月20日。
[4] 《邓小平文选》第三卷，人民出版社，1993，第344页。
[5] 《邓小平文选》第三卷，人民出版社，1993，第353页。

的广大人民对世界和平既有着强烈的愿望和追求，对帝国主义的现象和本质的认识、对帝国主义是战争的策源地的认识都有不同程度的深化。另外，以美国为首的西方国家正处于衰退之中，世界多极化也在深入发展，美国称霸全球常常是力不从心。鉴于用"和平演变"的办法在苏联获得成功，它们今后将主要运用其经济、政治和文化等霸权对世界上社会主义国家搞"和平演变"，对其他发展中国家搞"颜色革命"，企图达到永久称霸世界、掠夺世界之目的。正因如此，世界和平的整体格局仍会维持一段时间。

在当今世界，我们处于什么时代？列宁认为，19世纪末20世纪初人类社会进入了帝国主义和无产阶级革命的时代，时代的主要内容开始由资本主义向社会主义过渡。当时世界存在着三个基本矛盾：一是包括各国内部和国际上无产阶级与资产阶级之间的矛盾；二是各帝国主义国家和集团之间的矛盾；三是帝国主义国家与殖民地国家之间的矛盾。这些基本矛盾是资本主义生产方式占统治地位的必然产物，决定着时代的性质和基本特征。为了深刻理解列宁的时代思想，有必要重温列宁的相关论述。1914年，列宁指出："帝国主义是资本主义完成了它所能完成的一切而转向衰落的这样一种状态"，"这是一个并非……虚构，而是存在于实际关系之中的特殊的时代"，"这个时代将延续多久，我们无法断言"。[①] 1916年，列宁指出："帝国主义是资本主义发展的最高阶段。在各先进国家里，资本的发展超出了民族国家的范围，用垄断代替了竞争，从而创造了能够实现社会主义的一切客观前提"[②]，"只有在资本主义发展到一定的、很高的阶段，资本主义的某些基本特性开始转化成自己的对立面，从资本主义到更高级的社会经济结构的过渡时代的特点已经全面形成和暴露出来的时候，资本主义才变成了资本帝国主义"。[③] 在1915年底1916年初，列宁还明确指出："典型的世界'主宰'已经是金融资本。金融资本特别机动灵活，在国内和国际上都特别错综复杂地交织在一起，它特别没有个性而且脱离直接生产，特别容易集中而且已经特别高度地集中，因此整个世界的命运简直就掌握在几百个亿万富翁和百万富翁的手中。"[④] 1916年，列宁还指出："帝国主义的特点，恰好不是工业资本而是金融资本。"[⑤] 重温列宁上述一系列论述，我们可对迄今为止的资产阶级的商业资本主义、工业资本主义和金融帝国主义这三个时代做如下分

---

① 《列宁全集》第二十六卷，人民出版社，1988，第36页。
② 《列宁全集》第二十七卷，人民出版社，1990，第254页。
③ 《列宁全集》第二十七卷，人民出版社，1990，第400页。
④ 《列宁全集》第二十七卷，人民出版社，1990，第142页。
⑤ 《列宁全集》第二十七卷，人民出版社，1990，第403页。

析：在商业和工业资本主义时代，资产阶级均处于上升时期。尽管它野蛮、冷酷、无耻，但它打破封建藩篱，到处开拓市场，推进了科学技术的发展和社会生产力的极大发展，对促进社会进步和人类文明做出了重要贡献。这正如马克思恩格斯在《共产党宣言》中所说："资产阶级在历史上曾经起过非常革命的作用。"[①] 我们常说的帝国主义时代就是资本帝国主义时代或金融帝国主义时代的简称；列宁所说的帝国主义是资本主义发展的最高最后的阶段，特指的就是资本帝国主义或金融帝国主义阶段。由资产阶级所主导的金融帝国主义的这一时代，从总体上来说，则逐渐步入寄生、腐朽、反动和没落的历史阶段。现在，以发达国家为代表的金融帝国主义正在世界范围内忙着"收获"其金融霸权所"创新"的金融及其各种衍生品的暴利。当金融帝国主义把全球几乎所有财富都数据化为金融及其衍生品并装入自己私囊之后，生存权遭到最终剥夺的全球占绝大多数的人必然要叩问在全球占主导地位的资本主义私有制的生产关系的合理性与正义性。在这种情势下，资本要么忍痛改良（英国著名经济学家皮凯蒂就主张在维持私有制的前提下，通过对资本的高征税以对金融帝国主义实行改良），相对缩小仍在急遽拉大的贫富两极分化，在权宜之计下增加社会相对的有效需求，以推迟自己的灭亡；要么在当下就激起人民的强烈反抗，现在就开始走向死亡之路。从一定意义上讲，资本主义一旦踏入金融帝国主义之路，也就是踏上了死亡之路。在通往死亡之路上，改良，仅仅是延缓死亡而已。正是从这种意义上，我们说金融帝国主义是垄断的、腐朽的、垂死的资本主义。也正因如此，我们说，如果使用列宁的"金融帝国主义"这一提法，将有助于我们更加直接、更加深刻地认识帝国主义的本质，有助于深刻认识当前在全球范围内爆发的国际金融危机和在当今世界上发生的各种主要事物的本质，有助于科学地找到应对的战略举措。

1917年，列宁指出："帝国主义战争造成惨祸、灾难、破产和粗野——这一切就使目前所达到的资本主义发展阶段成为无产阶级社会主义革命的时代。"[②] 1918年，列宁指出："从资本主义过渡到社会主义，需要经过长久的阵痛。"[③] 那么，列宁当年所说的帝国主义和无产阶级社会主义革命时代，其性质是否已经变为"和平与发展的时代"了？这要看决定时代性质的基本矛盾是否解决或消失了。在基本矛盾没有得到解决或消失之前，时代性质是

---

① 《马克思恩格斯选集》第一卷，人民出版社，1972，第253页。
② 《列宁全集》第二十九卷，人民出版社，1985，第484页。
③ 《列宁全集》第三十三卷，人民出版社，1985，第278页。

不会改变的。二战后,特别是苏东剧变以来,20世纪初马克思主义经典作家指出的世界的三个基本矛盾虽然发生了很大变化,但是都没有得到根本解决。国际垄断资本有了新发展,但由于社会主义国家以及社会主义阵营的出现,帝国主义国家之间的矛盾缓和了,但没有消失。帝国主义国家与殖民地国家之间的矛盾,由于20世纪五六十年代原有殖民地民族民主解放运动的风起云涌,迫使帝国主义采取了新的剥削和统治方式,从而使矛盾转变为西方发达国家与发展中国家之间的矛盾这种新的表现形式。无产阶级与资产阶级之间的矛盾,曾经在国际上集中表现为第一世界和第三世界之间的矛盾,现在则表现为社会主义国家与资本主义国家之间的矛盾,又主要表现为以美国为首的西方发达国家与广大发展中国家之间的矛盾;在资本主义各国间又表现为贫富两极的急遽拉大,这使无产阶级与资产阶级之间的矛盾重新尖锐起来。前几年发生的以美国"占领华尔街"为代表的政治行动,便是这一矛盾重新尖锐起来的突出表现。无产阶级与资产阶级这个决定时代性质的根本矛盾并没有消失,反而在特定条件下有所激化,这更加凸显了资本帝国主义时代的存在。尤其是国际金融垄断资本的发展,使美国成为剥削、掠夺全世界的唯一金融霸权和超级帝国主义国家,并在世界上引发了一次又一次金融危机(本质上是资本主义的经济危机)。为摆脱这些危机,它们首先要把这些危机转嫁到广大发展中国家,甚至是一些发达国家。2008年国际金融危机爆发后,美国金融垄断资本已经在这么做了,并且已经获得很大的成功。与此同时,它们还会并必将继续在世界各国、各地进一步挑起各种各样的冲突、战乱,甚至赤裸裸地对外发动战争,其寄生性、腐朽性达到了一个新的高度。

资本主义向社会主义的过渡是长期的,其进程是曲折的,有时甚至会发生逆转。列宁曾明确指出:"每个时代都有而且总会有个别的、局部的、有时前进、有时后退的运动,都有而且总会有各种偏离运动的一般型式和一般速度的情形。"① 对苏联东欧的剧变,对当今社会主义的低潮,完全可以做如是理解。

在由资本主义向社会主义的过渡中,社会主义革命有迅速发展的时期,也有消沉的时期。列宁曾明确指出,社会主义革命不可能像"涅瓦大街的人行道"那样"宽阔、畅通、笔直,在走向胜利的途中根本不必承受极其重大的牺牲,不必'困守在被包围的要塞里',或者穿行最窄狭、最难走、最曲折和最危险的山间小道,谁认为只有'在这种条件下'才'可以'进行无产阶级革命,谁就不是革命者"。② 他认为:"社会主义的彻底胜利是要

---

① 《列宁全集》第二十六卷,人民出版社,1988,第143页。
② 《列宁全集》第三十五卷,人民出版社,1985,第55页。

经过漫长的、艰苦的道路"[①];革命在发展中既有"一天等于二十年"的迅速发展时期,也会有"'和平'龟行发展"的"政治消沉"时期。[②] 这种现象,既会在一国革命中发生,也会在世界范围发生。因此,不能把当前世界社会主义革命处于消沉时期的这一现象,看成是时代的根本性质改变了,甚至要告别革命,它仅仅是时代不同发展阶段上主题的变化。列宁说:"无产阶级的策略都要考虑到人类历史的这一客观必然的辩证法";"要利用政治消沉"时期"来发展先进阶级的意识、力量和战斗力……并使这个阶级在'一天等于二十年'的伟大日子到来时有能力实际完成各项伟大的任务。"[③]

毫无疑问,经济全球化的深入发展和高新技术革命的加速推进,使广大发展中国家的快速发展与资本主义盘剥发展中国家的方式发生了重大转变,进而使时代主题或时代特征发生了新的重大变化。邓小平和我们党及时提出了当今时代的主题是"和平与发展",这就从对国际环境的认识角度上,为把我国工作重心转移到经济建设上来提供了坚实的理论支撑。对和平与发展这一时代主题,我们一定要清醒认识,绝不能轻易发生动摇。应该说,2008年底爆发的国际金融危机就是世界各国人民反对霸权主义和强权政治、进一步推进世界多极化与国际关系民主化的大好时机,是进一步昂扬和平与发展时代主题的大好时机。但是,也绝不能轻易据此就认为时代的根本性质发生了改变,"直把杭州作汴州"。

几年前,有的同志提出了"当今世界是和平与发展的时代"[④] 的观点。这一观点值得商榷。如前所述:时代和时代问题、时代主题或时代潮流尽管有着一定的内在联系,但是,两者的内涵和范畴都是特定的。作为子系统的时代的问题、时代的主题或时代的潮流不能随意顶替作为母系统的时代。邓小平提出的和平与发展两大问题,一是充分反映了世界各国人民的愿望;二是明确提出了中国人民为之奋斗的任务和目标,以及实现任务和目标所应解决的最重要的问题;三是指明了在大的时代背景中,有可能争取到的甚至是有可能利用的时代主要特点的历史机遇。正因如此,我们说,邓小平不仅坚持而且丰富发展了马克思主义关于时代主题的思想。在谈到和平与发展时,邓小平都称之为问题;当然,如前所述他也赞同"和平与发展两大主题"的提法。但是,时代和时代主题是不应混淆的,也是不能随意顶替的,否则,就可能走到问题的另一面。

---

① 《列宁全集》第三十三卷,人民出版社,1985,第410页。
② 《列宁全集》第二十六卷,人民出版社,1988,第78页。
③ 《列宁全集》第二十六卷,人民出版社,1988,第78页。
④ 参见何方《世界早已进入和平与发展时代》,《世界经济与政治》2000年第4期。

当今世界仍然处于金融帝国主义时代，必须居安思危，坚定信心

提出当今世界是和平与发展时代的同志的主要理由之一便是：和平与发展是相对于世界大战而言；只要不打世界大战，便可称为和平与发展时代。但资本主义兴起后，仅在20世纪上半叶发生过两次共10年的世界大战，那么，除了这10年外，是不是都叫和平与发展的时代？美苏冷战对峙时期，特别是两个霸权主义国家倾其国力进行战备的准战争时期是叫和平与发展时代还是叫别的什么？处在战争时期的朝鲜、越南、波黑、南斯拉夫、巴基斯坦、以色列、伊拉克、阿富汗、利比亚等和中国在第一、二次国内革命战争和解放战争时，算不算处在和平与发展的时代呢？观察、理解和判断时代，不应机械地从战争进行时间的长短和两个战争间歇期的长短来确定。毫无疑问，战争与和平都有不同阶级和力量的主导即性质的不同，又是对立统一和质变与量变的关系。在人类的历史长河中，从时间而言，从整体而言，相对温馨的和平时期是常态，而血与火的战争却是短暂甚至极其短暂的。但是战争一旦发生，既会给国家、民族和人民带来十分巨大的灾难，在一定条件下又可以导致国家、民族和人民的新生。这正如同经济危机与经济发展时期一样，经济发展是常态，经济危机是非常态，但短暂的经济危机的非常态的发生，可能会给国家、民族和人民带来较长甚至很长时段的极大的苦难，又可能促使国家、民族和人民走向觉醒和振兴。

还有的同志认为，"对时代的判断，源自对时代特征的深入分析"。这实质上是颠倒了时代与时代特征的决定与被决定作用的关系。从根本上说，是时代决定时代特征，而不是时代特征决定时代。

毛泽东、邓小平、江泽民三代中央领导集体和以胡锦涛、习近平同志为总书记的党中央从来没有否定当今世界时代的性质仍然是帝国主义的时代。恰恰相反，他们都直接或间接地肯定了这一时代的本质没有发生改变。1969年3月，毛泽东在召集有关人员的碰头会上明确指出："列宁是帝国主义时代的马克思主义。现在还是帝国主义时代。"① 而早在1960年6月30日，邓小平在会见拉丁美洲十二国兄弟党代表团的讲话中就指出："一切问题的关键在对时代的分析，这个问题在国际共产主义运动中有不同的解释，发生了列宁关于帝国主义是资本主义的最高阶段这个论断合不合用的问题。我们的观点概括地说，列宁的论断并没有过时，帝国主义特征没有改变。"② 以邓小平为核心的党的第二代领导人的另一个重要成员陈云在1989年十分明确地指出："列宁论帝国主义的五大特点和侵略别国、互相争霸的本质，是

---

① 《毛泽东年谱（1949–1976）》第六卷，中央文献出版社，2013，第233页。
② 《邓小平年谱（1904–1974）》（下），中央文献出版社，2009，第1562页。

不是过时了？我看，没有过时。""那种认为列宁的帝国主义论已经过时的观点，是完全错误的，非常有害的。这个问题，到了大呼特呼的时候了。"①江泽民同志在2000年也明确指出，当今世界的经济全球化，由西方发达国家主导。② 2005年，胡锦涛同志指出："要和平、促发展、谋合作是时代的主旋律"，"同时，世界和平与发展这两大问题还没有得到根本解决……人类实现普遍和平、共同发展的理想还任重道远"。③ 2013年3月，习近平同志在莫斯科国际关系学院的演讲中指出："这个世界，人类依然面临诸多难题和挑战，国际金融危机深层次影响继续显现，形形色色的保护主义明显升温，地区热点此起彼伏，霸权主义、强权政治和新干涉主义有所上升，军备竞争、恐怖主义、网络安全等传统安全威胁和非传统安全威胁相互交织，维护世界和平、促进共同发展依然任重道远。"④ 毛泽东、邓小平、江泽民、胡锦涛和习近平的上述论断，都直接或间接地肯定了当今世界仍然处于帝国主义时代。

从一定意义上讲，在经济全球化日益发展的今天，列宁所说的资本主义国家是"总资本家"的时期正在发生新变化，各资本主义国家特别是各资本主义强国的国家机器，都已不是自身完全意义上的全部"法人"，它们正在进一步强化为国际垄断资本的奴仆和代理。马克思主义国家学说在各资本主义强国更加明显地表现出来。真正主导我们这个地球经济政治文化秩序的是操纵资产阶级国家机器背后的以极少数人为主导的日益联合成为一体的国际金融垄断资本联盟。北约、国际货币基金组织、世界银行与各资本主义强国的政权，互相勾结，互为补充，一起构成了国际金融垄断资本联盟的"新型全球性的国家机器"。"人权高于主权"可以从这一跨越民族国家形式的"新型全球性的国家机器"中找到事实根据和理论根据。美国在这一跨越民族国家形式的"新型全球性的国家机器"中，是核心和主导。在这一金融垄断资本集团内部，当然同样会相互"倾轧""争霸"，但是它们也会依靠直接结成鲜为人知的神秘组织，运用各种方式控制甚至直接操纵各种国际组织，企图达到极少数人永久掌控和享用世界上越来越少的各种资源的目的。竞争与

---

① 《陈云文选》第三卷，人民出版社，1995，第370页。
② 江泽民：《在2000年亚太经合组织工商界领导人峰会午餐会上的演讲》，《人民日报》2000年11月16日。
③ 胡锦涛：《努力建设持久和平、共同繁荣的和谐世界——在联合国成立60周年首脑会议上的讲话》，《人民日报》2005年9月16日。
④ 习近平：《顺应时代前进潮流 促进世界和平发展——习近平在莫斯科国际关系学院的演讲》，《人民日报》2013年3月24日。

垄断是资本主义相互交替的规律。全球范围内的各种国际金融垄断资本集团的神圣同盟在全世界人民的反抗面前，在它们自己争霸的倾轧之中，将无法最终摆脱其失败的命运。

综上所述，我们可以清楚地看到，列宁所讲的"金融帝国主义时代"是特指资本主义社会发展的最高阶段和各种矛盾积累激化到一定阶段并由此向新的社会形态过渡的一定历史时期。金融帝国主义绝不是一种暂时现象和政策，而是资本主义社会发展的一个特殊的也是最高即最后的阶段。尽管时代的主题随着形势的变化而变化，但当今帝国主义时代的本质并没有任何改变。金融帝国主义绝不仅仅是一个属于上层建筑领域的问题，更主要、更根本的是属于经济基础领域的问题。金融帝国主义的历史，绝不会在一个短时期内就结束，而可能要持续一个较长的历史时段。随着世界长期积累的各种各类矛盾的不断深化，我们这个世界就可能进入真正的"一个更加动荡和跳跃、充满灾变和冲突的时代"。[①] 如果轻易地认为时代性质发生了根本性变化，把"和平与发展为主题"错误地等同于人类社会已经进入"和平与发展的时代"，虽然可能是由于没有正视客观现实的良好愿望，但这必然会犯急于跨越社会大的发展阶段即资本主义最高阶段的"左派"幼稚病或其他什么错误，也就不可能从根本上认清这次仍在深化的国际金融危机的根本原因，找不到正确的应对之道。如果在时代性质及时代主题上发生误判，将会对"党和国家的全局事业""长远事业"，对国家的长治久安带来重大的消极影响甚至犯下不可挽回的颠覆性错误。

三

当今金融帝国主义时代的本质并没有根本改变，但与列宁当年所揭示的金融帝国主义相比，其表现形式和特征却已经发生重大的变化。随着国际金融危机的深化，世界多极化也加快了自己的步伐。

（1）高度重视对时代问题的研究。对时代问题的认识紧紧联系着我们的最低和最高纲领。有同志认为，共产主义虚无缥缈，只提中国特色社会主义共同理想就行了。有的人甚至认为，只要提共产主义理想就是"左"。在社会主义初级阶段，我们当然不能实行共产主义政策，必须坚持社会主义初级阶段的基本经济制度和各项政策。但是，我们必须坚定共产主义理想和社会主义核心价值观。我们承认，实现共产主义的过程是十分艰难的，并有着

[①] 《列宁全集》第二十七卷，人民出版社，1990，第141页。

较为漫长的历史时段。但我们坚信其最终必然实现。这恰如日月经天、江河行地一样不容置疑。没有共产主义这一社会的最高理想，现实的社会主义就会失去前进的方向和动力。毫无疑问，我们没有必要把共产主义这一词句天天挂在嘴上去"空谈"，更多的应是脚踏实地去"实干"，并把为建设中国特色社会主义而奋斗中的经验教训上升到理论，进而指导我们的实践。而要解决好中国特色社会主义共同理想与共产主义远大理想的有机有效结合与统一的问题，就必须正确认识和处理好时代问题。

（2）当今时代仍然是金融帝国主义时代。真正弄清所处的时代，不仅是研究世界政治、经济、文化、军事和国际关系等各种问题的基础和前提，也是无产阶级政党制定各种战略和策略的理论依据和前提。正如列宁所讲："首先考虑到各个'时代'的不同的基本特征（而不是个别国家的个别历史事件），我们才能够正确地制定自己的策略；只有了解了某一时代的基本特征，才能在这一基础上去考虑这个国家或那个国家的更具体的特点。"[①] 当今时代是金融帝国主义时代，这是时代性质的主导方面。从一定意义上讲，金融帝国主义时代，就是国际金融垄断资本主导甚至统治全球的时代。尽管这一趋势在减弱，但仍然没有质的改变。金融帝国主义时代还可能会持续一个相当长的历史阶段，我们绝不能把这一时段看轻了、看短了。认为当今时代已是和平与发展时代，就是把金融帝国主义这一时代看轻了、看短了。当然，从一定意义上讲，这一时代的长短，取决于世界各国人民特别是代表其根本利益的共产党人对这一时代的认识，以及与金融帝国主义合作、竞争、博弈（本质上是较量）过程中主观能动性的发挥。当今世界，全球 GDP 为 70 多万亿美元，而债券市场则为 95000 万亿美元，是全球 GDP 的 1000 倍以上，各种金融衍生品的价值则达到 466000 万亿美元，是全球 GDP 的 6657 倍还多，世界上每 24 小时流动的资金总额就相当于一年全球 GDP 的总值。从一定意义上讲，美国拥有了金融霸权这一经济基础，也就拥有了其他各种霸权手段。现在，美国经济开始有所复苏，这标志着在一定程度上，美国正在并将继续把自己 2007 年爆发的金融危机转嫁到广大发展中国家甚至是欧盟和日本这样的发达国家和地区身上。从总的历史趋势上讲，金融帝国主义无疑是腐朽的、垂死的资本主义，是纸老虎，在战略上和本质上，我们必须这么看，因为这是规律和未来必然的事实。但是，我们也必须记住列宁如下的其他论述，列宁在《帝国主义是资本主义的最高阶段》里明确指出："如果以为这一腐朽趋势排除了资本主义的迅速发展，那就错了。不，在帝国主

[①] 《列宁全集》第二十六卷，人民出版社，1988，第 143 页。

义时代，某些工业部门，某些资产阶级阶层，某些国家，不同程度地时而表现出这种趋势，时而又表现出那种趋势。整个说来，资本主义的发展比从前要快得多"，甚至会"异常迅速地生长"。[①] 因此，从战术上看，金融帝国主义又是真老虎、铁老虎，真老虎、铁老虎是要吃人的。苏联这个社会主义的大党大国不是被吃掉了吗？因此，我们在战术上必须高度警惕，认真应对，不能有丝毫马虎。只有认清金融帝国主义既腐朽、垂死又可以在特定条件下惊人迅速发展这一重要特征，我们才可能头脑清醒、积极主动地准备去应对各种复杂形势，才能在任何情况下赢得主动。

（3）和平与发展的时代主题依然没有变化。一是美国已踏上衰落之路。尽管这一进程需要几十年甚至更长时间。二是世界多极化正在深入发展。比如，截止到2015年3月底，提出申请以意向创始成员国身份加入亚投行的国家（地区）总数已达52个，其中31个国家（地区）已成为正式的意向创始成员，亚投行筹建迈出实质性步伐。三是各大国各战略集团都深谙"不战而屈人之兵"之道、之妙。所以，可以较为肯定地说，较大规模的战争在未来三五年内极可能打不起来。在人类历史上，从资本主义向社会主义过渡，社会主义战胜资本主义是一个相当长的历史阶段。从这个角度看，资本主义社会和社会主义社会必然有一个相当长的共处阶段，相互间以各种形式和方式合作、竞争、博弈直至较量；合作、竞争、博弈直至较量的本质与实质，则是不同阶级、不同国家的经济利益，而政治则是经济的集中表现。所以，在各种较量的形式中，也绝不排除赤裸裸的战争这一政治的最高手段。2015年5月20日，美军一架侦察机突然飞越中国正在开展建设的南海岛礁上空，遭到中国海军的8次警告。这一态势，在特定条件下，有可能变成中美两军的长期态势。但我们更要警惕的是由金融帝国主义者挑起的代理人战争，比如，中日、中菲、中越甚至朝鲜半岛之间的战争。在当今世界，社会主义中国是世界和平的举足轻重的力量。在这样一个伟大的历史进程中，真正的马克思主义者应当主动把握"战争与革命"和"和平与发展"时代主题的辩证统一及其相互转化。国际金融危机正在深化，这本质上是资本主义经济、制度和价值观的危机。中国特色社会主义正在彰显独特的经济、制度和价值观的优势。正是从这一意义上讲，昂扬和平与发展的时代主题正面临着难得的机遇。我们应坚定信心，坚持开展全方位外交，坚守合作、共赢的底线，在更多地与发展中国家开展合作的同时，努力构建与以美国为首的西方强国的新型大国关系，巩固与周边国家的良好关系。我们应长

[①] 《列宁全集》第二十七卷，人民出版社，1990，第436页。

期坚持和平共处五项原则，努力避免一切战争，但也要下决心做好一切必要的军事斗争准备，立足打赢捍卫祖国领土和海疆的任何一场战争。只有这样，才能不断拓展和平与发展这一时代主题的新局面，为中华民族伟大复兴的中国梦争取更好的国际环境和周边安全环境，为人类进步事业做出"较大的贡献"。

（4）高度警惕西方敌对势力对我进行"西化、分化"的图谋。金融帝国主义的表现形式一是金融霸权。从一定意义上讲，这是其他霸权的经济基础。没有这一经济基础，其他霸权将不复存在。二是主要表现在知识产权和贸易上的规制霸权。三是以互联网为主要工具的意识形态霸权。意识形态霸权中，历史虚无主义不仅是其主力军，而且是"新自由主义"、"民主社会主义"和"普世价值"等各种错误思潮的开路先锋。四是军事霸权。在警惕军事霸权的"硬实力"即"硬战争"的同时，我们更要高度警惕广义上的战争，即"硬战争+软战争"。软战争有三种形式，即金融战、规制战和意识形态战。当今世界社会主义依然处于低潮，在尽最大力量与以美国为首的西方强国和平合作共赢的同时，也要高度警惕当今以美国为首的金融帝国主义企图利用"金融操纵""意识形态操纵""街头政治""颜色革命"等软实力对我国进行侵蚀直至颠覆。尤其是随着我国经济下行和就业压力的到来，随着党的十九大的临近，西方敌对势力在今后三五年内可能会更加倚重这一战术策略。在以上论述中，我们曾做出这样的判断："可以较为肯定地说，较大规模的战争在未来三五年内极可能打不起来。"但是，在未来三五年内，国内外敌对势力在我国点燃"街头政治"的战略企图已清晰可见。对此，我们应高度警惕，绝不能有丝毫松懈。

（5）辩证看待形势，居安思危，坚定信心。以习近平同志为总书记的中央政治局集体学习时一次专门学习历史唯物主义，另一次专门学习辩证唯物主义，意味深长。我们一定要居安思危。把建设中国特色社会主义放入当今世界依然处于金融帝国主义的时代，放入世界动荡重组的多极化，放入近14亿人口全面建成小康社会，我们便更加感知，这是一项无比宏伟壮丽的事业。宏伟壮丽与艰辛曲折必然相伴，不相伴便称不上宏伟壮丽。我们既要努力抓住当前各种前所未有的大好机遇，同时准备迎接当前各种世所罕见的严峻挑战。有这一思想准备，会比没有这一思想准备主动得多。但同时我们也应看到，资本主义整体处于下降趋势，美国已踏上衰落之路，特别是2008年国际金融危机以来，世界社会主义力量也处于曲折中上升的趋势，特别是中国特色社会主义道路的成功开创和取得的伟大成就也充分说明了这一点。当今时代既是金融帝国主义时代，又是由十月革命开始的资本主义向社会主义过渡的这一大的时代。我们一定要坚定信心,根本原因则是我们所从事的是多数人为着多数人的真正正义的事业。从一定意义上讲,历史唯物主义可以用一句话来概括,这就是:"人民,只有人民,才是创造世界历史的动力。"[①] 所以,多数人的人民的正义事业最终是一定会取得胜利的。

经济全球化深入发展带来的世界上各种各类矛盾尤其是全球范围内的贫富两极分化的蕴聚、激化,必然导致金融帝国的"乐极生悲"和世界人民的"悲极生乐"。历史辩证法正在向人们展示,在21世纪中叶前后,极有希望迎来世界社会主义的再一次英姿勃发的大好机遇,其中包括中国共产党人在内的全世界劳动阶级怎样发挥历史主动性和创造性。贫穷绝不是社会主义,贫富两极分化也绝不是社会主义,但是贫穷和贫富两极分化最终必然产生社会主义。可以预言,在21世纪中叶前后将要诞生一大批符合自己国情的社会主义国家。我们之所以做出这一乐观预言,根本依据如下:从一定意义上讲,生产工具决定生产力,生产力决定生产关系。以"互联网+"为生产工具的大变革必然极大地促进社会生产力的高速发展。在未来几十年内,必然会出现一批又一批的无人工厂,并必然带来工人大量失业,全球范围内的贫富两极分化必然进一步急遽拉大,社会矛盾必然进一步激化。现有的资本主义私人占有的所有制及分配关系越来越容纳不下"互联网+"为代表的社会生产力的极大发展,必然呼唤着新的生产关系和社会制度的诞生。这正是以习近平同志为总书记的党中央强调全党同志要坚定共产主义远大理想和全国人民要坚定中国特色社会主义共同理想的依据所在,是习近平同志在十八届三中全会《决定》说明中所说的"要真正向前展望、超前思维、提前谋局"的深意所在。党的十八大后,以习近平同志为总书记的党中央从全面从严治党入手,全面深化改革,全面推进依法治国,逐步打牢中国特色社会主义的经济、政治和文化基础,我们对中国特色社会主义更加充满必胜的信心。

面对世界新的大好机遇,我们完全有理由这样发问:金融帝国主义的秋天极有可能即将到来,若果真如是,世界劳动者的社会主义的春天,还会很远吗?当然,在我们迎来世界社会主义艳阳天之后,也绝不排除出现新的曲折与挫折,世界社会主义就是在多次甚至像苏联亡党亡国这样大的曲折、挫折乃至苦难中不断凯歌行进的。这就是历史发展的铁则。

[①] 《毛泽东选集》第三卷,人民出版社,1991,第1031页。

第一篇

垄断资本主义的发展与资本主义经济金融化及其经济危机

第一章
虚拟金融资本统治是2008年国际金融危机的根源

黄振奇　黄海燕[*]

摘　要　自20世纪80年代以来，由多种因素促成，资本主义进入一个新的历史阶段，即从一般金融资本统治进入虚拟金融资本统治。虚拟金融资本的统治，严重激化了资本主义基本矛盾，主要表现为：加剧社会分配不公，少数大银行家通过金融市场的投机和欺诈，掠夺社会大多数人的财富；金融市场融资方式由战后的以银行信贷为主逐渐转变为以证券融资为主，不断吹大金融资产泡沫；与金融资产泡沫伴行，公私债务激增。社会不公和金融危机的严重后果终于使"占领华尔街"运动爆发，这是半个世纪以来第一个将资本主义整体作为批判核心对象的群众运动，充分暴露出资本主义社会基本矛盾的激化程度。

关键词　虚拟金融资本　统治　危机　根本原因

随着工业革命的发展、资本主义社会的确立，周期性的经济危机也如影随形。自1848年《共产党宣言》发表以来，资本主义社会已发生过十多次世界性的周期经济危机。2008年开始爆发的国际金融危机，仍是资

---

[*] 黄振奇，国家发展与改革委员会宏观经济研究院研究员；黄海燕，国家发展与改革委员会经济体制与管理研究所副研究员。

本主义制度危机，但由于资本主义社会所处历史阶段不同，这次危机与20世纪80年代以前的危机相比，在促成因素、爆发形式和破坏性等方面，都有很大的不同。

一 资本主义已进入虚拟金融资本统治阶段

资本主义制度的发展曾经历过自由竞争资本主义阶段和垄断资本主义阶段。自由竞争资本主义阶段主要是中小工业资本企业的自由竞争。马克思在分析自由竞争时代"货币资本的循环"时说："资本主义生产的动机就是赚钱"，"生产过程只是为了赚钱而不可缺少的中间环节"。[①] 说明在自由竞争资本主义阶段，"赚钱"和"生产过程"这两件事是联系在一起的。垄断资本主义阶段是随着工业资本生产的集中形成垄断，工业垄断和银行垄断融合生长，形成了金融资本统治。现在有的学者称当前的资本主义为"金融资本主义"，实际上垄断资本主义阶段，已经进入金融资本主义了。列宁在1917年指出，"20世纪是从旧资本主义到新资本主义，从一般资本统治到金融资本统治的转折点。"[②] 列宁还曾引证奥地利马克思主义者鲁道夫·希法亭的观点："金融资本就是由银行支配而由工业家运用的资本。"[③] 这表明，在垄断资本主义阶段，或金融资本统治阶段，金融资本运行仍是以实体经济为基础的。即使在1929~1933年的经济大萧条之后，资本主义国家开始采用凯恩斯主义，国家通过财政政策和货币政策对社会经济生活进行干预，也没有改变金融资本主要服务于实体经济这个本质特征。例如1933年美国议会通过的《格拉斯-斯蒂格尔法案》就规定，一般商业银行不得从事投资银行那样的投机生意。

自20世纪80年代以来，由多种因素的促成，资本主义又进入一个新的历史阶段，即从一般金融资本统治进入虚拟金融资本统治。这个历史性的转折，至今虽然只有30年左右的时间，但对资本主义制度的影响却是致命的。所谓虚拟金融资本是指脱离实体经济运行基础，通过单纯流通手段的制造而形成的金融资本，如过量发行的国家纸币和各种证券等。当然，自从有商业信用和银行信用以来，就存在虚拟资本和商业欺诈，马克思在《资本论》第三卷就曾专章分析过"信用和虚拟资本"问题。但是无论在工业资本自

---

① 《马克思恩格斯全集》第四十五卷，人民出版社，2003，第67页。
② 《列宁全集》第二十七卷，人民出版社，1990，第361页。
③ 《列宁全集》第二十七卷，人民出版社，1990，第362页。

第一章 虚拟金融资本统治是2008年国际金融危机的根源

由竞争阶段还是在金融资本统治阶段，从总体上说，虚拟资本都处于从属地位，金融资本的运行主要依赖于或服务于实体经济。恩格斯在分析自由资本主义阶段时，曾把资本主义生产方式的国家"企图不用生产过程作媒介而赚到钱"看作一种狂想病。[①] 而今在虚拟金融资本统治的阶段，这种"狂想"已经变成活生生的现实。今天的实体经济不仅指生产过程，还包括与GDP内涵相对应的各个行业。经过近30年的演变，金融业不再主要为实体经济融资，而更多地为自身融资，用钱来套取更多的钱。金融市场上的交易额绝大部分与实体经济无关，而是钱与钱之间的投机博弈。据国际媒体报道，当前全世界金融市场上，股票和债券交易额超过600万亿美元，是商品和服务贸易的10倍。另有资料称，实体经济每年创造的世界财富大约为45万亿欧元；而在金融领域资本运作市场的市值则高达2450万亿欧元。

近30年来助推虚拟金融资本迅速膨胀的因素主要有下列各项。

一是西方资本主义国家产业输出，造成"去工业化"的后果。资本家为了赚钱已不仅满足于商品输出和资本输出，为了应对国际竞争、降低成本和直接占领国外市场，更大量地把中低端产业输出到发展中国家，在其本国着力发展高端金融业、服务业和高科技产业。据有关资料，1985年美国制造业产出占GDP的比重为28%，但到2003年已下降到14%以下。美国工业中就业占总就业比重，20世纪50年代为50%，1998年下降为15%，2008年下降到10%以下。这些导致实体经济与金融业比例严重失衡。

二是西方资本主义国家金融自由化，使金融资本发展失去制衡机制和有效监管。1971年8月，美国政府宣布美元停止兑换黄金，原与美元挂钩的各国货币也脱离与美元的固定比价，固定汇率变为浮动汇率，美国和其他各国可以无限制地发行纸币。20世纪80年代，迫于金融部门的压力，里根和撒切尔实行新自由主义政策，1986年10月，伦敦金融城开启了"大爆炸"式的金融改革，对金融市场实行从积极的管制体制转到消极的管制体制，目标是鼓励竞争和"金融创新"。纽约、东京等证券交易所在20世纪80年代都大力进行了放松管制的改革。90年代金融自由化和解除管制的步伐加快，1996年11月，日本效法伦敦金融城推出了"日本式大爆炸"金融制度改革方案，进一步放松金融监管；美国议会1999年废除了1933年通过的禁止一般商业银行从事投机生意的《格拉斯-斯蒂格尔法案》。金融自由化助长了金融市场的过度投机炒作和虚拟金融资本的膨胀。

三是经济全球化的形成，虚拟金融资本到处投机扩张。二战以后，随着

---

① 《马克思恩格斯全集》第四十五卷，人民出版社，2003，第68页。

殖民地体系的瓦解，逐步出现了一批新兴发展中国家，特别是从20世纪80年代开始，中国实行改革开放，东西方两大阵营冷战的结束，两个"平行的"世界市场实现统一，最终形成了虚拟金融资本主导的金融全球化。90年代以来，东南亚和南美一些国家爆发的国际债务危机，都与西方国家虚拟金融资本投机炒作有直接关系。这些金融投机家，在"引爆"别国金融危机中赚了大钱。

四是电子信息产业和互联网的快速发展，成为虚拟金融资本扩张的便捷手段。信息技术已经进入一个大规模数据时代，借助计算机大规模数据处理能力，开发金融衍生品和交易模型。通信技术革命，以无线的形式把国内外金融机构、商业机构甚至个人连接在一起，可以低成本和瞬时地完成大规模的交易，实现虚拟金融资本的扩张。在资本主义制度下，科技进步往往成就资本家聚敛财富的贪欲。英国《金融时报》网站2012年1月13日的一篇文章写道："20世纪90年代以来，互联网和金融全球化帮助美国超级阶层积聚了财富，与铁路、电力和内燃机100年前发挥的作用大致相同。"

二 虚拟金融资本的统治，严重激化了资本主义基本矛盾

虚拟金融资本统治阶段，比之自由竞争资本主义阶段和垄断资本主义阶段，严重激化了资本主义基本矛盾。其主要表现在以下几个方面。

一是加剧社会分配不公，少数大银行家通过金融市场的投机和欺诈，掠夺社会大多数人的财富。在金融资本为工业资本服务的条件下，工业资本赚取企业利润，金融资本通过借贷利息形式从中分得一杯羹。而虚拟金融资本统治的条件下，资本家要赚取的不仅是更高的企业利润，还包括掠夺工人从初次分配中获得的收入和广大中产阶级人群的财富。美国有的学者指出，今天美国的实际工资处在20世纪70年代末的水平，但因为劳动生产率的提高，企业获得了史无前例的高利润。据国际媒体报道的GMO公司创始人之一的格兰瑟姆提供的资料，企业高管得到的总报酬从艾森豪威尔时代（20世纪50年代）的工人平均工资的40倍增至如今的600倍以上。据美国有线电视新闻网2011年2月16日报道，过去20年，90%的美国人实际收入没有增长，占美国人口1%的富人收入却增长了33%。另据墨西哥《每日报》2012年4月2日报道，美国前劳工部长、现任加州大学教授的罗伯特·赖克曾指出，经济复苏给最富裕阶层带来的利好日益增加，克林顿时代1%的富人控制着45%的经济增长；到了小布什时代，这一数字增长到65%；

第一章　虚拟金融资本统治是2008年国际金融危机的根源

2010年，美国经济增长中的93%集中到1%的富人手中，其余99%的美国人在经济复苏的增长中所占份额仅为7%。结果造成了美国历史上最严重的两极分化。2013年12月4日，美国总统奥巴马承认，"日益加剧的收入分配不平等是美国面临的最大挑战"。

二是金融市场融资方式由战后的以银行信贷为主逐渐转变为以证券融资为主，资本主义国家持续的金融创新，不断吹大金融资产泡沫。金融资产泡沫膨胀的过程，即是金融投机资本掠夺社会财富的过程。资本主义国家的金融创新使金融市场结构变得复杂而脆弱，在给金融大亨们带来巨额财富的同时，也孕育着重大金融风险。自20世纪80年代以来，最大规模的金融资产泡沫膨胀曾发生过三次，每次金融资产泡沫破裂都导致金融危机和经济衰退。第一次发生在日本，1986~1990年，由于日元短期大幅升值，流动性过剩，加之二战结束以来的最低利率水平，金融资产市场投资成本低廉，导致日本股票市场和房地产市场泡沫膨胀，日经225指数4年时间内上涨2倍，仅1989年日本的股价和房地产价格的增值就超过当年名义GDP。自1990年以来，日本因股市泡沫和房地产泡沫的破灭，引发了该国全面的金融危机。第二次是美国互联网泡沫膨胀，纳斯达克指数从1995年算起，在不到5年的时间内上涨4倍。2000年纳指出现暴跌，不到一年时间即被腰斩，致使美国经济在2001年出现衰退。第三次是美国房地产泡沫膨胀，进入21世纪以来，由于投机资本"金融创新"，发明了次级住房抵押贷款，降低购买住房信贷门槛，加上美联储的低利率政策，促使房地产泡沫迅速膨胀，2006年第二季度，房地产价格达到峰值。利用住房抵押贷款，开发出其价格高出初始交易额几倍至几十倍的衍生证券。2007年美国爆发次贷危机，成为2008年爆发国际金融危机的直接起因。

三是与金融资产泡沫伴行，公私债务激增。美国从20世纪80年代开始，工人薪金增长缓慢，存款被花光，广大低收入者只能靠借债消费、借债上大学和借债买房等。次贷危机爆发以来，房价大幅下跌，用抵押贷款买房者，负债额大幅上升。资本主义国家政府对外发动（伊、阿）战争和对内降低富人税收，不断扩大政府开支和降低财政收入，增加预算赤字和公共债务，特别是在金融危机时期政府对大金融机构的救助，更推动西方国家公共债务的快速增长。脱离实际偿还能力而过量发行的债券也是一种虚拟金融资本。美国的主权债务在国际金融危机之前约为10万亿美元，到2013年10月已超过17万亿美元，主权债务余额约占当年GDP的103%。原本日本财政状况比其他发达国家更为健康，但自20世纪90年代初爆发金融资产泡沫破裂危机后，日本政府出台了多种财政刺激政策，结果催生了巨额国债。据

2012年2月亚太经合组织发布的材料，日本2011年的财政赤字和主权债务余额分别达到该国GDP的8.9%和211.7%。欧元区国家整体主权债务占GDP的比重虽然远低于美国和日本，但由于多国货币联盟存在的潜在隐患（如财政分灶）和一些成员国自身的经济弱点，自2009年以来，也深陷主权债务危机。赤字和债务激增，不仅制约当前的经济复苏，而且透支未来的经济发展，主权债务危机爆发更直接导致经济衰退。

四是社会分配不公和金融危机的严重后果，引发中低收入群体对华尔街的愤怒。马克思恩格斯在《共产党宣言》中曾说过："资产阶级在它的不到一百年的阶级统治中所创造的生产力，比过去一切世代创造的全部生产力还要多，还要大。"[①] 但现在呢，美联储在2012年6月11日报告中称，本轮金融危机和经济衰退，吞噬了美国人近1/5个世纪的收入，美国家庭的中位数净资产仅在3年中就缩水39%，剔除通胀因素美国人的生活大致回到了1992年的水平。其中蒙受损失最大的是中产阶级家庭和最贫困的家庭。美国广大中低收入者特别是失业的青年，对此次金融危机的发源地华尔街充满愤怒，2011年爆发了"占领华尔街"运动。美国马克思主义经济学家理查德·沃尔夫曾指出："占领华尔街"运动是美国历史上的重大历史性事件。在过去50年中，不论工人阶级还是左派……都不敢公然质疑经济制度。谁要是这么做的话，就会被打上"不忠"和"非美国"的烙印。"占领华尔街"运动是半个世纪后第一个将资本主义整体作为批判核心对象的群众运动。这充分暴露出当前时代资本主义社会基本矛盾的激化程度。

三 虚拟金融资本统治的危机可能导致经济长期萧条

在自由竞争资本主义和垄断资本主义阶段，金融资本主要服务于工业资本，资本主义爆发的危机主要是生产相对过剩危机。危机期间很大部分制成品和生产力遭到破坏，强制地实现社会供求的平衡，随着社会需求的逐步扩大，再通过固定资本更新推动经济走向复苏和增加就业。一般在十年左右走过危机—萧条—复苏—高涨几个阶段构成的一个经济周期，经济自我修复能力较强。马克思说过："虽然资本投入的时期是极不相同和极不一致的，但危机总是大规模新投资的起点"，因此危机期间开始的大规模新投资将是"下一个周转周期的新的物质基础"。[②] 而今在虚拟金融资本统治阶段，资本

[①] 《马克思恩格斯文集》第二卷，人民出版社，2009，第36页。
[②] 《马克思恩格斯选集》第二卷，人民出版社，1995，第328页。

第一章 虚拟金融资本统治是2008年国际金融危机的根源

主义爆发的危机是金融资产泡沫破裂的危机，危机一旦爆发，就会造成金融体系紊乱，银行业和其他金融机构到处充斥着坏账和有毒金融资产，不解决有毒金融资产问题，单靠新投资拉动经济从萧条走向复苏根本是不可能的。

一是清算和解决有毒金融资产将是一个漫长的过程。"有毒金融资产"指的是票面上有价值，实际上已经变成坏账或亏损的资产，如"金融创新"制造出的各种金融衍生证券等。这种有毒金融资产不同于银行对实体经济的正常经营中出现的不良资产，它往往涉及高杠杆率金融投机的欺诈骗局，涉案金额特别巨大。据2009年2月国际媒体报道，欧盟区整个银行体系的"有毒金融资产"数额高达25万亿欧元，接近欧盟区2006年GDP的两倍。有的经济学者曾把这次金融危机造成的有毒金融资产比喻为天体物理学中的黑洞。自此次危机爆发以来，欧美国家政府和央行为救助大的金融机构和刺激经济增长所投资金与"有毒金融资产"相比不仅是杯水车薪，而且往往被"有毒金融资产"黑洞吸走，用来弥补金融危机造成的资本损失，并没有增加信贷市场的实际供应量。由于虚拟金融资本的统治，改革金融体制和加强金融监管法案迟迟得不到落实，以致一些大的金融机构在危机期间仍在投机炒作。

二是在解决有毒金融资产问题的同时还要应对主权债务危机问题。西方国家在金融危机爆发后，预算赤字和公共债务余额大幅增加，造成金融危机引发的国债券主要持有者银行坏账剧增，致使一些欧元区国家从市场再融资困难，导致公共债务违约，爆发主权债务危机。主权债务危机可以说是这次金融危机的第二波。虽然欧洲央行、欧洲金融稳定基金和国际货币基金组织对爆发主权债务危机国实行救助，但要求受援国改革财政，紧缩预算开支和减少赤字。过度紧缩财政政策不仅引起了社会激烈动荡，而且将把经济发展送上停滞之路。美国和日本作为全球最大的两个债务国，到现在还没有爆发主权债务危机，在欧债危机蔓延的背景下，美、日两国债券还往往成为投资者避险的工具；但随着财政赤字和国债余额进一步扩大，以及经济复苏缓慢，主权债务违约的风险也在增加。自2011年以来，美、日两国主权债务的信用评级，曾分别受到标准普尔公司和穆迪公司、惠誉公司的调降。未来日本经常项目顺差的消失，美元作为国际主要储备货币地位被取代，日本和美国的主权债务危机可能比欧债危机爆发得更猛烈。

三是金融资产泡沫破裂危机拖累实体经济的发展。虚拟金融资本扩张时不服务于实体经济，金融危机爆发时，却拖累实体经济陷入衰退。各国政府和央行采取的反危机措施，主要是对濒临倒闭的大金融机构的资金救助，而实体经济中，大量中小企业往往得不到所需信贷资金，导致实体经济复苏乏力。虚拟金融资本扩张时基本不创造一般劳动者的就业岗位，金融危机爆发时由于经济衰退和随之而来的紧缩财政政策，失业人口将大量增加，失业率长期居高不下。美国经济自2009年第三季度开始复苏以来，已有近6年时间，但美国的经济年均增速处在略高于2%的低位，在找工作人数减少的条件下，失业率到2013年仍保持在7.4%的高位。欧元区的经济在2009年后出现两年弱势复苏后，近两年再次陷入衰退，失业率在2012年5月已达11%，创下欧元区1999年问世以来新高。

四是在谈到金融资产泡沫膨胀以及破裂对经济发展的伤害，日本的教训最值得汲取。日本是资本主义发达国家中首先爆发金融资产泡沫破裂危机的国家。在1985年"广场协议"之后，日元曾连续三次大幅升值，日元兑美元由308∶1升到120∶1，日元升值和低利率政策，造成了流动性过剩和资产市场投资成本低廉，导致日本股票市场和房地产市场泡沫膨胀，这种资产泡沫的积累经历4～5年的时间。自1990年以来，日本因股市"泡沫"和房地产"泡沫"的破裂引发了全面的金融危机和长期的经济萧条。日本的GDP在20世纪80年代年均增长率为4%，但在1991～2013年的23年间，GDP的平均增长率仅为0.95%，基本上处于停滞状态。有的美国学者在分析日本经济停滞的原因时曾指出，日本股市和房市暴跌导致银行不良债权激增，日本政府并未及时处理这一问题；银行努力通过追加贷款暂时缓解了不良债权问题，使欠债公司免于被迫裁员，但结果是本应退出市场的大量"僵尸企业"存活下来，成为导致经济增长速度放缓的主要因素；日本政府虽出台了多项刺激政策，但财政支出大部分投向了几乎无增长空间的领域，并没有带来经济的长足发展。日本已走过的金融危机后经济长期萧条之路，恐怕将成为这次金融危机主要爆发国的前车之鉴。

第二章
经济增长中不得不注意的贫富拉大问题
——兼评皮凯蒂的《21世纪资本论》

丁一凡[*]

摘　要　皮凯蒂的《21世纪资本论》触及了西方当代社会问题的根源。他重新解释了经济学中的许多定理，认为一些西方经济学的经典是为政治服务的冷战的产物，经不起推敲。他分析证明，如果政府不干预经济，贫富差距拉大是市场的自然表现。他认为金融自由化是进一步推动贫富差距拉大的根源，而中国保持对资本实行管制是限制收入差距不断拉大的重要保证。贫富差距拉大，资本收益递减，危机因而不可避免。皮凯蒂的分析给我们也敲响了警钟。在让市场的竞争机制充分发挥作用的同时，政府应以税收政策适当地干预，防止贫富差距不断拉大；政府还要关注技术创新，弥补市场的不足。

关键词　资本市场　贫富差距　金融自由化

法国经济学家皮凯蒂的新书《21世纪资本论》最近在西方世界成为街谈巷议的热门话题，它引起的反响可说是冰火两重天。

支持皮凯蒂的一方认为，他的这本书揭示出最近一些年来最重要的经济问题，是该年度甚至最近10年以来最重要的经济学著作。这一派以诺贝尔经济学奖得主克鲁格曼为代表，他在《纽约时报》上连续发表了三篇对此

---

[*] 丁一凡，国务院发展研究中心世界发展研究所研究员。

书的评论，其重视程度可见一斑。反对皮凯蒂的也大有人在，也是欧美经济学界的一些头面人物，包括哈佛大学的经济学家曼昆、美国企业研究所等机构的经济学家们，他们指责皮凯蒂是从意识形态出发去分析问题，而并非遵循经济学逻辑。英国的《金融时报》还专门对皮凯蒂引用的数据详细地进行了分析，企图指责他的数据不严谨。皮凯蒂反驳说，如果他的数据更完整些，只怕得出的结论会更加悲观一些。

皮凯蒂的新书引起的争论揭示出，他触及了西方当代社会问题的根源。

一 揭露了西方经济学中的一些"伪论"

皮凯蒂用大量的统计数据证明，过去一些西方经济学的定理其实并不存在。比如，他认为，所谓的库茨涅茨曲线是个错觉，是库茨涅茨对一些数据的错误解释。

西蒙·库茨涅茨是个俄裔美国经济学家，1901年诞生于乌克兰一个犹太裔皮毛商家庭，后随父亲移居美国，进入哥伦比亚大学攻读经济学，获得了博士学位。库茨涅茨曾在国民经济研究局工作，同时在大学和政府部门任职。第二次世界大战时，他曾任首都华盛顿地区战时生产部计划统计局副局长和计划委员会研究主任。第二次世界大战后，他于1955年提出了收入分配随经济发展不同阶段而变化，并把他的分析归纳为一条倒U形的曲线，被称为库茨涅茨曲线，成为发展经济学中的重要基石。库茨涅茨认为，在经济起飞阶段，社会财富分配的差距会自然拉大。但随着经济的发展，会产生一种"涓滴效应"，财富会像水滴一样从高向低滴落，最后大家都受益。所以，等经济发展比较成熟以后，财富分配就开始向均衡方向发展，收入分配的差距会逐渐缩小。自从库茨涅茨理论诞生后，西方不再担心财富分配不均问题，认为随着经济发展，财富分配会自动回归均衡。

皮凯蒂通过研究证明，库茨涅茨曲线是曲解了一些数据。库茨涅茨引用的数据是1914~1945年的数据，而这一时期富国出现的收入差距缩小是因为两次世界大战冲击了欧美地区，而随后的经济政治动荡又使富人的金融资产财富缩水，这些事情与行业间的流动性没有任何关系，属于风马牛不相及的事。皮凯蒂认为，库茨涅茨实际上很清楚他发明的倒U形曲线会在经济学界引起什么反响，但他坚持要这么做，因为他要给当时以美国为首的"自由世界"一个惊喜，让它们增强信心，并让广大的亚非拉殖民地国家满足于在"自由世界"的统治下自由发展。总而言之，皮凯蒂认为，库茨涅茨曲线就是一个冷战的产物，是西方世界为了证明自己的意识形态而有意推出的一个作品。① 皮凯蒂还证明，全球经济失衡来源于美国内部的收入分配差距太大，而不是像美国某些舆论鼓吹的那样，是因为中国储蓄率太高、消费太低，只好向美国不断出口，挤占了美国的市场，造成了美国的贸易赤字。皮凯蒂说，1977~2007年，美国10%的富有阶层占有了美国财富增长的3/4；其中那最富的1%的群体占有了60%的财富增长。而美国90%的居民在这一时期每年的收入增长不超过0.5%。在这一时间段，美国内部不同阶层之间的收入分配转移大概占美国收入的15%，大约是21世纪以来美国每年的贸易赤字（大概占国民收入的4%）的4倍。换句话说，美国内部失衡的严重程度是外部失衡（贸易赤字）的4倍。因此，要解决美国经济的失衡问题，更多地应该从美国内部寻找答案，而不是简单地把中国、日本、德国这些出口盈余国当作替罪羊。②

皮凯蒂还指出，这种分配收入的严重不平等导致了美国金融体系的脆弱性。这是因为，美国的底层民众、中产阶级的购买力没有明显增长，导致家庭的负债率大幅攀升，然而那些银行家和证券商还乘着金融管制自由化的东风不断向低收入家庭推销各种贷款。这些金融家总要想办法把那些极富裕阶层放在他们那儿的大笔储蓄找个地方放贷出去盈利。③ 换句话说，美国的财富分配严重不均，导致富人们把大笔储蓄放进银行系统，而银行系统为了盈利，只好再把这些储蓄以各种各样的形式，兜销给底层低收入的人群。这就造成了畸形的贷款和畸形的金融体系，最终因为低收入人群的收入增长太慢，他们无法按时还清债务，债务违约导致整个金融体系危机。

二 皮凯蒂挑战了西方主流经济学

皮凯蒂的重大贡献是，他重新解释了世界经济发展史。

皮凯蒂观察到历史上只有两个时期收入不平等有所下降。一是19世纪70年代之后，收入不平等的扩大化趋势有所收敛，但是不久即产生了一次大战。二是从一战结束到二战之后，直到20世纪70年代，收入分配有了很大的改善。

从20世纪70年代开始，不平等的程度再度恶化。总的历史趋势是资本收益率为经济增长率的几倍。

---

① Thomas Piketty, *Le capital au 21e siècle*, Editions du Seuil, 2013, pp. 34–37.
② Thomas Piketty, *Le capital au 21e siècle*, Editions du Seuil, 2013, pp. 470–471.
③ Thomas Piketty, *Le capital au 21e siècle*, Editions du Seuil, 2013, p. 468.

他进一步分析了收入分配改善的原因,认为导致收入分配差距缩小的不是经济的内生机制,而是政治的外来干预,包括战争、革命和发展中国家的独立运动。换句话说,市场本身是不会导致收入分配均衡化的。

第二次世界大战结束后,发达国家的政府都信奉凯恩斯主义,不断使用政府干预去调节经济。政府对房租价格的管制,对企业的国有化措施,对证券交易和资本流动的限制及监管等,都对市场的资产价格产生了巨大影响。这些措施导致资产价格缩水,而劳动力的价格却在上涨,所以才出现了收入分配差距缩小的现象。

西方经济学一直以英美的古典经济学和新古典经济学为宗,而大部分英美经济学都推崇自由经济,鼓吹市场有效,因此他们对收入分配差距不太重视。他们都认为,长期看,市场一定会回归均衡。收入分配不均只是阶段性的发展问题,长期一定会回归正常,也就是会逐步缩小。

但皮凯蒂用大量的研究数据表明,西方国家的贫富差距拉大是一种自然趋势。排除战争、政治动荡等因素外,大部分时间内富人占有的财富都在不断增长,而普通居民,所谓中产阶级的收入和福利都在下降。冷战结束后,这种趋势越发明显。皮凯蒂是法国经济学界少数受到英美经济学系统教育的人。他从巴黎高等师范毕业后,在法国高等社会科学研究院和伦敦经济学院读博士,然后又到美国麻省理工学院经济学系任教。但他对美国经济学的发展现状感到失望,便又回到法国创办了巴黎经济学院。他的研究可以说是对西方主流经济学的挑战,而这一切又基于严谨的数据分析,是典型的西方经济学方法。

20世纪90年代后,柏林墙倒塌,东欧剧变,苏联解体,冷战结束。西方精英陶醉于冷战胜利之中,不再关注民众的社会福利等问题,甚至把"改革社会福利"、减少政府开支当作目标。结果是贫富差距进一步拉大,隐患越来越大。

金融自由化使富人越来越富,但债务增长,没有了还债的基础,因为广大民众的收入没有增长。西方,特别是美国经济陷入了股市繁荣—泡沫破裂—股市繁荣—泡沫破裂的周期循环。

从20世纪90年代初以来,美国政府及总部在华盛顿的世界银行、国际货币基金组织等机构的经济学家们造出了一个"华盛顿共识",向发展中国家推销私有化与金融自由化。后来,许多发展中国家为了得到国际经济组织的资助与贷款,都不得不根据"华盛顿共识"建立的标准来搞金融自由化。然而,虽然金融自由化开始能带来泡沫般的繁荣,但很快许多国家先后坠入金融危机的陷阱。皮凯蒂认为金融自由化加重了收入差距拉大,富人是金融市场上的"赌博者",某种程度上也是危机制造者。皮凯蒂盛赞中国的资本管制,认为它是防止社会分化不断扩大的有效工具。中国虽然收入差距也很大,但因为有资本管制,那些亿万富翁不能随意把资财转移到国外去,因此就不能完全支配这些财富。从这一角度看,皮凯蒂认为,在贫富差距问题上把美国与中国进行比较没有意义,因为美国的富人可以轻易把财富转移到任何地方,而中国的富人不可能随意转移资产。另外,皮凯蒂认为,中国的个人所得税是递进制的,比俄罗斯的有效得多,所以中国有足够的财政收入来投资教育、公共卫生与基础设施,在这方面中国做得比印度等其他新兴经济体要好得多。皮凯蒂认为,与欧洲相比,中国更有能力靠所得税这个工具来缩小收入差距,而欧洲因为政治分裂,互相间有某种税收竞争,所以事情比中国难处理得多。①

三 皮凯蒂揭示的问题应该也为中国发展敲响了警钟

中国从改革开放以来,引进了西方经济学,当然主要是英美的新古典经济学,信奉其中的某些定理。但这些"定理"正在被揭穿,其实金融危机已经证明了这些定理的局限性。

但是,这些"定理"在国内还有市场,还在经常被引为经典。我们如果不澄清这些定理中的谬误,就会误导舆论。如果按照这些逻辑去制定政策,就可能犯很大的政策错误。

比如说,中国正在进行新一轮国有企业改革。反腐和产权多样化是这一轮改革的特点。有一些声音就提出,要大规模地把国有企业"私有化",因为只有私有化才能打破垄断,才能提高企业的效率。但是,皮凯蒂的研究恰恰证明,私有制既解决不了分配不公问题,也解决不了投资不足问题。而这些问题又恰恰是困扰中国发展的大问题。中国人民大学重阳金融研究院高级研究员罗思义(John Ross)是英国人,伦敦经济政策署前署长。他从中国发展中总结出来的经验是,中国把国有企业与私有企业结合在一起,解决了从马克思到凯恩斯都发现了但都没有解决的问题。凯恩斯觉察到,单靠货币政策和财政政策不足以维持投资水平,但由于西方社会里资本投资是"生产资料",是由私人投资决定的,所以尽管凯恩斯意识到了问题,而且做了深刻的理论分析,却无法解决这一难题。罗思义认为,中国的经济理念出自马克思,而马克思也做过跟凯恩斯类似的分析,"所以中国国家保持了大型

---

① Thomas Piketty, *Le capital au 21e siècle*, Editions du Seuil, 2013, pp. 874 – 877.

经济部门的所有权，从而确保控制投资水平的能力，同时较小的经济部门也开放为私有或非国有制。换句话说，国家不需要拥有总体经济，只需要足够大到能设定总体投资水平"。他还引用《华尔街日报》的评论："大多数经济体可以用两种方法来促进经济增长：财政和货币。中国有第三种选择……加快投资项目的审批流程。"① 罗思义从宏观经济的角度出发，解释了中国的混合所有制经济在"熨平经济周期"、保持投资水平中的重要作用。我们在国企改革时，似乎也要考虑这些因素。

波兰前副总理、有波兰改革总设计师之称的科勒德克也分析了那些新自由主义者想把中国的改革功绩"贪天功为己有"的丑恶行径。他说道："越来越多的经济学家和社会科学家开始发表一些晦涩复杂的言论，主要观点是将中国经济的转型解读为新自由主义的一种。这样一说，好像政府支持、引导的宏观经济发展战略以及经政府调控的市场改革与新自由主义哲学思想有什么共同点。实际上，国家有意识、有节制地将市场作为社会经济改革手段，这种经济行为与不切实际的新自由主义没有任何关系。中国的经济政策中，国家发挥的积极作用与新自由主义理念完全相反，那些持相反观点的经济分析家不过是想抓根救命稻草罢了。"② 他认为，中国改革成功的诀窍在于，把制度改革（转型）与政策发展相结合，避免教条和僵化，取得了非常有效的成果。他认为，中国在市场改革上保持了循序渐进的办法，使改革过程没有出现不必要的令人震惊的事情；同时政府并不迷信自由市场的魔力，制定了长期发展战略，说明市场经济并不意味着国家可以撒手不管。

再比如说，中国近些年的发展也在走资本收益大大超过劳动收益的老路，因此才出现贫富差距不断扩大的趋势。如果不意识到这种趋势未来的后果，不扭转这种趋势，未来发生巨大金融危机是大概率的事件。皮凯蒂虽然在分析西方世界的事，也给我们敲响了警钟。如果我们不注意限制收入分配差距的拉大，极少数的富裕阶层掌握了大量经济增长创造的财富，他们只能把钱放在银行，或干脆转移到海外。虽然中国还有资本管制，但管制中的漏洞很多，实际资本外逃仍然很多。如果随着未来的金融市场开放，资本大量外逃，中国会出现外汇挤兑，发生金融危机的可能性在增加。另外，富人的钱如果放在银行体系，银行必然要想办法把储蓄再放贷出去盈利。在中国的工业生产面临巨大的产能过剩的威胁下，银行投资的去向不明。这些年，房

---

① 罗思义：《邓小平是迄今为止世界最伟大的经济学家》，http://rdcy-sf.ruc.edu.cn/displaynews.php?id=6776。
② 〔波〕格泽高滋·科勒德克：《真相、谬误与谎言：多变世界中的政治与经济》，张淑芳译，外文出版社，2012，第216页。

地产泡沫膨胀,很大程度上反映出这种困惑。

皮凯蒂对中国近些年在推广所得税方面取得的进步也给予了很大肯定。他比较了中印在所得税方面的不同进展,认为中国在新兴经济体中是比较突出的。中国在1986年建立个人所得税时,所得税收入只占GDP的0.1%,到2005年已经占GDP的1.5%,到2008年更增长为2.5%。

印度的所得税制度历史要长得多,1922年就由英国人创建了。但因为印度有各种各样的免税机制,所得税占GDP的比例一直在0.5%的水平上徘徊。

皮凯蒂认为,中国的所得税从只占GDP的不到1%开始征,将来会达到GDP的4%~5%,这会是中国公共财政现代化的表现,如同西方国家在1914~1950年经历的过程一样。① 根据皮凯蒂乐观的估计,中国政府将有足够的公共财政来支持经济的发展与控制收入分配的严重不均。

皮凯蒂在书中引用了马克思对资本的分析。马克思曾观察到,资本家在不断积累资本。但资本积累太多,会导致资本的收益率不断下降,最终会导致资本的损失。他认为,马克思的分析路径很深邃,但马克思没有为此建立一个模型,而且没有引用大量的历史数据。可能囿于当时的统计数据,也可能他忽视了一些人的研究,总之皮凯蒂认为马克思本来可以用数据更多地支持他的立论。

皮凯蒂引用的马克思分析的资本收益下降的规律也应该适用于中国。中国经济的增长与固定资产投资不断增长有关,这虽然无可非议,但从投资收益的边际效益递减规律来说,应该引起我们的警觉。一方面,我们应该注意投资的方向。重复投资、不断加大在传统领域投资虽然可以增加GDP的总量,但会造成过剩产能积压,会造成库存大幅增长,会造成三角债的积累,最终会导致危机。另一方面,作为后发展的国家,政府在支持经济发展,特别在引导技术创新方面起着不可替代的作用。皮凯蒂的研究证明,单凭市场的力量无法解决技术创新的问题。因此,政府通过政策引导和公共直接投资来促进新技术的发展和普及,对于维持中国经济的中长期持续增长是非常必要的。

其实,西方的新古典经济学无法解释为何有技术创新出现。索洛的经济增长模型就把技术创新当作一种余数,没有考虑进他的模型。其他的经济学家也对非市场引导的创新机制讳莫如深。当人们谈到美国政府主导的研发机

---

① Thomas Piketty & Nancy Qian, "Income Inequality and Progressive Income Taxation in China and India, 1986-2015", *American Economic Journal: Applied Economics*, 2009.

制时，他们往往会轻描淡写，一带而过。但我们知道，美国的航天工程、互联网、GPS卫星和导航系统、全球海军基地和信息监视网络都是政府主导、政府补贴的。私人产权和自由市场的随机创造根本不可能创造出这些技术。

中国的经济发展与技术进步从一开始就与政府的引导和投资分不开。从"两弹一星"开始，到民用核能、高速铁路，等等，无一不是政府引导的结果。未来，中国经济要保持发展的势头，技术创新仍然是主要的基础。在这一问题上，市场是个可以依靠的机制，主要是讲可以依靠市场来鼓励竞争，但技术创新绝不可能交给市场，政府在这一问题上依然责无旁贷。

第三章
从垄断资本主义的发展分析垄断深化、金融化与经济危机

栾文莲[*]

摘　要　20世纪初是资本主义历史的转折，即从自由竞争资本主义发展到垄断资本主义，进入帝国主义阶段。在垄断资本的发展、深化进程中，为了巩固其发展的地位和金融资本的统治，一般私人垄断必然求助于其他力量，从其发展的历史来看就是国家垄断资本主义和国际垄断资本主义的发展。20世纪80年代，垄断资本主义经历了从一般金融资本垄断到以虚拟金融资本垄断为主导的巨大变化，实行以资本主义金融为主导、以金融经济为主体的新的积累方式、生产方式。金融化与金融垄断资本新发展的突出特征是金融脱离实际产业自我膨胀。

垄断加剧了经济危机产生的可能性与现实性。生产与销售的分离，金融与产业的分离，进一步拉大了商品实现的空间与时间。它同时也加剧了产品的占有私人化与生产社会化的矛盾，资本的社会化与资本的所有、使用、收益的私人化的矛盾。因而大规模的经济、金融危机不可避免。

关键词　垄断资本主义　金融化　经济危机

垄断揭示的是资本联合集中，攫取高额利润这种经济现象。它表现帝国

---

[*] 栾文莲，中国社会科学院世界社会主义研究中心特邀研究员，马克思主义研究院研究员。

主义历史阶段的本质性生产关系，表现帝国主义经济特征和实质。

生产集中、资本集中必然形成垄断。一般认为，生产集中、资本集中，形成垄断是同一过程的两个方面，例如购买股票或债券被当作是一种间接购买经济实体资本品的方式。然而，这种理解不能解释20世纪80年代以来脱离实体经济的金融衍生品极大膨胀、货币资本增殖的循环运动。实际上，资本积累，资本集中与积聚同时包含资本实体与价值形式同一运动与分离两种形式，不过，在资本主义一般私人垄断和国家垄断发展时期，前者占据主导地位，而在20世纪80年代以来的国际垄断时期，后者占据主导地位，形成资本主义经济金融化，确切地说，是垄断资本的金融化。

一 20世纪初是资本主义历史的转折，即从自由竞争转入垄断，进入帝国主义阶段

资本主义从自由竞争向垄断发展是其必然趋势。马克思恩格斯早在他们的著述中就敏锐地把握了这个趋势。在研究借贷资本运动、生息资本以及信用制度对资本主义生产的作用等问题时，就研究了信用制度产生与发展问题，以及银行的产生、银行的集中等问题。他们还指出了资本主义积累的形式包括资本积聚、资本集中，资本集中发展的必然趋势就是垄断。恩格斯还计划研究"交易所"，在他的写作提纲中指出，资本主义经济的巨大变化就是交易所作用的大大增强，最终工、农、商以及金融业都将集中在交易所经纪人手中，这种发展趋势的必然结果就是交易所成为资本主义生产最突出的代表。马克思恩格斯的这些研究为后来的马克思主义者研究垄断问题、金融资本问题奠定了科学的基础。

资产阶级学者极力颂扬自由竞争，把它看作自然永恒状态；而当资本主义垄断大规模发展起来，资产阶级经济学家也不得不承认现实。而此时，列宁又对资本主义垄断做了科学论述，《帝国主义是资本主义的最高阶段》是经典之作，今天它仍然帮助我们认识垄断资本主义的实质。

20世纪初是资本主义历史的转折，即从自由竞争资本主义发展到垄断资本主义，进入帝国主义阶段，或发展时期。列宁指出："20世纪初，不仅在我们已经说过的垄断组织（卡特尔、辛迪加、托拉斯）的发展方面，而且在金融资本的增长方面，都是一个转折时期。"[①] "总之，20世纪是从旧

[①] 《列宁选集》第二卷，人民出版社，2012，第625页。

资本主义到新资本主义，从一般资本统治到金融资本统治的转折点。"[1]

今天我们依然要牢记马克思主义经典理论的科学分析，同时认识发展进程中的新现象、新问题。笔者认为，列宁所论述的资本主义历史的转折是科学的正确论断，今天我们仍处于垄断资本主义时期，是更加增强的垄断资本主义。我们既要有历史的联系，又要看到其新的手段、方法。其垄断在深化，其金融资本力量仍然强势。

二 垄断资本的核心是金融资本

（1）垄断是金融资本的基础。列宁对金融资本做了一个经典概述，提出了金融资本的形成及其统治的理论："生产的集中；从集中生长起来的垄断；银行和工业日益融合或者说长合在一起，——这就是金融资本产生的历史和这一概念的内容。"[2] 列宁的理论贡献及其科学性在于指出了垄断是金融资本的基础；在于指出了金融资本不是单纯的银行资本，也不是单纯的工业资本，是新型的资本形态。

产生了银行的新作用。垄断银行的产生意味着它已不是一般的中介者，而是支配一切的万能垄断者。这就是银行的新作用。垄断一经形成，银行和工业公司的关系就发生了质的变化，垄断银行集中了社会的大部分资本，同时工商业对资金的需求也是巨大的，于是单纯的借贷关系变成了工业公司依赖银行为其筹集资本。银行贷款使银行对工业公司的渗透长期化、固定化，过去的支付业务成为掌握工业公司的经济情报、进行控制的手段。而银行的集中、垄断进一步加剧了产业资本的垄断化。"一方面是银行资本和工业资本日益融合……日益长合在一起，另一方面是银行发展成为具有真正'包罗一切的性质'的机构。"[3]

（2）建立起金融资本的全面统治。银行的万能性质绝不仅限于对工业公司的信贷控制，它的完整内涵应包括：银行垄断资本和工业垄断资本的融合形成帝国主义时代的金融资本对经济和政治生活的全面垄断。在金融资本形成过程中，垄断银行一般起着主导和核心的作用。工业公司对垄断银行的信贷依赖变成大银行的真正垄断。而工业垄断资本与银行垄断资本一经融合为金融资本，一般资本主义的统治便转化为金融资本主义的统治。金融资本

---

[1] 《列宁选集》第二卷，人民出版社，2012，第612页。
[2] 《列宁选集》第二卷，人民出版社，2012，第613页。
[3] 《列宁选集》第二卷，人民出版社，2012，第609页。

作为新的更高形态的垄断资本，占据社会经济的统治地位。

在垄断资本的发展、深化进程中，为了巩固其发展的地位和金融资本的统治，一般私人垄断必然要求助于其他的力量，从其发展的历史来看就是国家垄断资本主义和国际垄断资本主义的发展。这一点，与列宁的分析是一致的："这里我们清楚地看到，在金融资本时代，私人垄断组织和国家垄断组织是交织在一起的，实际上这两种垄断组织都不过是最大的垄断者之间为瓜分世界而进行的帝国主义斗争中的一些环节而已。"[①]

（3）垄断加剧了资本主义经济危机。随着资本主义垄断的发展，金融资本作为新的更高形态的垄断资本，占据社会经济的统治地位。而经济危机是资本主义制度的本质特征之一，工业革命以来，资本主义世界经济危机频繁发生。而随着资本主义垄断的发展，经济危机与金融危机以更大的规模、更深刻的表现形式呈现出来。这是因为垄断加剧了经济危机产生的可能性与现实性。生产与销售的分离，商业资本与借贷资本的产生与发展，进一步拉大了商品实现的空间与时间，如资本主义垄断所产生的各种生产、销售的大型公司如托拉斯等更加高度的集中化、垄断化、私人化。它同时也加剧了产品的占有私人化与生产社会化的矛盾，因而大规模的经济金融危机不可避免。

资本主义社会化大生产，生产的集中、资本的集中所形成的垄断的发展，创造了前所未有的社会生产力。另外，占有制的私人化，又把这种社会财富集中到少数私有者手中，广大劳动人民处于绝对贫困和相对贫困状态。因而，经济危机是社会财富集中于少数资本家阶级与广大劳动人民消费有限的矛盾爆发。信用制度、金融机制的发展对经济危机推波助澜。在危机的发源地——美国，实施放任自流的经济政策，金融利益集团对推动金融自由产生了巨大影响。泛滥的信贷引起股市泡沫和投机的狂热。由股市泡沫泛滥而引发的信贷危机进而发展为全面的经济危机，集中爆发了1929～1933年的资本主义世界大危机。

三 国家垄断资本主义时期国家政权与金融资本融合，形成国家的新作用，进一步增强了金融资本的统治

国家垄断首先是为适应生产力的发展而产生的。资本主义生产力的发

---

① 《列宁选集》第二卷，人民出版社，2012，第636页。

展，使一般私人垄断难以解决社会经济中出现的问题。而资本主义国家作为总资本家这时从守夜人成为直接的生产领导者。在生产力高度发展的情况下，如果国家不对经济进行直接干预和调节，资本主义生产就不能正常运转和发展。而由于20世纪30年代的大危机，关系到资本主义制度存亡，为挽救资本主义制度，国家不得不对经济进行调节和全面管理。

（一）国家政权与金融资本的融合，产生国家调节经济的新作用

国家垄断资本主义是国家政权与金融资本的融合，它使金融垄断资本的发展又进了一步。它是国家政权与垄断资本联合对经济进行干预和调节，以保证资本主义再生产的进行及经济增长，维护资本主义制度的生存和发展，维护资本主义的统治，并力求使垄断资本集团获得最大利润。

国家垄断在一般私人垄断的基础上产生、发展，但不可能取代、消除私人垄断。私人垄断是国家垄断的基础，它们同时在发展。国家政权始终是金融资本利益的代表，服务于金融资本的利益要求。同时，国家又对经济进行调控，作为总资本家直接参与社会生产与再生产过程，从而产生了国家的新作用。

（1）国家集中了全社会的大量资本，形成庞大的国家垄断资本。①主要通过国家直接投资和国有化建立国有企业。②把财政收入很大一部分转化为财政资本。20世纪70~80年代，各发达资本主义国家的财政收支占国民生产总值的比重有很大提高，一般都超过1/3，有的高达50%。这是由于国家把越来越多的资金掌握在自己手中，使国家调节社会经济发展的能力更强。[①] 从世界银行历年公布的《世界发展报告》可看出，二战后，各发达资本主义大国政府的财政开支占社会总产值的比重一直保持在很高的水平上。③通过中央银行发行货币，国家成为货币资本的所有者。

（2）运用财政与货币金融政策调节经济。财政与货币金融政策是国家垄断资本主义调节经济的重要手段。运用财政收支政策调节经济。国家支出的主要方向就是经济社会发展的方向，它刺激经济发展，影响经济结构和发展速度。

财政收入的主要来源是税收，通过税收调节经济也成为一个杠杆，通过增减税收的办法调节社会的总需求和总供给，减缓周期波动。当经济出现衰退迹象时，政府就用降低税率、减免税，甚至退税的办法来刺激经济回升。

（3）利用货币信贷关系调节国家经济。这使资本主义国家深入现代金

---

① 世界银行：《世界发展报告》，1988。

融体系的运行过程中。①控制货币供应量,这是各国管理物价和对经济进行宏观调控的总闸门。②通过中央银行的特殊作用实现国家的调节作用。中央银行是国家垄断资本主义利用货币调节社会经济的执行机构。大多数国家的中央银行都是国有的,目的是强化对银行业务的控制。国家通过中央银行调控货币信贷,进而对整个社会经济实行调控的手段主要有:为各银行吸收存款规定一个法定储备额度,即银行存款准备金率;通过调控中央银行的再贴现率来影响货币市场的利率;利用公开市场业务控制货币供应量。以上三种办法往往是在现实经济活动中同时使用的。

(4) 调节收入政策。包括工资和物价政策措施、社会保障措施。

总之,国家垄断资本主义条件下,国家不仅作为上层建筑对经济基础起反作用,还作为最大的资本所有者和总资本家,凭借手中掌握的强大经济力量,渗透到社会再生产的各个环节,对整个国民经济起巨大的作用,是一般垄断资本主义时期所没有的。它采取各种手段,包括财政、税收、货币、金融、法律、行政等,对经济进行干预和调节,形成了一种新机制,即国家调节与市场机制并存,这是自由竞争和一般垄断资本主义所没有的。

在国家垄断资本主义时期,由于20世纪30年代大危机的教训,各国对本国的银行业和金融业实行管制,加强政府调控的作用。但是,由于政府财政赤字和公私债务的积累,也不能不依赖银行和金融的作用。在这样的情况下,金融业的组织形式以及金融市场有一定的发展。

(二) 国家垄断资本主义条件下的经济危机

国家垄断资本主义的发展并没有消除发生资本主义周期性经济危机的根本原因——资本主义社会的基本矛盾,而是进一步深化这个矛盾,从而使作为反危机措施的调控,不仅消除不了经济危机,反而使危机持续发展,有了多样的表现。比如,生产集中、资本集中、生产高度社会化的条件下,国家运用各种经济的、政治的手段,直接或间接对整个国家经济进行管理、调节。但是资本主义的私有制是国家垄断资本主义发挥调节功能的界线,是不可逾越的,它终究要被限制在比较窄的范围内,不可能进行全面、有效的调节。

国家通过财政手段大规模地干预经济,为社会提供了数额巨大的资金,资助生产发展所必需的基础设施等建设,为社会生产的进一步发展创造了条件。但是在私有制度下,国家干预所产生的效益相当大程度上落到了少数的资产阶级手中,落到了少数垄断资本和垄断集团手中,壮大了它们剥削和统

第三章　从垄断资本主义的发展分析垄断深化、金融化与经济危机

治的力量。

国家干预的动因和直接目的是反周期，以为以此就能熨平经济周期，从而达到免除经济危机的目的。但是这种手段又形成另一种过剩，形成新的危机——反映赤字经济的债务危机。它们通过实行赤字财政政策和信贷膨胀政策来扩大政府开支、刺激消费和私人投资，以解决有效需求不足，为生产过剩找到出路。但是，这并不能消除产生生产过剩和需求不足的根本原因，刺激起来的需求实际上是一种虚假繁荣，是靠牺牲未来解决问题。

政府开支的剧增使财政赤字剧增，以致国债与日俱增，现实和潜在的通货膨胀严重制约经济增长，这使政府通过扩大开支刺激经济的余地越来越小；同时，公司和企业靠举债扩大经营，加剧了社会生产的盲目性，使生产和产品的过剩矛盾有增无减。私人债务的累积必然使个人实际可支配收入日趋减少，因而现实购买力和未来消费能力进一步降低。因此，这种公私债务的急剧增长成为社会经济弊端根源之一。

国家干预对经济周期和危机的周期性造成影响。由于国家干预阻碍了资本主义社会再生产原有周期过程，就使资本主义再生产和经济周期运动的各种自发机制作用不能充分展开，而资本主义经济危机的诸种因素却并未消除。因为，资本主义经济危机产生的原因、实质和周期性没有根本改变，那么，它以累积的形式沉淀下来，使资本主义社会再生产周期难以按固有的运动规律运动，由此带来的经济危机更为复杂和深刻，同时也必然孕育更大的危机。

一般私人垄断时期的经济危机突出表现为生产过剩与货币信用危机，货币信用危机与生产过剩的危机互相影响。与此相比，战后国家垄断资本主义时期的经济危机还表现为债务危机、难以抑制的通货膨胀、银行与信贷危机、证券市场的金融危机、过剩和经济停滞。它们互相交织，形成20世纪70年代以后遍及资本主义发达国家的滞胀危机，是以经济停滞和通货膨胀为主要特征的经济综合征。

西方经济学中的经典理论认为，失业率与通货膨胀之间相互具有替代关系，并以此作为预测经济趋势和政府制定经济政策的依据。但是20世纪70年代后西方国家普遍出现的高失业与高通胀并存的现象打破了这一信条。1987年英国麦克米伦出版社出版的《新帕尔格雷夫经济学大辞典》在回顾了这个历史过程后写道："日益加速的通货膨胀与不断提高的失业率和不断下降的生产力增长，也即停滞的同时并存，在经济学上便产生了一个新的普遍流传的名词：'停滞膨胀'。"这一现象即贯穿在经济周期的各个阶段，遍及所有主要资本主义国家。

国家垄断资本主义在理论与实践上都遇到挑战，因而寻找新的发展道路。20世纪80年代开始的资本主义金融化的原因之一，就是金融部门成为过剩的资本、资本主义发展滞胀而出现的过多的剩余资本寻求更大增殖的场所，由此也开始了转向资本主义经济金融化的进程。

四 国际金融垄断为资本主义拓宽发展空间、建立新的发展方式

（一）实行以资本主义金融为主导、以金融经济为主体的新的积累方式、生产方式

国际垄断资本主义为适应资本主义生产国际化、全球化而发展。它解决了国家垄断资本主义遇到的发展瓶颈，进而为资本主义拓宽发展空间、建立新的发展方式。从空间方面看就是全球化的发展，从方式看就是金融化的发展，为垄断金融资本拓展金融领域开辟道路，实行以资本主义金融为主导、以金融经济为主体的新的积累方式、生产方式。

国际垄断资本主义在一般私人垄断和国家垄断资本主义基础上发展。由于主张实施国家干预的凯恩斯主义失灵，资本主义国家推行新自由主义经济政策，新自由主义成为国际垄断资本主义统治世界的主导意识形态。实行自由化、私有化、市场化，放松金融管制，使资本自由流动，金融资本如鱼得水，这直接促进了国际金融资本的发展。

而此时国家放弃直接参与社会经济活动的一部分内容，比如对国有经济实行私有化，这是形成跨国金融资本集团的重要基础。又如停止收入政策的调节，进行社会保障私有化改革，由金融机构操控这部分职能，这助长了金融业垄断资本的发展。

所以，资本主义国家代表国际金融资本的利益，服从于国际金融资本的利益要求。但资本主义国家没有放弃财政、金融、货币的宏观调控功能，而是更为加强，这是国家垄断资本主义最主要和最基本的调控和管理手段。同时，主要资本主义强国在世界形成以美元霸权为主导的金融霸权，这种货币霸权在世界范围得到强化。所以，一般垄断、国家垄断在国际垄断资本主义发展的当代没有被削弱，而是与国际金融垄断资本主义一道有了进一步的加强和发展。特别是形成了少数超越国家权利的巨型国际垄断寡头的统治，而资本主义国家政权则维护它们的利益。在2008年金融危机中，国家还对濒于崩溃的金融机构注资，扮演最后贷款人的角色。

以资本主义强国为代表，以其经济金融的强势地位形成金融霸权，并操纵代表国际经济旧秩序的国际货币基金组织、世界银行、世界贸易组织等国际经济金融组织，对世界实行霸权统治。美元的世界货币垄断权以及国家的强势地位确立其霸权地位。全球金融霸权在世界形成新的剥削模式，一方面握有世界货币的垄断、发行权，另一方面实现广大发展中国家廉价的资源与产品的供应，形成世界经济、政治的不平衡运转。对世界其他国家，特别是对发展中国家包括原有的社会主义国家进行金融化、私有化，运用金融手段进行渗透和瓦解。为了保证自己的金融垄断，美国等还用军事垄断来压服那些反对这一秩序的力量。控制关键的高科技、资源和粮食，以和金融、军事垄断配合交叉使用。

（二）金融化与金融垄断资本新发展的突出特征是金融脱离实际产业自我膨胀

金融资本作为垄断资本的核心，是当今国际垄断资本主义的总特征。对于生产与资本集中广义的理解，表现为资本积聚和所有权的转移。正如本文开头所述：资本积累、资本集中与积聚同时包含资本实体与价值形式同一运动与分离两种形式，存在着资本实物形态与价值形态同时空转移和分离两个方面。从生产力和生产的物质内容看，生产集中是资本的价值形态与实物形态同时空转移。非物质生产部门比如金融业的集中和垄断，则存在着资本的价值形态与实物形态相脱离。

因此，金融垄断资本在两个维度拓展。资本实体与价值形态同时运动，物质生产、交换、转移，资本流动，特别是跨国公司的大发展。从资本价值与实物分离的形态看，是银行业、金融业的发展，兼并重组，金融部门的膨胀。

而在20世纪80年代以来国际垄断资本主义发展中，后者超过前者，金融脱离价值生产、爆炸性增长成为20世纪80年代以来最突出的现象。据联合国贸发会议统计资料，20世纪70年代，全球跨国公司投资产业分布中，制造业占60%以上，80年代仍维持在一半以上；但此后，跨国公司的投资中，服务业所占比重持续上升，到90年代服务业已超过50%，而金融服务业占据整个服务业很大的比重。

因此，随着资本主义进入国际垄断阶段，金融发生了历史性的变化，表现为金融垄断资本的全球化，金融脱离实体经济，银行和金融垄断组织空前扩大，各种金融衍生品盛行，等等。金融资本的空前大发展大膨胀，及其在经济与政治生活中的特殊重大作用，成为国际垄断资本主义阶段的基本特征之一。资本化的货币、金融资本，作为资本主义生产的"第一推动力"和

"持续的动力"①，在资本主义私有制度下被金融资本的力量所掌控，在发达资本主义国家已经形成强势的力量，即金融资本的垄断力量，成为在当今国际垄断资本主义条件下新的万能统治者。具体如下。

（1）金融资本规模空前增大。这一时期，金融资产规模迅速增长，全球金融资本总规模，包括全球股票、债券、其他证券和银行存款，1980年为12.1万亿美元，为当年全球产出（GDP）的109%；到2000年，其总额已增至97.6万亿美元，为当年全球GDP总值的312%。2005年全球金融资本总值又猛增至140万亿美元，为当年全球GDP的316%。2007年全球股票、债券、其他债券和银行存款等金融资本总额达165万亿美元，为当年世界GDP总值的331%。直到2008年的金融危机，这种迅猛增长才受到遏制。

全球金融资本总值占全球GDP之比逐年提高，反映了金融在全球发展中超前的作用，同时也反映了金融脱离实体经济独立运行，其规模大大超过实体经济的趋势。

（2）金融垄断组织垄断程度极大增强。掌管和运作金融资产的机构，包括银行和非银行机构，这些金融垄断组织规模同时空前增大，标志着其垄断性不断增强。

20世纪90年代全球企业并购中，银行和其他金融机构的并购非常活跃，交易规模持续增大。美国、日本、欧洲等国家和地区的金融机构都投入到并购的浪潮中，扩展到跨国并购。经过这次大规模的并购，西方国家大银行和金融机构的规模更大，资本更加集中，垄断性更强，跨国程度更高。在世界最大企业排名中，大金融机构，如大保险公司、投资公司占有显赫位置，数目也在增多。美国《财富》杂志公布的2005年世界500强企业前50名中，大金融企业就占15家。

（3）金融机构、金融工具的创新与发展。特别是出现了当代国际金融垄断的标志性金融机构，如对冲基金、私募股权基金等。除了大银行仍居全球大企业之外，各种保险公司、投资公司、养老基金和共同基金等，数量和种类更多，规模更大，如美国高盛公司、美林公司。在2008年经济危机中倒闭的美国第四大投资银行雷曼兄弟公司，是全球最具实力的股票和债券承销商和交易商之一，还担任着全球多家跨国公司和政府的重要财务顾问，拥

---

① 马克思在《资本论》中论述货币资本的作用时指出："资本主义的商品生产，——无论是社会地考察还是个别地考察，——要求货币形式的资本或货币资本作为每一个新开办的企业的第一推动力和持续的动力"，"它表现为发动整个过程的第一推动力"。

第三章　从垄断资本主义的发展分析垄断深化、金融化与经济危机

有多名世界公认的国际金融最佳分析师。

金融业的新角色是国际垄断资本主义阶段的产物。对冲基金通过广泛投资,从买卖股票和债券到买卖商品、货币,以寻求更大收益。私募股权基金又称并购基金,操作方式是先购买处境困难的公司的控股权,然后或向这家公司投入更多资金以便其扩张,或掌握该公司的经营权,或将其重组后上市出售,其目的都是从中赚钱,通过一系列迅速收购空前获益。

（4）金融市场空前发展。它们是国际金融垄断组织活动的平台,是国际金融垄断资本控制、统治世界的系统。20世纪80年代以来,随着新自由主义的实施,金融市场是所有市场中最自由、最少受限制和调控的市场。与其自由化似乎相对立,金融市场又是由少数大银行、金融机构以及基金组织所垄断的市场。同时,国际金融中心分布更广泛。历史上最大的国际金融中心是伦敦和纽约,其次是巴黎、法兰克福和东京,此外还有大批离岸金融市场。20世纪80~90年代以来,全球化、信息化的发展,国际金融中心和离岸金融市场日益增多,并通过互联网紧密相连,交织起覆盖全球的金融网络。金融交易市场多元化,有信贷市场、债券市场、股票市场、外汇市场、金融衍生品市场。它们都是全球性的市场,在国际垄断资本主义条件下,金融资本大规模超越国界在全球流转,在全世界赚取收益。

（5）金融交易日益泡沫化。在二级市场进行交易的金融资产在资产总额中所占比例越来越高。把国民财富转换成公司债券、企业股票等各种形式的金融资产叫作"证券化"。而把股票、债券等再次在金融市场进行交易,并且将股票市场和债券市场迅速扩大叫作"融资证券化"。到2007年,证券总额增至120万亿美元,是全球GDP的2.2倍。这中间,美国等西方发达国家的债务剧增,美国仅房贷就达3万亿美元。而巨额的房贷发放给购房者后,银行就可以通过证券化,把它拆分打包成证券产品,再出售给遍布世界的投资者。其他的贷款、负债数额都在增长,而且同样可以债券化。这种"融资证券化"的规模究竟有多大,花样翻新有多少,是很难数清的。这实际上就是被放大的金融泡沫。

衍生金融产品泛滥。把套期保值的概念用到金融工具上,由传统的债券、股票、外汇等派生出大批复杂的新的金融产品,即"衍生金融工具",其中有期权、期货和掉期。20世纪90年代,金融衍生品激增,金融市场因衍生品的泛滥而迅猛扩大。

金融衍生工具本来是随着金融创新和由此出现的各种金融风险而发展起来的,其价值应由其所依附的证券或商品来确定。但实际上,它以惊人的速度发展,已经脱离了本应依附的金融市场基础,被用来作为投机的工具。作

为一种风险投机手段,加剧了金融市场的波动性。

外汇交易急剧增长。金融资本在全球流动,首先涉及本币与外币的置换,因此外汇交易格外重要。国际垄断资本主义阶段以来,实施新自由主义,各国放松或取消外汇管制后,外汇交易量急剧增长。2006年全年的外汇总交易量接近675万亿美元,相当于当年全球商品出口额的60多倍(货币置换一年内可以重复多次,但仍然可以说明外汇交易量的急剧增长)。在这一外汇交易中,同实体经济直接相关的低于10%,其余90%以上是在金融机构之间为轧平头寸而进行的交易[①],这是金融活动脱离实体经济,脱离生产与贸易而自我膨胀的又一个证明。

(三) 国际垄断资本主义金融化条件下的资本主义社会基本矛盾更为深重

一方面,垄断的发展深化反映了资本主义生产社会化程度加深。国家垄断资本主义运用财政金融、货币手段调控经济,反映了生产力发展的客观要求。国际垄断资本主义的发展要求在全球整合资源,进行全球化的生产。总体看,世界生产力不断地向前发展。但是,另一方面,由于资本主义私有制的社会性质,生产资料和生产成果的占有私人化,生产力发展的成果及社会财富,又被极少数垄断资本所占有。资本的流向与财富的流向相反,金融资本走到哪里,哪里的资源、劳动成果就被攫取。国际金融垄断资本主义的一切制度安排,都有利于它们攫取世界财富。

(1) 生产的社会化、全球化与国际垄断资本占有制相矛盾。跨国公司及其子公司遍布全球,在资源丰富且价格低廉的国家采购原料,在劳动力充裕且工资较低的国家加工生产,在市场广阔且具有潜力的国家销售产品,从而实现了资本、技术、劳动力、原材料等生产要素的优化组合,把生产变为全球性的社会化生产。迭起的跨国并购活动促进了企业的全球扩张,促进了产业国际化、市场全球化的发展。社会化大生产成为全球性大生产。同时生产和资本更加集中于少数大垄断资本,反映了垄断资本的利益和要求,垄断资本的所有权更大,因此与社会化生产存在着很大的矛盾。

(2) 金融垄断资本内部的组织性与全球生产的无政府状态相矛盾。①跨国公司内部形成国际分工,其生产有高度组织性和计划性。在激烈的国际竞争中,它们不断提高生产能力,扩大市场份额,排挤竞争对手,结果必然是在全球范围导致生产的盲目性,导致生产过剩。②全球经济的无政府状

---

① 李琮:《当代资本主义的阶段性发展与世界巨变》,社会科学文献出版社,2013。

第三章　从垄断资本主义的发展分析垄断深化、金融化与经济危机

态突出表现在金融资本几乎不受任何限制的自由流动和过度投机，导致金融危机频频发生。③国际性调节机构，如世界贸易组织、国际货币基金组织、世界银行和其他一些经济组织，实际上是由少数发达资本主义国家操纵的，规章制度基本上是根据它们的需要制定的，维护的是国际经济旧秩序。

（3）资本社会化与私有制下金融垄断资本对资本所有权和使用权、获利权的占有私有化相矛盾。股份资本、公司资本通过金融市场广泛地吸收社会资本，不仅有国内资本，更有国外资本。资本来源首先是大垄断公司——拥有巨额资本的垄断寡头，还包括普通的民众，特别是占社会大多数的"中产阶级"，即中等收入阶层。从资本主义金融化的全面发展看，保险基金、医疗、社会保障等使各阶层的人包括工人都参与到金融资本的募集中。从这一点看，当今资本主义生产社会化、资本社会化达到空前广泛的程度，西方有的理论称之为"人民资本主义""股东资本主义"，说资本主义进入了新的历史阶段。美国人彼得·德鲁克就说："养老金的真正所有者不是别人，正是那些领取退休金的人，美国经济从此将进入历史上的新阶段——社会主义。"①

这种说法沿袭的是西方庸俗经济学说，只看事物的表面，没有看到实质。真正的所有者是谁？在资本主义私有制下，少数大股东、大公司是真正的所有者。股份制、公司制、金融化的发展反映了生产关系的某些变化，但这种变化没有改变资本主义所有制的性质。正如弗朗索瓦·沙奈认为："尽管基金集中的是退休人员的积蓄，但退休人员不是各种各样基金真正的所有者和决策者。相反，数量极其有限的新的管理阶层，才称得上是从当代食利资本主要形式中真正得到实际利益的人。"② 资金的使用者、决策者是少数大金融资本，它们获利最大，这是问题的实质。

我们应深刻地认识马克思主义经典理论关于资本主义信用二重性的论述。信用制度和银行制度把社会上一切可用的尚未发挥作用的资本交给产业和商业资本家支配，因而信用制度和银行制度"扬弃了资本的私人性质，它本身，但也仅仅是就它本身来说，已经包含着资本本身的扬弃"。③ "银行制度造成了社会范围的公共簿记和生产资料的公共的分配的形式，但只是形式而已。"④ 上述"只是形式而已""仅仅是就它本身来说"是指它仍然是在资本主义制度中的事物。

---

① 〔法〕弗朗索瓦·沙奈：《资本全球化》，齐建华译，中央编译出版社，2001，第 200 页。
② 〔法〕弗朗索瓦·沙奈：《资本全球化》，齐建华译，中央编译出版社，2001，第 200 页。
③ 《资本论》第三卷，人民出版社，1975，第 686 页。
④ 《资本论》第三卷，人民出版社，1975，第 686 页。

金融帝国主义与国际金融危机

20世纪初,生产集中加速进行,股份公司联合成强大垄断组织时,列宁对于银行吸收全社会的货币,又重复了半个世纪前马克思的话,同时他指出:"银行所收集(虽然只是暂时收集)的,是一切货币收入,其中也有小业主的,也有职员的,也有少数上层工人的。'生产资料的公共分配'从形式上看来,这是由现代银行中生长出来的。"[①] 这里又出现了"形式上"的提法。只要资本主义社会制度未变,私有制的性质未变,一切社会资本、一切生产力的发展都具有资本主义私有制度的属性,最终归于大资本家阶级。

(4) 资本虚拟化、泡沫化所表现的资本社会化与占有的私有化相矛盾。一切社会化的资本,不管何种形式,都被大金融资本用来当作榨取剩余价值的手段,而在资本主义金融化的今天,又运用金融的各种方式,造成金融资本的虚拟化、泡沫化,无限放大杠杆倍数,以满足其占有更大剩余价值的目的,是虚拟资本社会化的集中表现。由此引起的资本主义社会的基本矛盾更加扩大,表现也必然更加尖锐,使资本主义金融体系更加脆弱。虚拟性和泡沫化增长的同时,凸显其脆弱性,使金融危机、经济危机易发性、突发性、连锁性大大增强。

(5) 资本主义基本矛盾仍然突出表现于无产阶级和资产阶级的对立关系上。无产阶级和资产阶级是资本主义社会中两个对立的阶级,对立的深刻根源在于二者之间的被剥削与剥削的关系。无产阶级绝对贫困和相对贫困,使劳动力价值与资本价值差距越来越大,鸿沟随着资本价值的增大而劳动力价值的减小越来越大。资本主义制度无法解决这个矛盾,这是经济危机爆发的根源。

在资本主义金融化下,不仅劳动者在生产过程受剥削,维持人们生活的劳动力再生产的各种保障也服从于资本的利益。执行劳动力再生产社会化职能的垄断金融资本,包括劳动者的医疗保健和教育培养、失业保障、退休保险等,由于资本追逐剩余价值的本性,必然把这些费用尽可能压低。它使工人再次遭受金融掠夺。金融资本的链条伸向更深,使资本主义基本矛盾又有了更深刻的表现。

因此,资本主义基本矛盾有更深刻的表现,由此引起的金融危机、经济危机不可避免。而在国际垄断资本主义条件下,在经济金融化、全球化下,危机必然有其特殊、深刻的表现。

---

① 《列宁选集》第二卷,人民出版社,1972,第759页。

（四）这一时期的经济、金融危机特点

20世纪70年代，国家垄断实行的结果，是资本主义世界经济发生滞胀危机，凯恩斯主义失灵。为了给资本主义大量的剩余资本找到新的更多榨取剩余价值的出路，而实行全球化、金融化、自由化。在新自由主义盛行，全球化、金融化大发展的年代，许多人认为，资本主义摆脱了经济危机的困扰，资本主义凯歌高奏。但2008年危机告诫人们，只要存在资本主义制度，资本主义基本矛盾就起作用，资本主义积累规律就起作用，而必然发生经济危机，在不同的历史条件下，其有不同的表现，但实质是一样的。可以说，金融化对经济危机的最大影响是深度激化作为资本主义危机的根本原因的资本主义社会基本矛盾。

（1）这一时期的经济危机是生产过剩、人口过剩、资本过剩的全面危机。生产过剩就是经济发展停滞，增长缓慢；人口过剩是出现大量的失业人口；资本过剩的典型表现是泡沫化，泡沫破裂是引致危机的直接原因。它们互相作用。

（2）攻击型资本流动引发他国，特别是发展中国家的经济动荡、金融危机。金融资本流动的自由化，为国际金融资本赚取世界其他货币与美元的差额，从而获取巨额利益提供了方便。攻击型货币冲击发展中国家，使这些国家经济波动，从而发生金融危机、经济危机。全球金融市场的形成、解除金融管制、金融自由化，这使跨国界的大规模的投机性的资本流动成为常态，加剧了金融风险、金融危机。

20世纪80年代以来，随着金融开放的扩大和深化，各种金融动荡和金融危机不断出现，给有关国家乃至世界经济造成了严重的冲击，如拉美债务危机、日本的股市泡沫及其破灭、亚洲金融危机、阿根廷金融危机等。由发达资本主义国家的金融资本所主导的金融投机是导致当今世界出现各种金融危机的重要原因。随着全球收入分配差距的拉大，财富或资本日趋向少数富人手里集中，为获得更大的投资回报率，资本更多地通过金融投机来获取高收益。通过操控各种金融产品价格的大幅度剧烈波动，以贱买贵卖来从中获取"溢价"收益。

（3）$G-G'$循环本身就包含经济危机的现实性。按马克思的资本主义生产过程循环的公式，资本主义生产的本质在于$G-W-G'$之间的关系。货币资本G用来交换商品W，通过生产转移成新的产品，之后又被出售换来更多的货币G'（$G+\Delta g$）。这个过程的本质在于它是无止境的。为了最终获得G''，G'被用于下一个生产环节的再投资。如此下去，没有止境。任何对这种

无止境资本积累的打断都意味着危机。

而在资本主义金融化占主导的生产方式中，G－G′循环本身与生产过程脱离，产生了断裂，其本身不仅存在着危机的可能性，而且存在着危机的现实性。金融资本以虚构的价值积累，凸显脆弱性、泡沫性。资金链条的一个环节破裂，都会引起连锁反应。实际上，自20世纪80~90年代以来，特别是世纪末前后，就不断地发生金融危机，包括1987年美国股市大崩盘、1998年长期资本管理公司对冲基金的崩溃、1992年欧洲货币体系危机、1994年席卷拉美的墨西哥比索危机，以及1997年亚洲的金融危机等，而2007年的次贷危机和2010年的主权债务危机是金融主导的体制内部矛盾总爆发的必然结果。

2008年严重的世界金融危机、经济危机，人们认为是延迟了多年而终于爆发的经济危机。为什么延迟了多年？笔者认为，是由于国际垄断资本主义的发展，金融垄断资本主导的经济全球化、金融化，形成了全球金融霸权，不断地转嫁资本主义内部的危机，放大、减缓资本主义社会矛盾的激烈程度。用金融霸权的垄断维系世界的不平衡运转，维持资本主义的生存。

（4）从金融危机发展到主权债务危机。2008年危机爆发后，各国政府纷纷注资"救市"，挽救以大型金融企业为主的一大批公司，其实质是利用公共财政资金挽救以巨型金融资本为首的国际垄断资本，即本轮危机的肇事者。这些措施避免了国际金融体系的崩溃，但同时把主要西方国家的公共债务水平从一个高位推高到了一个无法持续的水平，从而爆发了主权债务危机。

（5）金融危机、经济停滞、债务危机各种状态共存。2008年世界金融危机是20世纪70年代以来资本主义发展到国际垄断阶段、实行资本主义金融化以来，新自由主义主导的私有化、自由化、全球化和金融化所反映的资本主义基本矛盾的集中爆发。由于资本主义国家仍然坚持国家调控宏观经济的制度，作为资本主义国家的最后贷款人，强力实行财政、货币手段以及财税政策，挽救濒临崩溃的资本主义金融体系，支持经济回升。但是，政策效力递减，经济增长乏力，就业低迷，可以说，资本主义世界经济至今未走出危机。因而，它又走到停滞。正如20世纪70年代，用来解决资本主义危机的措施又成为新的危机的因素，因而是金融危机、经济停滞、债务危机共存的状态。生产过剩的危机与金融膨胀、债务危机相互交织。

但是，我们不能轻视资本主义的调节能力，从资本主义生产方式内部看，2008年这次金融危机、经济危机不足以撼动资本主义制度。资本主义国家从无到有建立起来的调节制度，发挥了最后贷款人的作用，挽救金融机

第三章 从垄断资本主义的发展分析垄断深化、金融化与经济危机

构破产崩溃,对一些经济部门的衰退也起到了遏止作用。特别是对金融系统的救助是关键的,它保证的是资本主义发达国家金融资本的统治。

两次大的经济危机(1933年、2008年)均肇始于美国——资本主义大国上升和繁盛时期的美国,确切地说是金融垄断资本上升和繁盛时期的美国。有研究表明,2008年危机对资本主义世界的打击严重程度未及1933年的危机。比较而言,危机的打击和影响对肇事者不严重,严重的是它对其他国家和地区的连锁反应,如对发展中国家实体经济的影响以及这些国家拥有的美元资产的损失。

金融垄断的霸权统治也面临着世界争取建立新的国际经济金融秩序的斗争。危机后,国际社会建立公正合理的国际经济金融秩序的呼声更加强烈。但是,总体而言,国际金融垄断资本的强势地位没有根本改变,美元霸权没有消失。危机使金融垄断资本主义力量有所削弱,发展中国家力量有所上升,但仍处于敌强我弱状态。

第四章
马克思恩格斯列宁关于垄断问题的理论与启示

周 淼[*]

摘　要　马克思恩格斯列宁对资本主义垄断问题进行了深入研究，形成了马克思主义垄断理论。当前，随着时代的新发展，资本主义垄断又有了一系列新的特点，在继承马克思主义垄断理论的基础上进一步深化对资本主义垄断的研究，具有重大的理论和现实意义。马克思主义垄断理论与西方经济学垄断理论有着重大的差异；我们只有依据马克思主义垄断理论的基本原理，才能深刻把握资本主义运动规律，从而才能趋利避害，促进中国特色社会主义的深入发展。

关键词　马克思主义　垄断理论　启示

在资本主义自由竞争时期，当垄断现象还只是处于萌芽状态时，马克思恩格斯就对刚刚出现的垄断现象做了初步的理论分析，形成了马克思主义的垄断理论。19世纪80年代和90年代，资本主义社会出现了大量垄断现象，资本主义进入一般垄断时期。列宁依据时代的新发展，对垄断问题做了深入研究，在继承马克思主义垄断理论的基础上进一步发展了马克思主义垄断理论。当前，随着经济全球化进程的不断深化，资本主义垄断现象也日益向深度和广度发展，资本主义垄断又有了一系列新的特点。用马克思主义的垄断

---

[*] 周淼，中国社会科学院世界社会主义研究中心特邀研究员，马克思主义研究院助理研究员，博士。

理论来指导我们正确认识当今资本主义垄断现象的新发展，具有重大的理论和现实意义。

一 马克思恩格斯列宁关于垄断问题的基本理论

（1）垄断的产生及其实质。首先，资本主义生产方式本身就与垄断密切相关。资产阶级对"社会生产资料和货币拥有垄断权"。① 马克思还指出了"资本主义生产方式本身造成的垄断"。② 具体说来，资本生产的目的就是追求利润，实现价值增值是资本的本质要求，这决定了资本要不断加强积累，这决定了资本在市场中互相排斥、互相竞争。马克思恩格斯从资本竞争规律和资本积累规律的交互作用中，论述了资本主义方式必然会造成垄断。资本家总是在不断进行着大规模的资本积累，把大量剩余价值转化为资本，以加强自己的实力。如果不扩大自己的资本实力，就不能在竞争中取得优势，就会被竞争对手打败和吞并。因而，激烈的竞争必然推动资本家不断扩大资本积累的规模，从而越来越向垄断趋势发展。马克思指出："竞争使资本主义生产方式的内在规律作为外在的强制规律支配着每一个资本家。竞争迫使资本家不断扩大自己的资本来维持自己的资本，而他扩大资本只能靠累进的积累。"③

同时，资本集中和资本积聚是资本积累的两个组成部分。社会资本的积累是通过个别资本的扩大来实现的。个别资本的扩大一是依靠在竞争中实现的资本集中，二是依靠资本积聚，两者相互作用，使资本总额扩大，资本积累加快，最后形成垄断。资本积聚的增长，必然会加速资本集中的进展，单个资本只有积聚到一定规模，才能在竞争中战胜对手，实现对其他资本的兼并，实现资本集中。而集中起来的大资本又会加速资本积聚，增加资本积累的规模。马克思指出："集中补充了积累的作用，使工业资本家能够扩大自己的经营规模。"④ 马克思还说："是资本家剥夺资本家，是许多小资本变成少数大资本……资本所以能在这里，在一个人手中大量增长，是因为它在那里，在许多人手中丧失了。这是不同于积累和积聚的本来意义的集中。"⑤ 列宁也指出了生产和资本集中会导致垄断。列宁指出："集中发展到一定阶

---

① 《马克思恩格斯全集》第二十四卷，人民出版社，1972，第469页。
② 《马克思恩格斯全集》第二十五卷，人民出版社，1974，第219页。
③ 《马克思恩格斯全集》第二十三卷，人民出版社，1972，第649~650页。
④ 《马克思恩格斯全集》第二十三卷，人民出版社，1972，第688页。
⑤ 《马克思恩格斯全集》第二十三卷，人民出版社，1972，第686页。

段，可以说就自然而然地走到垄断。因为几十个大型企业彼此之间容易达成协议；另一方面，正是企业的规模巨大造成了竞争的困难，产生了垄断的趋势。这种从竞争到垄断的转变，不说是最新资本主义经济中最重要的现象，也是最重要的现象之一。"①"生产和资本的集中发展到这样高的程度，以致造成了在经济生活中起决定作用的垄断组织。"②

垄断的实质是获取垄断利润，垄断利润是垄断组织凭借在生产和流通中的垄断地位，获得的超过平均利润的那一部分利润。垄断利润是通过在流通过程中掠夺已有价值和收入而产生的，垄断资本通过垄断价格来获取垄断利润。马克思分析了垄断价格与垄断利润之间的关系，指出："某些商品的垄断价格，不过是把其他商品生产者的一部分利润，转移到具有垄断价格的商品上。"③

（2）垄断组织形式——股份公司、国际垄断同盟等。在马克思恩格斯时代，股份公司是垄断组织的主要形式。马克思恩格斯论述了股份公司的产生原因、实质等方面的问题，"还在资本主义生产初期，某些生产部门所需要的最低限额的资本就不是在单个人手中所能找到的。这种情况……促使对某些工商业部门的经营享有合法垄断权的公司的形成，这种公司就是现代股份公司的前驱。"④"在股份公司内，职能已经同资本所有权相分离，因而劳动也已经完全同生产资料的所有权和剩余劳动的所有权相分离。资本主义生产极度发展的这个结果，是资本再转化为生产者的财产所必需的过渡点，不过这种财产不再是各个互相分离的生产者的私有财产，而是联合起来的生产者的财产，即直接的社会财产。"⑤ 在资本主义条件下，垄断组织形式只是发生了改变的资本形式，不可能改变资本的本性，也不可能改变资本主义基本矛盾。恩格斯指出："无论转化为股份公司和托拉斯，还是转化为国家财产，都没有消除生产力的资本属性，在股份公司和托拉斯那里，这一点是十分明显的。"⑥

随着生产社会化的发展，资本主义的股份公司还形成了瓜分世界的国际垄断同盟。由于国内垄断的形成，垄断资本为了进一步增强自身实力和追逐利润，必然要通过商品和资本输出争夺国际市场。在争夺国际销售市场、投

---

① 《列宁选集》第二卷，人民出版社，1995，第585页。
② 《列宁选集》第二卷，人民出版社，1995，第651页。
③ 《马克思恩格斯全集》第二十五卷，人民出版社，1974，第973页。
④ 《马克思恩格斯全集》第二十三卷，人民出版社，1972，第343页。
⑤ 《马克思恩格斯全集》第二十五卷，人民出版社，1974，第494页。
⑥ 《马克思恩格斯全集》第十九卷，人民出版社，1963，第240页。

第四章　马克思恩格斯列宁关于垄断问题的理论与启示

资场所和原料产地的过程中，各国垄断组织之间的竞争是异常激烈的。在势均力敌的情况下，为了避免两败俱伤，它们之间就达成协议，暂时妥协，组成国际垄断同盟。列宁指出，卡特尔、托拉斯等垄断组织瓜分了国内市场之后，远远不能满足它们日益追求最大垄断利润的需求，于是"随着资本输出的增加，随着最大垄断同盟的国外联系、殖民地联系和'势力范围'的极力扩大，这些垄断同盟就'自然地'走向达成世界性的协议，形成国际卡特尔"。①

（3）金融垄断资本的产生及其影响。金融资本的出现是垄断资本发展到一定程度后的重要特征，金融资本是银行资本与产业资本融合成长的一种重要表现。马克思分析了金融资本产生的原因。他说："随着资本主义生产的进展，每一单个生产过程的规模会扩大，预付资本的最低限量也会随之增加，所以除了其他情况外，又加上这个情况，使产业资本家的职能越来越转化为各自独立或互相结合的大货币资本家的垄断。"② 马克思指出："随着大工业的发展，出现在市场上的货币资本，会越来越不由个别的资本家来代表，即越来越不由市场上现有资本的这个部分或那个部分的所有者来代表，而是越来越表现为一个集中的有组织的量，这个量和实际的生产完全不同，是受那些代表社会资本的银行家控制的。"③

金融垄断资本的产生是建立在银行的发展及其新作用上的。首先，随着垄断的发展，银行业也产生了集中，形成了银行托拉斯。列宁指出："美国现在已经不是9家，而是2家最大的银行，即亿万富翁洛克菲勒和摩根的银行，控制着110亿马克的资本。"④ 列宁继承了马克思有关银行新作用的思想，指出："随着资本的集中和银行周转额的增加，银行的作用根本改变了。分散的资本家合成了一个集体的资本家。……极少数垄断者就控制整个资本主义社会的工商业业务，就能通过银行的联系……完全决定他们的命运，决定他们的收入，夺去他们的资本，或者使他们有可能迅速而大量地增加资本等等。"⑤ 他还说道："随着银行业的发展及其集中于少数机构，银行就由中介人的普通角色发展成为势力极大的垄断者，它们支配着所有资本家和小业主的几乎全部的货币资本，以及本国和许多国家的大部分生产资料和

---

① 《列宁选集》第二卷，人民出版社，1995，第631页。
② 《马克思恩格斯全集》第二十四卷，人民出版社，1972，第124页。
③ 《马克思恩格斯全集》第二十五卷，人民出版社，1974，第413页。
④ 《列宁选集》第二卷，人民出版社，1995，第606页。
⑤ 《列宁选集》第二卷，人民出版社，1995，第601~602页。

原料产地。"① 由于银行业的发展,形成了金融资本。列宁形成了马克思主义关于金融资本的经典定义:"生产的集中;从集中生长起来的垄断;银行和工业日益融合或者说长合在一起。"② 关于银行资本和工业资本相互融合主要是通过什么途径实现的,列宁说:"双方通过占有股票,通过银行和工商业企业的经理互任对方的监事(或董事),而日益融合起来。"③

金融资本形成以后,它就不可避免地要控制和掌握资本主义社会。列宁指出:"垄断既然已经形成,而且操纵着几十亿资本,它就绝对不可避免地要渗透到社会生活的各个方面去,而不管政治制度或其他任何'细节'如何。"④

(4)垄断的发展与资本主义的发展阶段。由于垄断的发展,使资本主义划分为自由竞争阶段和垄断阶段,根据垄断程度的不同,垄断资本主义阶段又划分为不同的几个阶段。虽然马克思恩格斯列宁所处的时代是一般垄断资本主义阶段,但他们都注意到了这个时期国家垄断的出现和形成,垄断资本主义发展到一定阶段必然产生国家垄断。国家垄断的产生正是资本主义生产关系适应生产力发展的一个重要表现,恩格斯指出:"猛烈增长着的生产力对它的资本属性的这种反抗,要求承认它的社会本性的这种日益增长的必要性,迫使资本家阶级本身在资本关系内部可能的限度内愈来愈把生产力当做社会生产力看待。"⑤"无论在任何情况下,无论有或没有托拉斯,资本主义社会的正式代表——国家终究不得不承担起对生产的领导。"⑥ 列宁说:"发展到帝国主义即垄断资本主义的资本主义,在战争的影响下已经变成了国家垄断资本主义。"⑦"特别要着重指出一点,就是战争使各交战国遭受到闻所未闻的灾祸,但同时它又大大地加速了资本主义的发展,把垄断资本主义变成了国家垄断资本主义。"⑧

但是,国家垄断与私人垄断相比也没有本质的区别,国家垄断作为垄断资产阶级的总代表,维护和巩固资本主义制度,保证整个垄断资本的统治,保证垄断资本获取高额垄断利润。恩格斯深刻地揭示了国家垄断的本质:"无论转化为股份公司和托拉斯,还是转化为国家财产,都没有消除生产力

---

① 《列宁选集》第二卷,人民出版社,1995,第597页。
② 《列宁选集》第二卷,人民出版社,1995,第613页。
③ 《列宁选集》第二卷,人民出版社,1995,第607页。
④ 《列宁选集》第二卷,人民出版社,1995,第623页。
⑤ 《马克思恩格斯全集》第十九卷,人民出版社,1963,第238页。
⑥ 《马克思恩格斯全集》第十九卷,人民出版社,1963,第239页。
⑦ 《列宁全集》第二十六卷,人民出版社,1959,第365页。
⑧ 《列宁全集》第十三卷,人民出版社,1959,第408页。

的资本属性……现代国家，不管它的形式如何，本质上都是资本主义的机器，资本家的国家，理想的总资本家。"① 列宁指出了国家垄断资本主义的本质："在资本主义社会里，国家的垄断不过是提高和保证某个工业部门快要破产的百万富翁的收入的一种手段罢了。"②

垄断资本主义与帝国主义。列宁给帝国主义下了一个定义，即"帝国主义是资本主义的特殊历史阶段。这个特点分三个方面：（1）帝国主义是垄断的资本主义；（2）帝国主义是寄生的或腐朽的资本主义；（3）帝国主义是垂死的资本主义。垄断代替自由竞争，是帝国主义的根本经济特征，是帝国主义的实质"。③ 列宁还概括了帝国主义的五个基本特征："（1）生产和资本的集中发展到这样高的程度，以致造成了在经济生活中起决定作用的垄断组织；（2）银行资本和工业资本已经融合起来，在这个'金融资本的'基础上形成了金融寡头；（3）和商品输出不同的资本输出具有特别重要的意义；（4）瓜分世界的资本家国际垄断同盟已经形成；（5）最大资本主义大国已把世界上的领土瓜分完毕。"④

（5）垄断的发展与资本主义世界体系。资本主义自产生之日起，就是世界性的，资本主义开启了世界整体密切联系的历史进程。资本主义世界体系是一个不平等的世界体系，发达资本主义国家垄断和操纵着世界政治经济权力。在资本主义发展的不同阶段，发达资本主义国家主导世界政治经济的方式和方法是不一样的。自由竞争资本主义阶段和一般垄断资本主义阶段，由于垄断资本的发展程度不高，其统治和影响世界的手段有限，发达国家对外扩张的主要手段和形式是以经济实力为基础，以炮舰为开路先锋，在全球建立殖民统治，进行商品输出和资本输出，对第三世界造成了直接的影响。

在垄断资本主义阶段，资本输出得到了迅速发展。这是金融资本建立全球统治秩序的一个重要经济手段，是形成国际垄断的重要基础。列宁指出："对自由竞争占完全统治地位的旧资本主义来说，典型的是商品输出。对垄断占统治地位的最新资本主义来说，典型的则是资本输出。"⑤ 列宁进一步揭示了资本输出的实质："这就是帝国主义压迫和剥削世界上大多数民族和国家的坚实基础，这就是极少数最富国家的资本主义寄生性的坚实基础！"⑥

---

① 《马克思恩格斯选集》第三卷，人民出版社，1995，第 753 页。
② 《列宁选集》第二卷，人民出版社，1995，第 605 页。
③ 《列宁选集》第二卷，人民出版社，1995，第 704 页。
④ 《列宁选集》第二卷，人民出版社，1995，第 651 页。
⑤ 《列宁选集》第二卷，人民出版社，1995，第 626 页。
⑥ 《列宁选集》第二卷，人民出版社，1995，第 628 页。

由于垄断的发展，加剧了西方列强对殖民地的争夺和压迫，最大的资本主义列强已经把世界瓜分完毕。在马克思恩格斯列宁生活的垄断资本主义阶段，由于资本输出主要是商业资本和借贷资本的输出，手段有限，帝国主义国家的殖民压迫政策不是现代资本主义的新殖民主义政策，而是亚洲式的专制制度性质的。金融资本的出现，其腐朽性和寄生性使资本主义不仅仅满足于在经济上分割世界，还需要在政治军事上瓜分世界，以稳固其经济掠夺。列宁指出，"金融资本是一种存在于一切经济关系和一切国际关系中的巨大力量，可以说是起决定作用的力量，它甚至能够支配而且实际上已经支配着一些政治上完全独立的国家……不过，对金融资本最'方便'最有利的当然是使从属的国家和民族丧失政治独立这样的支配。"①

虽然如此，新殖民主义不是那种单单进行武力征服和直接的殖民统治，而是承认政治独立，采取各种方式尤其是隐蔽的方式进行间接支配，达到控制、干涉与掠夺落后国家和地区的目的，这种控制和操纵关系在列宁时期就有萌芽。列宁指出，"这个时代的典型的国家形式不仅有两大类国家，即殖民地占有国和殖民地，而且有各种形式的附属国，它们在政治上、形式上是独立的，实际上却被金融和外交方面的依附关系的罗网缠绕着。"② 列宁还指出，"一国的大金融资本也随时可以把别国即政治上独立的国家的竞争者的一切收买过去，而且它向来就是这样做的。这在经济上是完全可以实现的。不带政治'兼并'的经济'兼并'是完全'可以实现'的，并且屡见不鲜。"③

（6）垄断的发展趋势与未来社会。首先，垄断的出现，在一定程度上缓解了资本主义矛盾，增强了资本主义的计划性，在一定程度上促进了资本主义生产的发展。马克思指出，"假如必须等待积累使某些单个资本增长到能够修建铁路的程度，那么恐怕直到今天世界上还没有铁路。但是，集中通过股份公司转瞬之间就把这件事完成了。"④ 恩格斯指出，"总之，历来受人称赞的竞争自由已经日暮途穷……在每个国家里，一定部门的大工业家会联合成一个卡特尔，以便调节生产。"⑤ 但是，垄断在资本主义的发展中，主要起负面作用，它增强了对无产阶级的控制和剥削，阻碍了技术进步，降低了经济效率，进一步激化了资本主义基本矛盾。马克思曾经指出垄断组织对

---

① 《列宁全集》第二十七卷，人民出版社，1990，第395页。
② 《列宁全集》第二十七卷，人民出版社，1990，第398页。
③ 《列宁全集》第二十八卷，人民出版社，1990，第135页。
④ 《资本论》第一卷，人民出版社，2004，第724页。
⑤ 《资本论》第三卷，人民出版社，2004，第496页。

工人阶级的控制和剥削,"人民要想摆脱垄断组织的控制和大公司(对于群众的直接福利)的毁灭性影响,将是徒然的,这些大公司从国内战争一开始就以日益加快的速度控制工业、商业、地产、铁路和金融业。美国的优秀著作家们公开地宣布了一个无可辩驳的事实:尽管反对奴隶制的战争打碎了束缚黑人的锁链,然而在另一方面,却使白人生产者遭到奴役。"① 马克思又指出:"随着那些掠夺和垄断这一转化过程的全部利益的资本巨头不断减少……资本的垄断成了与这种垄断一起并在这种垄断之下繁盛起来的生产方式的桎梏。"②

马克思恩格斯还论述了垄断所带来的寄生性和腐朽性。马克思指出,垄断"再生产出了一种新的金融贵族,一种新的寄生虫,——发起人、创业人和徒有其名的董事;并在创立公司、发行股票和进行股票交易方面再生产出了一整套投机和欺诈活动"。③ 恩格斯指出,"自1866年危机以来,积累以不断增加的速度进行……但是随着这种积累的增长,食利者的人数也增加了。这种人对营业上经常出现的紧张已感到厌烦,只想悠闲自在,或者只揽一点象公司董事或监事之类的闲差事。"④ 垄断的发展也为未来社会提供了重要的物质基础,列宁指出:"国家垄断资本主义是社会主义的最充分的物质准备,是社会主义的前阶,是历史阶梯上的一级,在这一级和叫作社会主义的那一级之间,没有任何中间级。"⑤

二 马克思恩格斯列宁垄断理论的启示

通过对马克思恩格斯列宁垄断理论的分析和总结,我们可以得出以下结论。

1. 马克思主义垄断理论与西方经济学垄断理论有着重大的差异,我们研究垄断问题,必须坚持以马克思主义垄断理论为指导

垄断是资本主义社会一个显著的特征。从广义上讲,资本主义垄断的实质是大资本家凭借巨大的资本实力,对经济生活乃至整个社会、政治、文化生活进行统治,对广大工人和劳动人民进行压迫和剥削。狭义上的垄断是一个经济现象,是指少数资本主义大企业,通过协议或联合,对某一部门或几

---

① 《马克思恩格斯全集》第三十四卷,人民出版社,1972,第333页。
② 《马克思恩格斯全集》第二十卷,人民出版社,1971,第146页。
③ 《马克思恩格斯全集》第二十五卷,人民出版社,1974,第496页。
④ 《马克思恩格斯全集》第二十五卷,人民出版社,1974,第1029页。
⑤ 《列宁选集》第三卷,人民出版社,1995,第528页。

个部门商品的生产、销售及其价格进行操纵或控制,以获取高额利润。随着资本主义垄断现象的发展,垄断渗透到资本主义社会生活的各个方面,垄断决定了资本主义的整个发展过程。马克思主义所研究的垄断问题是指广义的垄断。西方经济学对垄断的研究仅限于经济领域,仅停留在对市场组织经济效率的检验上,研究目的是提高资本主义经济的运行效率,从而巩固资本主义制度。正因为西方经济学把垄断看成是一种纯粹的经济现象,就现象论现象,所以没有什么深度。

马克思主义对垄断的研究不仅包括经济领域,而且扩展到政治、军事、文化等各个方面,将垄断看作资本主义社会深厚的经济基础,影响资本主义社会生活的各个方面。马克思主义垄断理论的研究目的是揭示垄断现象背后所掩盖的深刻的经济关系,揭示资本主义制度崩溃的阶级基础和物质基础。通过研究垄断的形成、发展及其统治对资本主义生产方式的影响,通过考察垄断资本主义的基本经济特征,表明垄断统治是资本主义经济、政治和社会生活各个方面最深刻的经济根源,它进一步加深了资本主义的基本矛盾,必将导致资本主义制度的灭亡;通过研究资本垄断发展的新特点,判断资本主义所处的历史方位,从而探讨社会主义的发生与发展。这与西方经济学在垄断问题上的研究相比,无疑要深刻得多。因此,我们必须坚持以马克思主义垄断理论为指导,研究垄断问题,指导我们的现代化建设。

2. 我们必须依据马克思主义垄断理论的基本原理,对当前资本主义垄断问题做进一步的研究,才能对垄断与垄断资本主义发展的新特点、新阶段有正确的认识,进而深刻把握资本主义运动规律,应对时代的挑战

当前,资本主义已经发展到了国际金融垄断资本主义阶段,国际金融垄断资本形成并在全球资本主义经济中占据着支配和主导地位。研究当代资本主义社会的垄断现象,实质上应以研究发达国家国际金融垄断资本的本质特征及其力图控制、操纵和影响整个世界的行为和现象为主。只有这样,才能抓住根本。国际金融垄断资本主义阶段,垄断资本的规模、实力达到了一个前所未有的程度,而与此同时,全球政治经济发展陷入了一个更加不平衡的境地。美国依靠金融、军事、科技、文化"四位一体"的霸权,在国际上纵横捭阖,企图主导世界格局,维护国际政治经济旧秩序。虽然相对于资本主义一般垄断阶段的发展,国际金融垄断资本主义有了很大的变化,但是国际金融垄断资本主义仍是帝国主义发展的一个阶段,帝国主义发展的最高阶段。列宁的帝国主义论没有过时,他的一些重要思想和论断在今天依然有着重要的启示意义。因此只有加强对国际金融垄断资本主义的研究,对今后国际政治经济局势的发展、走向做出正确的判断,我们才能未雨绸缪,应对时代的风云变幻。

3. 我们要关注垄断资本主义发展阶段中发达国家对不发达国家的有害影响，关注不同阶段的影响方式和特点，趋利避害，正确应对

发达资本主义国家对不发达资本主义国家的发展有着重要的影响，在垄断资本主义的每个发展阶段，其影响的方式方法是不同的，但最终目的是支配、控制和剥削落后资本主义国家，维护自己的"中心国家"地位。在国际金融垄断资本主义阶段，资本主义霸权国家有着全方位主导世界的新帝国主义政策，强调多手段综合运用，控制和操纵世界。这些手段和方式包括军事、政治、经济、思想文化等，全面运用，综合运用。发达国家的这种霸权主义行为极大地影响着第三世界国家的国家安全，而且这种影响是全方位的，第三世界国家必须树立综合安全观、新安全观。国际金融垄断资本的这些新特点对我国社会主义建设也有着重要的影响，针对这些新特点，我们如何做出趋利避害的选择？在社会主义现代化建设中，我们必须关注政治、经济、文化、社会、军事，以及科技、生态、粮食、能源等一系列安全问题，牢固树立和落实综合国家安全观。要统筹考虑我们的国家安全建设，做好顶层设计，通过科学统筹，运用多种手段，发挥整体合力，实现国家的总体安全。

第五章
资本主义日益膨胀的虚拟经济必然加重其危机[*]

单 超[**]

摘 要 资本不能获得利润就会死亡，资本这一内在的驱动力，几乎让全世界人民陷入经济危机的旋涡之中。从一国到一地区直至全世界，从繁华的都市到偏远的乡村以及热带雨林、沙漠、大江大河……无不处于资本的统治之下。人类、历史、未来、劳动、我们的家园这些显然不属于资本的范畴。人类已经到了不得不面临的十字路口。这是考验我们智慧的历史性时刻。只有社会主义才能拯救世界。

关键词 经济危机 金融垄断资本 人类的未来

肇始于2007年的美国次贷危机，之后在短时间内形成世界范围内的金融危机，并在一定程度上演化为全球经济危机。自2007年8月美国次贷危机全面爆发以来，尤其是在2008年9月雷曼兄弟破产倒闭之后，美国政府实施了极其宽松的财政货币政策以稳定金融市场与实体经济。但是旧的危机还没解决，新的危机又猝然来访。2010年以来欧债危机导致的金融危机又让欧元区乌云密布。美国全国睡眠基金会2009年3月2日发表报告说，过去几个月内，超过1.02亿美国人因为经济危机而失眠。国际卫生组织估计，

---

[*] 本文为中国社会科学院创新工程重大研究项目（2014-2016）阶段性成果。课题名称：世界社会主义运动的历史经验和新发展。课题编号：2014YCXZD010。
[**] 单超，中国社会科学院马克思主义研究院博士。

第五章　资本主义日益膨胀的虚拟经济必然加重其危机

在这次金融危机和经济危机中，全球患失眠症的多达几亿人。面对危机，资本主义原有的制度、理论束手无策，中外大量的学者以及政治家重新审视马克思主义著作，以期从中找到解决危机的良策。《资本论》重新热销，"马克思主义"又热了起来，喧嚣过后，人们开始将危机的根源指向"资本"，指向"资本主义的根本制度"。

一　马克思主义对虚拟资本的深刻揭露："虚拟性"与对世界人民的剥削是当代金融资本的本质

虚拟资本范畴是马克思在《资本论》中通过对商品价值形式的分析，尤其是通过对信用制度下复杂的金融关系的分析所做出的深刻而形象的概括。马克思深刻地揭示了虚拟资本的本质，同时看到了虚拟资本的扩张性和虚拟资本与实体资本运行的关系，从资本的运行规律出发，科学而富有远见地预见了虚拟资本的产生和发展及对经济的巨大影响。马克思认为，虚拟资本作为资本主义的信用工具，它可以加速资本的周转，促进资本的集中和股份公司的发展，广泛利用社会上的各种闲散资金，从而满足资本主义扩大再生产的需要；但同时，虚拟资本又是资本主义信用投机的工具，它会造成虚假的经济繁荣，加速金融和经济危机的爆发。以马克思主义为指导，随着时代的发展，人们已经对虚拟资本的概念有了更深入的研究和认识，"虚拟"正是当代资本主义金融经济的本质：它可以作为资本增值而当作商品来买卖，可是它自身并没有任何价值。但是它与实体资本的共同之处在于：它可以通过循环运动瓜分利润。"$G-G'$"的更直接的过程撇开"$G-W-G'$"的周转。马克思认为伴随着这一过程虚拟资本出现了，是生息资本的派生形式。而信用制度会随着市场经济的发展而发展，从而资本也会越来越虚拟化。对这一点，国人这些年应该是深有体会的。在学校读书时，在没有任何收入来源的情况下，很多同学已经办理了可透支不同额度的信用卡，还不止一张，鼓励你消费。金融创新层出不穷，金融衍生工具和金融衍生品五花八门，虚拟资本的范围和规模不断扩展，使虚拟资本额已远远超过实体资本。

当人们读到马克思关于"目前金融危机……不过预示着它会有更残酷、更有害的结局。危机拖得越久，后果也就越坏"[1]的论述时，当人们现在看到马克思关于金融危机即将发展成为经济危机的预想时，当人们现在重新发现马克思对经济危机的根源所做的全面而深刻的分析和阐述时，就好像是马

---

[1] 《马克思恩格斯全集》第十二卷，人民出版社，1962，第87页。

克思在一个半世纪前已经对今天这场严重的金融危机和经济危机做了科学的预言和科学的分析。这是马克思当前在西方再次受到青睐的重要原因。

用马克思主义的观点分析资本主义虚拟经济,我们可以看到,在资本主义社会,资本主义的基本矛盾表现为个别企业或公司的组织性与整个社会经济的无政府状态的矛盾,表现为市场经济中生产盲目扩大的趋势与广大劳动人民有支付能力的需求相对缩小的矛盾,表现为无产阶级和广大劳动群众与资产阶级的矛盾。历史和现实证明,马克思关于资本主义生产方式的基本矛盾的分析是正确的、科学的。美国实体经济全面生产过剩的经济危机在之前没有爆发的原因是,追逐利润最大化的金融"创新"制造了短暂的虚假需求。虚假繁荣暂时推迟了普遍生产过剩经济危机的爆发。但是,虚假需求绝不是有支付能力的需求,虚假需求绝不是有效需求,它只能缓解矛盾,却不能根除矛盾,而且在虚假需求的泡沫破灭后,危机会以更猛烈、更具破坏性的态势爆发,一次次的破坏越来越逼近人类生存的极限。

二 美国次贷危机深层次、最根本的原因:虚假的、透支的"生产过剩"与短暂的、不可持续的"消费狂欢"

实际上,早在19世纪40年代,马克思便开始研究资本主义周期性的、普遍生产过剩的经济危机。《资本论》的写作并问世,标志着马克思经济危机理论的完成。马克思的论述深刻而透彻。马克思认为,经济危机的实质是资本生产相对过剩引起的危机,马克思所说的"生产过剩"的真正含义,是"相对过剩"而不是"绝对过剩"。资本家的"生产过剩"与劳动人民的贫穷存在于同一时空。马克思说:"一切真正的危机的最根本的原因,总不外乎群众的贫困和他们的有限的消费,资本主义生产却不顾这种情况而力图发展生产力,好象只有社会的绝对的消费能力才是生产力发展的界限。"[①]"在世界市场危机中,资产阶级生产的矛盾和对抗暴露得很明显。"[②] 马克思还用生动的语言说明经济危机的表现和原因:棉布充斥导致市场停滞,工人"当然需要棉布,但是他们买不起,因为他们没有钱,而他们之所以没有钱,是因为他们不能继续生产,而他们之所以不能继续生产,是因为已经生

---

① 《马克思恩格斯全集》第二十五卷,人民出版社,1974,第548页。
② 《马克思恩格斯全集》第二十六卷第二册,人民出版社,1973,第570页。

第五章　资本主义日益膨胀的虚拟经济必然加重其危机

产的太多了"。① 生产相对过剩的经济危机的社会基础和根本原因是资本主义制度的基本矛盾,即不断扩大的社会生产能力与相对有限的社会需求之间的矛盾。正如恩格斯指出的:"市场的扩张赶不上生产的扩张。冲突成为不可避免的了,因为它在把资本主义生产方式本身炸毁以前不能使矛盾得到解决,所以它就成为周期性的了。资本主义生产产生了新的'恶性循环'。"② 社会性的生产同资本主义占有制之间的这个基本矛盾是危机的总根源。危机的爆发让矛盾暂时得以缓解,但是只要资本主义私有制存在,就不可能彻底根除。

在资本主义制度下,追求剩余价值是资本家进行生产的唯一目的,剩余价值规律成为资本主义社会驾驭一切的绝对规律。在资本主义社会,生产的社会化和资本主义私人占有之间的矛盾成为资本主义经济危机的根源。美国政客及一些资产阶级经济学家常常津津乐道:美国普通民众均持有股票,"人人都是资本家"。其实,这是一个大骗局,真相是:占人口10%的富人持有美国股票市值的89.3%和全部债券的90%,而普通员工持股之和仅占全部股票市值的0.1%。③ 贫者越贫,富者通吃,且后者的奢侈建筑在前者的贫穷之上。这就是只顾"效率优先"所建构的今天美国的社会现实。垄断资本不仅对内欺骗、剥削本国人民,还是全世界劳动人民的剥削者与公敌。金融资本对世界的控制,就是对整个世界的剥削。斯蒂格利茨说得好:"发展中国家在自己也非常需要的时候,几乎以零利率借给美国数万亿美元。这反映了问题的实质。"估计以此种手段使世界上的财富每年进入美国的数额约占美国新增长GDP的30%,美国是世界上最大的食利国。只要资本主义存在,经济危机就不可避免。它以破坏性的调整强制地实现社会生产以及生产与消费的合适比例,使社会走上新的经济发展周期。但是,由于资本主义占有的基础仍然存在,资本主义的基本矛盾无法得到根本的解决,经济危机的根源无法消除,各种矛盾经历一定阶段的积累尖锐化起来,还会爆发再一次的危机。这次世界经济危机的缓冲地几乎已涵盖整个地球,不知下次如何缓冲?

美国在20世纪二三十年代的大危机,给生产和贸易带来了巨大的损失。试图解决经济危机问题的代表人物凯恩斯主张国家干预经济,主要是运用财政和货币政策对经济进行干预,此时国家干预在西方国家处于主流地位。在

---

① 《马克思恩格斯全集》第二十六卷第二册,人民出版社,1973,第596~597页。
② 《马克思恩格斯全集》第二十卷,人民出版社,1971,第300页。
③ 刘海藩:《当前金融危机的原因与应对》,《马克思主义研究》2009年第2期。

资本主义市场经济中，除了市场调节，还存在政府调节。不仅宏观经济领域存在政府调节，微观经济领域也存在政府调节。例如在金融业中存在政府调节金融的政策，即我们国内媒体所说的政府对金融的监管。但凯恩斯主义也只是延缓了经济危机的发生，积极的财政和货币政策虽然诱导了投资，增加了总需求，但这需要大量的货币作为支持，加大货币发行量是最常用的手段，结果是出现了"滞胀"，即经济停滞、通货膨胀和失业增加并存。面对棘手的滞胀问题，20世纪60年代末70年代初，在西方国家，新自由主义思潮上升到主流地位。新自由主义的核心内容是私有化、自由化和非调控化，取消或放松对金融业的监管。新自由主义将一个虚假的"居者有其屋"的"美国梦"呈现在民众面前，但是次贷危机的爆发，无力偿还住房抵押贷款的家庭数、无家可归的人数激增，证明了克林顿—布什"美国梦"的破灭。新自由主义解决了凯恩斯主义所造成的问题，但没有解决经济危机问题。

当资本主义发展到20世纪八九十年代之后，国际金融垄断资本已不满足于作为生产资本的"从属""配角"的地位，逐步与实体经济脱节，完成了由服务于生产资本向主宰生产资本的异化，完成了由"协助"生产资本并分割其剩余价值向直接"圈钱"的演化。[1] 美国经济由此创造了20世纪末十年高速增长的"神话"，西方的学者和政客因此预言"新经济"结束了资本主义经济增长的"周期性窠臼"。但与此同时，从20世纪八九十年代开始，美国民众家庭已经是入不敷出，消费信贷急剧增长，1971~2007年的36年间，美国民众的消费信贷从1200亿美元激增至2.5万亿美元，增加了近20倍。这还不包括高达11.5万亿美元的住房负债，如将两者相加，总共负债14万亿美元，比美国一年的GDP还要多，平均每个美国人负债近5万美元，当然，负债最重的还是低收入者。[2] 虚假繁荣与深重的危机并存。自2000年第四季度开始美国经济增长急剧降温，固定资本投资大幅下降，失业迅速增加，生产大量缩减，实际国内生产总值仅增长1.4%，为过去数年来的最低增幅。在增长速度降低的同时，少数富人的财产份额却迅速增大，财富两极分化更加严重。2000年末到2001年，美国的"新经济"变成了"网络泡沫"，美联储不但没有设法抑制，反而以更大的泡沫治疗小泡沫，13次降息，使金融资产向房地产转移，造成房地产泡沫。2007年7月

---

[1] 何秉孟主编、傅军胜副主编《国际金融垄断资本与经济危机跟踪研究》，社会科学文献出版社，2010，第12页。

[2] 何国勇：《国际金融危机的成因、前景及启示》，《南方论丛》2009年第2期。

泡沫破裂，出现次贷危机，资金链断裂，引发2008年金融大危机，银行纷纷倒闭，最终波及全世界。据世界银行的资料，美国基尼系数从1981年的0.4上升为2000年的0.45，到了2004年，进一步上升到0.462。在这种经济形势下，资本主义的基本矛盾更加激化。为了刺激消费，提高经济增长率，美国政府为市场提供了丰富的流动性，利率和风险溢价均较低，贷款发放机构有丰富的资金，并愿意承担更多的风险。同时，贷款发放机构忽视次级贷款产品风险的防范和控制，采取了激进的信贷策略，利用五花八门的金融衍生工具，多方分散和转移贷款风险，以"低风险、高回报"为诱饵进行推销，从世界各地吸引巨额资金，供美国国内放肆扩大消费，使金融资本获取惊人的高额利润。美国《新闻周刊》发文称："这些金融衍生品经过包装和再包装，最终变得面目全非，没有人知道它们到底包含什么内容，或者它们到底值多少钱。"这为日后市场低迷、恶化时出现资金链断裂留下隐患。

美国次贷危机，实际上是美国国际金融垄断集团及其守门人美国当局共谋的恶果。在这种情况下，美国经济产生了巨大的经济泡沫，对于现状，美国政府熟视无睹。对待已形成的经济泡沫听之任之，甚至不断制造新的泡沫去转移风险、转嫁危机，是华尔街的"现代炼金术"，也是美国金融当局默认和鼓励的惯用手法。用泡沫掩盖矛盾，致使矛盾因长期积累、发酵而孕育更大的危机，终于，在极度膨胀后破灭了。由此可见，生产无限扩大趋势与居民消费能力相对缩小的矛盾的积累，是爆发这场经济危机根本的、深层次的原因。

三 虚拟经济的发展远快于实体经济的发展，是对人自身的否定

马克思指出："诱人的高额利润，使人们远远超出拥有的流动资金所许可的范围来进行过度的扩充活动。"[①] 实体资本和虚拟资本的本能都是追逐自身增殖。而虚拟经济和实体经济的关系是虚拟经济对实体经济有寄生性，它从实体经济中产生，又依托于实体经济系统。虚拟经济不可能离开实体经济系统而存在。没有企业，没有生产活动，就没有物质财富的产生，钱（或货币）就是虚的。高智商的金融精英们却犯了弱者的致命错误：他们在制造赚钱机器的同时，又制造了制造次贷泡沫、金融泡沫、经济泡沫的机

---

① 《马克思恩格斯全集》第二十五卷，人民出版社，1974，第459页。

器，制造了杀伤力极大的"定时炸弹"。

马克思在《资本论》中指出虚拟资本有它独特的运动。这种独特性的意思是，虚拟资本是"现实资本的纸质复本"，是现实资本的代表，但它却可以独立于现实资本而运动。它通过不停地转手，使它的价格即市场价值超出或低于它的现实价值不停地运动。从主要经济发达国家近几十年的货币增加和经济增长中可以看出，货币的供给远远大于经济的增长。世界没有创造那么多财富，却创造了更多的货币。虚拟经济与实体经济差距越来越大，成了超越实体经济的脱缰之马。虚拟经济大大超过实体经济后，实体经济必然面临着较大幅度的通货膨胀。

虚拟经济的发展有它进步的一面，但是不受控制的虚拟资本，藐视劳动的价值，忘记了发展的目的，忽视了马克思所讲的人民群众是历史的创造者这一深刻的论述，同时也是对资本主义所提倡的人权、人道的极大讽刺。没有"人"这一挥动历史鞭绳驱动历史车轮的"车夫"，虚拟经济就如脱缰的野马必将拉着资本主义的马车面临坠落万丈深渊的危险。

四　人类不想灭亡自己必须遏制住资本的贪婪，坚定地复兴社会主义

追求尽可能多的高额利润是资本主义生产方式的绝对规律，是资本主义市场经济的绝对规律。资本的这种贪婪的本性导致资产阶级不顾一切地扩张。同时资本主义私有制的本质决定了资本主义社会要不断地占有财富，不断地剥削和压榨无产阶级来使自己获利。最终导致了贫富差距越拉越大，人民消费能力和水平不断萎缩。资本逐利的天性导致的生产不断扩大与消费不断萎缩这一矛盾，是资本主义制度无法克服的矛盾。私有制是形成金融危机的深层次的制度原因。金融资本的独立性、逐利性和贪婪性是金融危机形成的直接原因。

次贷危机尽管是从金融领域爆发，但这场金融危机很快就扩大到了实体经济领域，演变成了经济危机。而且从本质来看这场危机的本质依然是资本主义的经济危机。美国的金融创新出发点是为了刺激消费，维护资产阶级的利益，并不是真正为全体社会成员考虑，它不是为实体经济服务，所以不仅没有促进实体经济发展、促进就业，反而搅乱了实体经济的发展方向，同时也打乱了金融秩序。美国政府 2008 年 11 月 17 日表示，现在大约有 3620 万美国人吃不饱，其中有 1/3 的人有时会挨饿。美国政府 2009 年 4 月 2 日又表示，靠领取食品券生活的美国人已经高达 3220 万，是创纪录的数字。资

第五章　资本主义日益膨胀的虚拟经济必然加重其危机

本主义设计透支消费本来是为了促进消费，解决生产过剩这一问题，没想到透支消费的膨胀没有使真正的消费需求即有效需求增加，反而这种"寅吃卯粮"的做法使消费能力更加不足，"生产过剩"更加严重。问题的严重性远不止于此：如果把美国政府对国民的社会保障欠账等内债加在一起，2009年美国的债务余额已高达55万亿美元；如果再把诸如"两房债券"之类的抵押债券、美国各大财团所发行的说不清是公司债务还是政府债务等共计20万亿美元（2007年末美国国债协会SIFMA统计）的债务统计进来，美国政府的债务总额将高达75万亿美元。而按照2007年公允价格计算，美国的全部资产总市值约76万亿美元。① 近几年，美国爆发的严重金融危机和全面经济危机，使部分资产大幅缩水，其资产总市值已经在其国家债务总额75万亿美元之下。也就是说，美国已经资不抵债。

资本不能获得利润就会死亡，资本的逐利性导致资本与利润高的行业有着天然的吸引力。一国之内，资本会像持续地嗜血一样在利润高的行业之间游走。资本的天性就是获取利润，而不会考虑社会需求。一旦这个行业利润降低，资本就会撤出，在这个过程中，供求关系就会起作用。在全球化时代，资本冲出一国主权范围的限制，在世界的几乎所有领域游走，剥削、剥夺全世界人民的财富，集中到少数人手中，全世界范围内两极分化的矛盾愈加突出。资本在全世界的游走，将资本主义私有制与社会化大生产的矛盾扩展到全球。资本在各个领域的进出，也导致全世界范围各种商品价格的波动。生产相对过剩的矛盾伴随着资本生产关系的全球化愈加突出。资本主义私有制成为全世界人民的公敌。因此，西方一些媒体对全球化的实质并不都加以掩饰。例如，美国《巴尔的摩太阳报》发表《全球殖民主义》一文，把当前的全球化与全球殖民主义联系在一起：全球化"是规则制定者的全球化，自由贸易和自由市场这两面旗帜掩盖了……将产生灾难性后果的新殖民主义"。美国在线杂志《耶鲁全球化》发表文章说："对冲基金、不可靠的企业债务评级公司、虚假的抵押体系以及'我死之后，哪管洪水滔天'的流动公司已经占领了全世界。"② 美国原国务卿基辛格比较直率地说："全球化对美国是好事，对其他国家是坏事……因为它加深了贫富之间的鸿沟。"③

资本的贪婪性和投机性导致虚拟经济倾向往流通领域转移以获得短期暴

---

① 何国勇：《国际金融危机的成因、前景及启示》，《南方论丛》2009年第2期。
② 美国在线杂志《耶鲁全球化》2008年10月7日。
③ 德国《新德意志报》2000年7月22日。

利。在马克思主义经济学看来，生产资本通过在生产领域创造剩余价值和利润来实现扩大再生产，而货币资本则不同，它更加自由自在，可以在流通领域通过各种对生产生活有利和不利的财富转移的短期行为获利。货币资本可以借助电脑网络在全球流动。虚拟经济的特点是不创造价值，但是可以分配和转移财富。虚拟资本的产生是为了服务实体经济，担负着正确引导实体经济发展方向的任务，而一旦资本被贪婪性驱使着绕开实体经济的生产领域，直接进入虚拟经济领域去进行投机行为，最终会造成两方面后果：一方面虚拟经济不断膨胀，生产出过剩的虚拟商品，而这部分本来就生产过剩的虚拟商品会造成虚假需求，从而误导实体经济生产出过剩的物质商品，于是在生产领域物质商品与虚拟生产都生产过剩；另一方面虚拟经济通过财富的分割与转移拉大贫富差距，使广大劳动人民更加贫困，消费水平下降。虚拟经济这把双刃剑使世界经济产生了新的薄弱环节。[1]

而社会主义的复兴是人类共同的未来。资本主义私有制作为人类历史上私有制的最高形态也是最后的形态，无疑将私有制的观念与生产关系贯彻到了地球上的每一个角落，甚至地球外的太空领域。这将会有把人类带向自我摧毁境地的危险，摧毁我们赖以生存的环境，摧毁我们靠宗教、家庭伦理等种种方式不断修补的人际关系，直至摧毁人类本身。"G－G′"在资本运动的裹挟中，劳动与人本身受到了轻视，这无时无刻不在提醒着人类潜在的危机风险，一种连自身都忽略的生产关系会有什么希望与未来？2013 年，五位西方杰出学者联名著书，以书名《资本主义还有未来吗？》昭示了主题与结论。全球著名学者沃勒斯坦认为，资本主义体系将进入结构性危机阶段，最终走向衰亡；兰德尔·柯林斯着眼于科技更新，推断中产阶级的结构性失业将使资本主义难以维系；迈克尔·曼将资本主义的未来寄予社会民主主义式的改良；格奥吉·杰尔吉卢吉扬否定了苏氏共产主义替代资本主义的可能性；克雷格·卡尔霍恩则着重探讨未来资本主义出现漫长停滞、改良或被全新制度代替的可能性。五位学者就资本主义体系是否还能生存下去这一关键问题做出了精彩论断。[2]

资本主义社会每一次危机的具体表现形式各不相同，但危机的根源却是一样的，即危机是资本主义生产方式内在矛盾的产物。一方面，我们看到危机的发生起因于社会支付能力消费的不足；另一方面，我们更应当看到，危

---

[1] 何秉孟主编、傅军胜副主编《国际金融垄断资本与经济危机跟踪研究》，社会科学文献出版社，2010，第 106 页。

[2] 伊曼纽尔·沃勒斯坦等：《资本主义还有未来吗？》，徐曦白译，社会科学文献出版社，2014。

第五章 资本主义日益膨胀的虚拟经济必然加重其危机

机是资本主义性质的经济危机,必须找到它的根源——资本主义私有制。资本主义私有制的存在必然导致国内乃至国际范围内的严重的贫富两极分化,在世界范围内掀起人类之间的巨大的矛盾,这将是人类整体危机的警钟。克服危机的唯一办法就是推翻资本主义社会,消灭资本主义私有制这一人类社会私有制的最高形态也是最后形态,建立合理而公平的社会主义公有制。2008年经济危机爆发的本质原因是资本主义落后的生产关系已经无法适应先进的生产力发展。经济危机的频频爆发说明,社会主义是人类历史发展的必然归宿;经济危机全球范围的爆发说明,社会主义全球化是人类历史发展的必然归宿。

第六章
马克思主义的当代意义

张祖英[*]

摘 要 马克思主义是科学社会主义理论和实践体系。马克思主义当代意义的追问是对于马克思主义社会历史性的追问,是马克思主义社会历史价值的现实性考量。回顾20世纪人类历史,马克思主义一直在人类思想和历史进程中起作用。马克思逝世100多年后,仍被西方主流媒体评为"最伟大的思想家"。2008年国际金融危机爆发后,《资本论》成为畅销书。当今资本主义金融危机和发展矛盾重重的事实,证明马克思主义关于社会主义必然代替资本主义的判断是符合历史发展规律的。

关键词 马克思主义 科学社会主义 当代意义

马克思主义创始于19世纪资本主义发展的时代,伴随工人运动的兴起而产生。自1848年《共产党宣言》问世以来,马克思主义经历了160多年的风雨历程。马克思主义的当代意义问题,是马克思主义诞生以来,反复被提出的重大问题。当今世界正在发生巨大深刻的变化,当代中国也在发生广泛深远的变革。认真回答马克思主义当代意义问题,实质是回答什么是马克思主义、怎样对待马克思主义等问题,这对于提高全党特别是领导干部的马

---

[*] 张祖英,中国社会科学院马克思主义研究院原副院长,研究员。

克思主义和社会主义的政治信仰，坚定不移高举中国特色社会主义旗帜，开拓社会主义现代化事业，实现中华民族伟大复兴的中国梦具有重要意义。

一 马克思主义是科学社会主义理论和实践体系

什么是马克思主义？这是马克思主义发展史上的元问题。对于"马克思主义"，定义者诸多，随着马克思主义学说史的发展，更重要的是伴随马克思主义事业在理论和实践上的发展，马克思主义自身的"与时俱进"，必然使对于"什么是马克思主义"的认识也不断"与时俱进"。列宁曾经认为"马克思主义是马克思的观点和学说的体系"。[①] 我国著名马克思主义理论家靳辉明教授曾经定义："我们从这三个层面来界定马克思主义，即马克思主义是关于自然界、人类社会和人的思维发展的一般规律的学说，是工人阶级的世界观和方法论，是实现共产主义和人类解放的理论体系。"[②] 笔者试着更为广义地定义为"马克思主义是由马克思恩格斯创立，并由继承者发展的无产阶级和全人类解放的理论与实践体系，是科学社会主义的理论与实践体系"。亦可简要概括为"马克思主义是科学社会主义理论和实践体系"。

定义是对于事物本质及其属性的揭示，这个广义定义中包含了马克思主义的四重含义。第一，从主体看，马克思主义是属于无产阶级和全人类的。第二，从内容看，马克思主义的主题是关于无产阶级和全人类解放事业的，实现这个解放的事业是科学社会主义事业。第三，从形式看，马克思主义是关于科学社会主义理论与实践的统一体系。马克思主义是无产阶级和全人类解放即科学社会主义的思想理论体系，同时也是无产阶级解放和全人类解放运动即科学社会主义的实践运动。马克思主义创立至今的全部历史，就是一部科学社会主义的理论指导实践的统一历史。马克思主义经历了从理论学说到实践运动及至取得实现社会主义制度成果的过程。第四，从范围看，马克思主义包括创始人的理论和实践贡献，也包括继承者在理论和实践上发展的贡献。马克思主义学说不等于马克思的学说，我们今天所说的马克思主义，内在包含马克思恩格斯主义、列宁主义、毛泽东思想、中国特色社会主义理论体系等内容，以马克思主义为指导就是以马克思列宁主义、毛泽东思想、中国特色社会主义理论体系为指导。这样认识马克思主义是有历史感的，把

---

① 《列宁选集》第二卷，人民出版社，2012，第418页。
② 靳辉明、李崇富主编《马克思主义若干重大问题研究》，社会科学文献出版社，2011，第13页。

马克思主义发展与社会发展联系起来,随着社会实践发展而发展的马克思主义必然具有强大生命力。

马克思主义理论超越性地集人类优秀思想成果之大成,它的思想内涵极为丰富精湛。作为科学社会主义理论和实践体系,马克思奠定了两大理论基石:历史唯物主义,揭示了人类社会发展的一般规律;剩余价值学说,发现了资本主义剥削的秘密及其内在矛盾。最核心的是深刻揭示了人类社会有一个从低级向高级发展的历史进程,即经历原始社会、奴隶社会、封建社会、资本主义社会等社会形态,而资本主义将由其不可克服的内在矛盾导致灭亡,最终出现更高级社会形态——共产主义社会,而共产主义又首先经历社会主义阶段。

二 马克思主义是引领时代前进的伟大旗帜

马克思主义当代意义的追问是对于马克思主义社会历史性的追问,是马克思主义社会历史价值的现实性考量。迄今为止的考古学、人类学、社会学等从实证的角度证明马克思主义揭示的人类社会形态演进及其历史时代更替的规律是正确的,人类大致走过原始社会、奴隶社会、封建社会等历史时代。回顾20世纪人类历史,马克思主义一直在人类思想和历史进程中起作用。马克思恩格斯逝世后产生了第一个社会主义国家,在人类历史上开启了崭新的社会形态变革。尽管世界范围社会主义发展遭受巨大挫折,社会主义较之资本主义处于明显弱势,甚至现阶段资本主义还居于主导地位,资产阶级还处于中心地位,但是今天中国特色社会主义的成就、西方金融危机和当今资本主义发展矛盾重重的事实,证明马克思主义关于社会主义必然代替资本主义的判断是符合历史发展规律的。

当今世界,和平与发展是时代主题,笔者认为这只是相对于"战争与革命"为主题而言的一个时代发展的阶段性特征,反映了时代的文明进步,意味着发展的机遇条件,但并不是说资本主义生产的社会化和占有的私人性质之间的基本矛盾消失了,也不是说当今世界社会主义与资本主义之间的主要矛盾消失了。在和平与发展合作的时代潮流中,经济全球化、政治多极化、文化多元化、科技信息化可谓汹涌而来的"潮头",给人类带来了迷人的"新世界"景象。然而在"新世界"的每一个"潮头"之内都隐含着重重矛盾,诱发着种种危机。比如经济全球化与资本垄断的矛盾,政治多极化与单边政治的矛盾,文化多元化与文化渗透的矛盾,科技信息化与信息安全的矛盾,等等。这些矛盾引发了一系列经济危机问题、生态问题、战争问题、贫富分化问题、文明冲突问题、网络安全问题等人与自然、人与社会的多重矛盾问题；还有从上述矛盾中投射出的人的精神世界中私有观念泛滥、物欲横流等意义缺失、价值漂浮和道德危机问题。当今世界的危机与不安宁、动乱与战争的根子在哪？潜藏在历史深处的矛盾是什么？如何认识资本主义，如何认识社会主义，人类社会应向何处去？时代渴望回答。

任何理论学说都要回答时代问题。20世纪以来，哲学社会科学发展出现高度分化倾向，各种主义学说纷纷出场，但是到目前为止，有哪一个主义学说能像马克思主义这样深刻揭示存在的真实或真实的存在？谁超越了马克思和马克思主义？为世界公认的科学学奠基人贝尔纳认为，马克思是现代科学的真正思想先驱。罗素说，马克思是"最后一个构筑大体系的学者"。马克思主义在大的历史尺度上关注、关怀人类发展，核心是对人类自由全面发展的追求，消除一切束缚人的自由和全面发展的不合理的东西。贯穿马克思主义理论和实践始终的是"群众原则"，深刻关切无产阶级及广大人民群众的存在和命运，通过人民群众的实践改变世界，最终实现阶级解放和人类解放。

历史是最无情、最公正的。马克思和马克思主义虽然受到多种诋毁，但是100多年后，马克思仍然被西方主流媒体和人士一再评为"最伟大的思想家"，受到人们的敬仰推崇，人们普遍认为在21世纪我们需要像马克思这样的思想家以令人信服的方式分析资本主义。特别是从2008年国际金融危机爆发后，《资本论》成为畅销书，一些西方政要都从马克思著作中寻找答案，从一个侧面证明了马克思主义的理论价值和当代意义。马克思主义仍然位于世界思想舞台中心，依然像世界最高处的灯塔，光芒四射。

马克思主义当代意义取决于它与当代世界的本质联系。无论是从马克思主义高度看时代，还是从时代高度看马克思主义，当今时代不仅需要马克思主义对于世界矛盾和人类向何处去的理论分析，更需要马克思主义者的实践回答，时代需要马克思主义指引。我们正处于马克思列宁主义判断的大时代。依据马列主义原理分析，资本主义经过几百年发展，同先前社会形态相比，它极大地推动了人类社会发展，《共产党宣言》中有对于资本主义进步作用的高度评价。但是任何事物都有两重性，当它发展到高点时，其内在矛盾的积累将驱使它衰败，为新事物取代。资本主义社会形态同历史上任何社会形态一样，是人类历史长河中的一个历史阶段，经过自身由低级向高级阶段的发展，已经出现了国际垄断资本主义阶段特征。今天的资本主义变得更加贪婪，更加富于侵略性，带来更多的全球性问题，引发世界危机与不安宁、动乱与战争的根子在于资本主义世界的内在矛盾。虽然社会主义与资本主义两种制度、两条道路、两种思想体系之间既共存又斗争，两种力量反复较量，世界社会主义处于低潮，但是如同任何新事物都有从无到有、从小到大的发展过程一样，社会主义作为新生事物必然取代资本主义，人类必然走向更加自由美好的共产主义社会的总趋势没有改变。

马列责我开生面。90多年来，中国共产党人把马克思主义基本原理与中国实际相结合，创造性地探索和回答了中国革命建设、改革开放等历史进程中的许多重大理论和实际问题。马克思主义中国化的历程是艰难而又辉煌的，马克思主义中国化的理论和实践成就，就是马克思主义当代意义不断实现的证明。这个证明是中国的也是世界的，其历史真实性，既是昨天和今天的存在，也昭示着未来。当然我们必须清醒地认识到，正如马克思主义所指出的，每一个历史时代、每一种社会形态都要经历自己独有的发展过程。前路漫漫艰难，前路光明美好。在国际社会主义运动处于低潮、世界资本主义仍处于强势的"世界历史"时代，我们必须立足社会主义初级阶段基本国情，继续高举马克思主义伟大旗帜，以科学社会主义为方向和目标，在中国社会主义现代化道路上开拓前进！

第七章
中外学者剖析资本主义经济金融化

栾文莲[*]

摘　要　20世纪70年代末80年代初以来,资本主义发生了深刻的变化,其中最核心的变化就是金融部门的爆炸性膨胀。国际理论界将这种现象称为经济的金融化。本文对中外学者关于资本主义经济金融化问题的研究情况,从20世纪70~80年代以来资本主义发生的金融化变化,金融化与垄断资本主义发展的历史逻辑,资本主义生产过程——生产、流通、分配、消费,新自由主义在全球泛滥与金融化等几个方面做一叙述。

关键词　剖析　资本主义　金融化

20世纪70年代末80年代初以来,资本主义发生了深刻的变化,其中最核心的变化就是金融部门的爆炸性膨胀。国际理论界将这种现象称为经济的金融化。本文对中外学者关于资本主义经济金融化问题的研究情况,从20世纪70~80年代以来资本主义发生的金融化变化,金融化与垄断资本主义发展的历史逻辑,资本主义生产过程:生产、流通、分配、消费,新自由主义在全球泛滥与金融化等几个方面做一叙述。

"金融化"一词在20世纪90年代初才出现,然而该现象在垄断资本主

---

[*]　栾文莲,中国社会科学院世界社会主义研究中心特邀研究员,马克思主义研究院研究员。

义发展中早已存在，研究垄断问题的学者也曾指出此现象的发轫。特别是西方左翼学者比较早地关注到资本主义经济金融化问题。美国著名的马克思主义经济学家保罗·斯威齐1966年在《垄断资本》一书中，将金融看作一种吸收剩余的方式，认为有大量的剩余被转移到金融、保险和房地产部门，从而导致这些部门资产规模呈现迅速增长的趋势。与斯威齐观点比较一致的是美国《每月评论》杂志主编约翰·贝拉米·福斯特和其他一些左翼学者，美国著名的左翼杂志《每月评论》发表和出版了他们的研究成果。我国学者在研究当代资本主义以及资本主义经济危机问题时，也涉及了资本主义金融化问题。

一 经济金融化是20世纪70~80年代以来资本主义发生的巨大变化

（1）20世纪最后几十年形成资本主义经济金融化。1997年，美国马克思主义经济学家保罗·斯威齐在其文章中，把"资本积累过程的金融化"称为世纪之交的三大主要经济趋势之一（另外两大趋势是垄断力量的增长和经济停滞）。

伦敦大学经济学教授简·托普劳斯基在《金融的终结》中写道："20世纪最后几十年，出现了自19世纪90年代和20世纪前10年以来规模最大的金融时代。此外，从证券市场上交换的价值来看，也是历史上规模最大的金融时代。所谓'金融时代'指的是一个历史阶段，在此期间，金融……取代了工业企业家在资本主义发展过程中的领导地位。"[①]

2005年，美国著名学者戈拉德·A.爱泼斯坦主编的《金融化与世界经济》一书出版，认为新自由主义、全球化、金融化的兴起是过去30年全球经济变革的主要特征，而金融化是关键。新自由主义和全球化都是金融资本的霸权势力在世界重新兴起的表现。众多论著探究了新自由主义和全球化问题，但解析金融化现象却是较新的论题。

爱泼斯坦认为，关于金融化的认识分歧较大，他放宽视野对金融化做了一个宽泛的界定：金融化是指金融动机、金融市场、金融参与者和金融机构在国内及国际经济运行中的地位不断提升。

美刊《每月评论》2007年4月发表的该杂志主编约翰·贝拉米·福斯

[①] 转引自〔美〕约翰·贝拉米·福斯特《资本积累的金融化》，《国外理论动态》2011年第9期。

特《资本主义的金融化》一文认为，在过去30年资本主义变化的三个主要特征新自由主义、全球化和金融化中，金融化是三者中的主导力量，众多论著探究了前两个现象，金融化现象却鲜被关注，然而金融化日益被视为三者中的主导力量。资本主义的金融化，即经济活动的重心从产业部门（甚至从诸多正在扩大的服务业部门）转向金融部门，成为当今时代的重大事件之一。他认为，新自由主义全球化的本质是金融化的垄断资本在全球的扩张。《每月评论》2010年10月号再次刊登约翰·贝拉米·福斯特《资本积累的金融化》一文，认为资本主义已经金融化。金融化可以定义为，资本主义经济重心从生产到金融的长时间的转向，这一转变反映在经济的方方面面：①金融利润在总利润中的比重越来越大；②相比于GDP，债务越来越多；③金融、保险和房地产（FIRE）在国民收入中的比重上升；④出现各种奇怪的金融工具；⑤金融泡沫的影响扩大。总之，相对于经济基础，金融上层建筑的规模和重要性大大增长。

金融化是虚拟、泡沫化推动的经济。日本学者高田太久吉说，所谓经济金融化，就是依靠增加企业、家庭、公共部门、众多发展中国家债务负担维持市场需求，通过持续性资产通胀（泡沫）使金融机构和机构投资者及其控股企业获取金融性收益的虚拟资本市场，会发展为金融资本主义。

美国学者托马斯·I.帕利的《金融化：含义与影响》一文认为，金融化是金融市场、金融机构和金融业精英对经济政策和经济结果的影响力日益深化的过程。金融化同时在宏观和微观两个层面上改变着经济体系的运行方式。金融化的影响主要体现在：①提升了金融部门相对于实体部门的重要性；②将收入从实体部门转移到金融部门；③加剧收入分配不平等并导致一般工人工资停滞。此外，最重要的是，金融化使经济面临债务型通货紧缩及长期萧条的风险。作者特别提出，新自由主义的重要经济政策如全球化、小政府、弹性劳动力市场和摒弃充分就业等都有利于金融资本，且都是在金融资本的推动下实施的。这揭示了近30年来世界资本主义最重要的三大特征——全球化、新自由主义、金融化之间的本质性联系。

西班牙共产党认为，近20年来全球经济愈加呈现出金融化趋势，并成为资本主义和全球化发展的主导模式。经济彻底金融化的后果之一，就是实体经济和投机经济脱节。2008年的这场经济危机恰恰说明，那种"市场就是一切""市场决定一切""对市场不加任何限制""政府调控无足轻重"的一整套新自由主义模式和理念已经破产。这确实是资本主义主导模式的失败。

近年来，中国学者也对资本主义金融化问题给予关注。中央编译局研究员李其庆在评介外国学者研究资本主义新变化时认为，20 世纪 80 年代以来，资本主义最深刻的变化发生在金融领域。金融及其衍生产品的发展使金融资本在时间和空间上，对资本使用价值的生产实现了全面的、不间断的、有效的控制，从而实现资本利润的最大化。

上海社会科学院研究员周建明认为，所谓金融化就是资本的运动方式历史性地从"M－C－M'"向"M－M'"转变，结果出现了生产资本服从于金融资本，金融资本高度垄断经济与政治权力的现象，使资本主义经济实质转变为寄生的、腐朽的、赌博性的经济。20 世纪 70~80 年代，资本主义经济因实体经济增长减速，出现资本过剩，转向投入金融市场避难，从而推动了资本主义生产方式的转型。一旦资本涌向金融领域，必然会刺激金融界通过创新衍生工具，把这些资本在实际有效需求并未增长的条件下通过各种债务转化为新的需求和金融投机产品，从而引起资本主义经济重心从生产到金融的根本性转向。

苏州大学马克思主义研究院院长、教授朱炳元认为，当代资本主义经济正呈现出经济加速金融化、金融日益虚拟化、实体经济空壳化、日常消费借贷化、国家走向债务化、人民大众贫困化六大趋势。

中国人民大学赵峰在《当代资本主义经济是否发生了金融化转型》一文中，以当代发达资本主义经济的典型——美国为实证，构造了代表其经济结构的 10 个时间序列数据并进行了计量检验，发现自 20 世纪 80 年代以来，在宏观经济结构、金融部门和非金融部门内部结构、收入分配和消费模式结构等方面均发生了显著的结构性改变，而这种改变的特征表明这的确是一种金融化的资本主义。

（2）金融化显现了 20 世纪初形成的垄断资本主义，即帝国主义发展时期以来显著的阶段性变化。美国著名经济学家大卫·科茨说，用"金融化"取代"金融统治"的观念，能够最准确地把握近几十年来金融在经济中的地位变化，更好地揭示金融在经济活动中的扩张性作用。约翰·贝拉米·福斯特认为，金融已取代了工业企业家的地位。这个阶段可称为"金融帝国主义新阶段"，它加剧了社会、生态和战争危机。

法国学者让·克洛德·德洛奈提出了资本主义处在"金融垄断资本主义"的观点，认为 20 世纪 80 年代以来，资本主义处于金融垄断资本主义阶段。其主要特征：一是生产资本的全球化；二是伴随生产资本的全球化出现了资本主义经济的金融化；三是资本主义企业实现了空前规模的积聚，不同国家资本的相互渗透最终形成了巨大的全球垄断寡头；四是全球金融垄断资本主义的发展。世界范围内金融资本与产业资本、商业资本、服务资本、保险资本和各种投资资本的复合。

东莞理工学院副教授银峰认为，列宁所提出的金融资本概念揭示了垄断资本必然融合为金融资本的实质和发展规律。垄断资本控制资本主义经济社会生活，是金融资本理论的实质。20世纪70年代末以来，金融资本的控制力通过各种途径重新得以强化。发达资本主义最本质的经济特征依然是作为垄断资本的最高形态的金融资本。

（3）"G－G'"循环的资本增殖方式是资本主义经济金融化的重要标志，但所有制和资本对劳动的剥削没有改变。法国学者让·克洛德·德洛奈在《金融垄断资本主义》中认为，现代资本主义社会经济结构的变化并不改变资本的所有制关系，当今社会依旧建立在资本对劳动的剥削基础之上，价值和剩余价值的私有化仍然是主导的生产关系，但资本的增殖方式与以往有着巨大的不同。

按马克思的价值概念来分析，以商品形式出现的这些金融产品，本身几乎没有价值。然而，在当今的金融垄断资本主义中，很大部分的资本却由金融产品构成。也就是说，在今天，资本的增殖主要不依靠劳动生产率的提高，而取决于金融产品的买卖和对价格趋势的预期。金融垄断资本主义的秘密在于它具有"寻租"的性质，即证券持有人不从事生产，通过金融交易而获得资本的租金，如同资本原始积累时期的高利贷者一样。

二 资本主义经济金融化是垄断资本主义历史发展的逻辑结果

（1）生产集中与资本集中必然产生垄断。垄断资本主义发展中的资本集中是一个双重进程。从生产力和生产的物质内容看，生产集中是资本的价值形态与实物形态同时空转移；从非物质生产部门比如金融业的集中和垄断看，则存在着资本的价值形态与实物形态相脱离。这是一个矛盾的进程，资本的价值不能脱离实际生产产生；而资本主义生产中追逐剩余价值的欲望，又不断产生脱离实际生产就能增殖的妄想。马克思早在《资本论》中就指出了资本企图脱离生产过程、劳动过程就能获得利润的"妄想""狂想"。这是就资本循环的特定阶段以及就食利资本而论，而在今天已经成为资本主义占主导的生产方式，即以金融为主体，金融自我循环、膨胀为主导的生产方式、积累方式。此外，英国著名经济学家凯恩斯较早地指出了"投机支配生产"的金融投机主导方式。

左翼学者认为，金融部门和实体经济之间的反向变动在资本主义经济发展到特定阶段后变为现实。"金融部门和实体经济之间的反向变动关系是理解世界经济新趋势的关键。"福斯特在《资本主义的金融化》中引述斯威齐的上述论述，同时他认为，回顾过去，很明显，这种反向关系一开始就是资本主义的固有可能性之一，但它仅在资本主义经济发展到特定阶段后才演变为现实。这种抽象可能性依存的事实（马克思和凯恩斯对此均有着重论述）是：资本积累进程具有二重性，它既包括对实物资产的所有权，也包括对实物资产的虚拟要求权。在此背景下，资本主义经济体制自一开始就蕴含着实物资本积累与金融投机矛盾并存的可能性。

（2）金融越来越集中的趋势是垄断资本主义历史发展的产物。约翰·贝拉米·福斯特在《资本积累的金融化》中认为，金融越来越集中的趋势是资本主义制度历史发展的产物。现代信用体制的兴起极大地改变了资本积累的本质，因为真实资本的资产所有权变得从属于股票或纸面资产所有权——通过举债而实现的杠杆化经营越来越多。他列举了美国经济学家明斯基在其研究凯恩斯的书中写的话："对生产性资产价值的投机是资本主义……经济的特征。对（发达）资本主义经济适用的研究范式不是物物交换经济"，而是"伦敦金融中心或华尔街体系，在那里资产持有量和现金交易都是由债务提供资金"。

明斯基说，经济基础范围内可用于积累的货币资本（假设存在可赢利的投资场所）频繁被转化为"$M-M'$"，即资产价格的投机。这种转化成了长期趋势，所以必然导致资本主义经济发生重大结构变化。

（3）从经济停滞到金融化。保罗·斯威齐和保罗·巴兰1966年的合著《垄断资本》，着力考察了20世纪60年代资本主义的"黄金时期"，国家干预通过扩大政府支出和军费开支、企业的商品促销，以及第二轮技术革命的自动化浪潮及其他因素，如何通过这些因素吸收剩余、推动经济走出停滞。同时，该书指出了资本主义生产对剩余价值的追求遇到"滞胀"的矛盾，从而把剩余资本投向金融领域。这既是摆脱滞胀危机的手段，也是资本主义积累体制转向金融的发轫，这是垄断资本主义发展的必然出路和产物。

当20世纪70年代经济停滞再次降临时，保罗·斯威齐与美国佛蒙特大学名誉教授弗雷德·马格多夫将注意力重点集中于金融业膨胀。1975年，他们撰文《如履薄冰的银行》，认为债务的过度扩张和银行的过度膨胀恰到好处地满足了三重需要，即保护资本主义体制及其利润、缓解（至少是暂时缓解）它的矛盾、支持美国的霸权主义扩张和对外战争。

斯威齐在1997年发表的《再谈（或少谈）全球化》论文中谈到，1974年、1975年经济衰退以来，当代资本主义的发展历程呈现了三个重大趋势：

①全球经济增速总体减缓；②跨国垄断（或寡头垄断）公司在全球扩展；③资本积累过程的金融化现象。他认为，这三大趋势错综复杂地交织在一起。资本的逐利本性导致了实际投资减缓和金融化崛起并存的双重进程。这一双重进程最初出现于二战后数十年"黄金时代"的衰落时期，随后以日渐加剧的程度持续至今。

（4）经济停滞和金融膨胀之间相互的关系日趋复杂并不断发展，产生"共生的包容"。1994年斯威齐在题为"金融资本的胜利"的文章中认为资本主义经济金融化正在对资本主义进行重构，主要表现是经济停滞和金融化之间的关系日趋复杂并不断发展。他说："金融上层建筑是既往20年的创造。这意味着，金融膨胀与20世纪70年代经济停滞的回归几乎同步。然而，这种现象是否违背以前的经验呢？传统上，金融膨胀与实体经济繁荣携手并行。现在的问题则是，金融膨胀与经济繁荣是否不再同步并行，抑或金融膨胀与经济停滞并存更接近事实，一如当前这一20世纪末期的情形？这是否意味着，当代金融膨胀的载体不是经济繁荣而是经济停滞？我认为，是的，事实很可能如此，它已经发生且仍在继续。"[①]

斯威齐于1995年指出，20世纪70年代传统经济结构依然存在：其主要构成方式是由较小的金融附属部门支撑生产体系；但到20世纪80年代末，传统经济结构已经让位于新的经济结构，在新的经济结构中，急剧膨胀的金融部门获得了高度独立性，并高高凌驾于实体生产体系之上。经济停滞和大规模金融投机则是同期根深蒂固且不可逆转的经济发展困局的孪生物。

这一共生现象有三个特征：①实体经济停滞意味着，资本家日益依赖金融部门的增长来获取和扩大货币资本；②资本主义经济的上层建筑脱离其在实体生产经济中的根基而完全独立地自我膨胀，因而，投机性泡沫破裂成为周期性发生并不断加剧的新问题；③金融化无论发展到何种程度，都不可能破解生产停滞的难题。为顺应金融化的新要求，资本主义重构了国家的作用。1987年股市崩溃后，美联储对整个权益市场资本奉行了色彩鲜明的"打而不倒"政策。[②]

约翰·贝拉米·福斯特在《失败的制度：资本主义全球化的世界危机及其影响》中说：停滞和金融爆炸，两者之间有种"共生的包容"。最终，这个长期的金融爆炸过程被看作资本主义经济的"金融化"特征，垄断资

---

① 转引自〔美〕约翰·贝拉米·福斯特《资本主义的金融化》，《国外理论动态》2007年第7期。

② 〔美〕约翰·贝拉米·福斯特：《资本主义的金融化》，《国外理论动态》2007年第7期。

本转变为"垄断—金融资本"。①

福斯特指出,滞胀和金融化的共生关系意味着,每一次出现金融问题,美联储和其他中央银行都被迫介入以挽救脆弱的金融体系,以免作为一个整体的金融上层建筑崩溃,也免得容易滞胀的经济进一步削弱。这就导致了金融体系长期地、逐渐地失去管制,也导致了政府权威人士对金融创新的积极鼓励。这是基于这样的错觉,认为通过这种方式,信用风险能够降低,利润能够扩大。新的垄断金融资本阶段的特征是滞胀——金融化的困境,在这种困境下,金融扩张成为体系的主要"修复手段",但不能克服经济体根本的结构缺陷。② 金融膨胀解决不了"停滞",停滞和金融膨胀的"共生性"依然是经过2008年大危机后的当代资本主义难以解决的问题。

(5) 金融垄断资本主义前所未有地得到加强,成为一个更加普遍化和全球化的垄断金融资本体系。《每月评论》2011年4月号发表了约翰·贝拉米·福斯特、罗伯特·麦克切斯尼、贾米尔·约恩纳题为"21世纪资本主义的垄断和竞争"的文章,从经验、理论和历史角度评价了当今资本主义经济中的竞争和垄断的现状,指出虽然社会科学和经济学在过去30年中对资本主义经济中的垄断趋势极力否认,但详尽的证据证明:垄断在近几十年中一直在前所未有地得到加强。更具体说来,过去的1/4个世纪见证的是垄断资本主义演化成为一个更加普遍化和全球化的垄断金融资本体系,这是当今发达资本主义经济体的经济制度的核心,是当今新帝国主义的基础,是世界经济日益加深的不稳定的关键原因。③

美国是当代垄断资本主义的典型。中国著名经济学家刘诗白在论及美国的金融垄断资本和经济的过度金融化问题时指出:经济的金融化是21世纪80年代以来美国经济发展的鲜明趋势,当代美国资本主义不仅是垄断资本主义,而且是金融资本快速发展和占据主导的资本主义。在现代化、市场化、全球化大背景下,金融业的加快发展和趋于发达是一个大趋势。问题是货币信用事业的发展要适应实体经济的需要,而不能听任其自我膨胀,形成货币信用过度扩张。我们把货币信用过度扩张规定为:①社会资本过多流入和集中于金融领域,特别是股市;②在金融自我循环中银行和金融事业机构

---

① 转引自〔美〕约翰·贝拉米·福斯特《失败的制度:资本主义全球化的世界危机及其影响》,《哲学动态》2009年第5期。
② 〔美〕约翰·贝拉米·福斯特、罗伯特·麦克切斯尼:《垄断金融资本、积累悖论与新自由主义本质》,《国外理论动态》2010年第1期。
③ 〔美〕约翰·贝拉米·福斯特等:《21世纪资本主义的垄断和竞争》(上、下),《国外理论动态》2011年第9、10期。

过度发展；③劣质或"有毒"的金融工具的使用和多次使用，即杠杆率过度增大。上述情况，意味着国民经济活动中超出实体经济发展需要的货币信用交易活动量的过度增大，特别是金融虚拟资产交易量的过度扩大。显然，上述货币信用过度扩张，鲜明体现在20世纪80年代以来美国经济的发展中。①

三 从资本主义生产方式本身考察金融化
——生产、流通、分配、消费

资本主义经济金融化表现在资本主义生产的全过程——生产、流通、分配、消费，不论从微观经济主体的考察，还是从整个社会的生产与再生产过程，以及国家的管理，宏观经济的考察，不论是金融部门还是非金融部门，都显示了深刻的变化。

生产

（1）微观企业部门深入地卷入纯粹的金融交易和活动，将其资源配置到金融方面。大量的研究表明，企业将巨额剩余资本转向金融的趋向，在20世纪70年代就是困扰美国等发达国家非金融企业获利能力的危机，从中可以看到金融化的起源。非金融企业对不断下降的投资回报的反应，就是将资本从生产领域抽走，将其转移到金融市场。因而实体经济的积累率一直在下降。

（2）企业的利润来源日益来自金融渠道。美国经济学家格莱塔·R.克里普纳使用两种不同的方法来测定美国经济的金融化。首先，考察非金融企业收入的来源，以此证明同产生于生产活动的收入相比，证券收入（由利息、股息和资本收益组成）越来越重要了。其次，考察金融部门作为经济活动中的一种利润源泉，越来越重要了。他对金融和非金融利润做了比较，并图示了1950～2001年非金融企业的证券收入与公司现金流量的比例，表明来自金融方面的回报在企业收入中占有更大的份额。因此，格莱塔·R.克里普纳把金融化定义为一种积累模式，在这种模式中，利润主要是通过金融渠道而非由贸易和商品生产生成。②

（3）非金融企业部门治理模式的转变使企业行为更趋向金融化。一些

---

① 刘诗白：《论过度金融化与美国的金融危机》，《经济学家》2010年第6期。
② 〔美〕格莱塔·R.克里普纳：《美国经济的金融化》，《国外理论动态》2008年第6期。

学者把金融化概念归为"股东价值"的支配地位,股东价值成为公司治理的一种模式。研究企业与公司治理问题的法国经济学家米歇尔·阿格列塔、美国经济学家拉左尼克和奥沙利文等认为,"股东价值"在企业诸多目标中占据支配性的地位,从而导致非金融公司在公司战略和投资决策中倾向于更多地注重公司资产的流动性和更多地涉足金融业务。

上述非金融企业行为日趋金融化说明金融与实体经济之间关系的颠倒。福斯特认为:"当泡沫出现在企业运行稳定的情况下,投机者可能不会产生什么危害。但是,一旦企业成为投机漩涡中的泡沫,情况就严重了。"全球性公司接管市场的出现,使公司董事会成员在很大程度上为金融资本所控制。到20世纪90年代,斯威齐评论道:"(公司)董事会的成员……在金融市场的全球网络中,很大程度上受金融资本的制约和控制"。因此,"真正的权力"不在"公司的董事会手上,而在金融市场"。这种"金融与实体之间颠倒的关系"是"理解全球(经济)新趋势的关键"。[①]

(4)全社会经济活动的重心转向金融。福斯特认为,从经济增长模式看,金融化是指"经济活动的重心从生产(乃至不断增长的服务部门)转向金融"。

按经验的方法,从宏观领域经济变迁的两种视角——就业、GDP在各产业的相对份额变化看,三大产业[制造业,金融、保险、房地产业(FIRE)和狭义服务业]是过去50年经济活动中产业结构的主要变化,金融服务成为最具吸引力的行业。克里普纳列举1950~2001年半个世纪以来,以现值美元计算的GDP在各产业的相对份额的变动情况,来说明经济活动中产业结构的主要变化。显示了战后阶段制造业的下降、服务业的巨大发展,也显示了金融、保险、房地产业的显著增长。这些数据可以为服务业、后工业主义、信息经济和金融化的发展提供解释。[②] 虽然作者更强调经济中利润产生来自何处的看法,但从经济活动重心转变的视角也说明整个社会经济结构的变化。

流通

流通领域包括商品与货币的流通,这里主要指货币资本、金融资本流通。现代经济生活中市场成为资源配置的决定性手段,各类市场充分发达,而在资本主义经济金融化发展中,金融市场的决定性作用凸显。金融部门日

---

① 〔美〕约翰·贝拉米·福斯特:《资本积累的金融化》,《国外理论动态》2011年第9期。
② 〔美〕格莱塔·R. 克里普纳:《美国经济的金融化》,《国外理论动态》2008年第6期。

第七章　中外学者剖析资本主义经济金融化

益脱离生产，自我膨胀，金融上层建筑成为支配生产以及统治整个社会经济的主导。

（1）金融部门日益脱离实体经济。大卫·科茨说，20世纪70年代伊始，相对于非金融领域而言，金融市场的交易变得频繁，利润也随之增加。全球日均外汇交易量从1973年的150亿美元，上涨至1980年的800亿美元和1995年的12600亿美元。1973年全球商品和服务贸易额占到外贸交易总额的15%，而这一数据在1995年则下滑为不到2%。这意味着货币交易的膨胀主要是用于金融交易，而不是国际商品和服务的购买。

金融部门不再像摩根时代那样控制非金融部门，而是独立于它们。金融化并不意味着金融部门对非金融部门的新统治，反而会加快金融部门与非金融部门的分离。[①]

（2）金融脱离生产自我循环，进行投机交易，以此获得巨额收益。2010年11月29日号美刊《纽约客》经济年鉴专栏发表了美国经济学家约翰·卡西迪题为"华尔街到底有什么用——投资银行家所为大多没有社会价值"的文章，描述了美国华尔街金融资本的基本运作状况，并指出为实体产业提供融资和咨询服务早已只占金融资本业务收益的微不足道的部分，金融资本的主体工作是投机性交易。

文章指出，过去20年中，股票、债券、货币、期货和其他有价证券衍生品交易量呈指数上升。就是在2008年金融危机后，金融机构经营的股票、债券、货币、期货和其他有价证券衍生品交易量仍然上升，金融机构仍然获得高利和高收入。[②]

（3）资本主义金融体系的赌场性质。福斯特说，在投机金融新时代，全球化竞争的先进的和纯粹的形式已经出现了，由新闻记者托马斯·弗里德曼所称的"电子游牧族"所统治，没有人对此有控制权。[③]

1986年出版、1997年再版的英国学者苏珊·斯特兰奇所著的《赌场资本主义》，把现今的资本主义金融体系比作一个大赌场。她说，与普通的我们远离的真正的赌场不同的是，它影响每一个人，使我们所有人都毫无选择地被卷入了每日的游戏中。一种货币的变化可能使农民在收割庄稼前就收入减半，或使出口商停业。利率上升可以导致店主库存费用致命上涨。基于财

---

① 〔美〕大卫·科茨：《金融化与新自由主义》，《国外理论动态》2011年第11期。
② 〔美〕约翰·卡西迪：《美国华尔街金融资本的基本运作状况》，《国外理论动态》2011年第10期。
③ 〔美〕约翰·贝拉米·福斯特：《21世纪资本主义的垄断和竞争》（上、下），《国外理论动态》2011年第9、10期。

政考虑的接管命令可能使工厂工人失业。从刚离开学校走上社会的年轻人到已退休的老人,在大型金融中心的办公区的赌场里发生的事情对每个人的生活都有突然的、无法预测的、不可避免的影响。①

(4) 各种新型金融工具破坏生产。金融在经济活动中不断增长的权重反映在银行、经纪人事务所、金融公司等机构的扩张上;还表现在利用各种新金融工具上,金融机构推出了期货、期权、衍生产品和对冲基金等新的金融工具。英国学者约翰娜·蒙哥马利指出:"全球市场中的金融工具不断推陈出新,这个过程被视为公司、银行、政府的赌博行为制度化。""金融与生产的脱节使生产更易受到金融投机活动的影响,其后果是无法估量的。对生产而言,不受管制的全球金融起到的主要作用是破坏。"②

(5) 金融机构运行对社会资产的剥蚀。约翰·卡西迪的文章透露:英国最高金融监管机构——金融服务局主席阿代尔·特纳曾认为在华尔街和其他金融中心发生的很多事"毫无社会价值"。特纳在一篇题为"银行是做什么的?"的文章中指出,某些金融行为能创造收益和利润,但没有任何实际价值,即只赚取了经济学家所指的租金。过去10年中,花旗成了金融误判、鲁莽放贷和巨额亏损的代名词。与其说这是资产建设,不如说是资产剥蚀。③

分配

(1) 资本家阶级之间剩余价值的分配更多地向金融倾斜。米歇尔·阿格列塔、拉左尼克和奥沙利文等认为,金融化对非金融企业的治理结构的重构,"股东价值"在企业诸多目标中占据支配性的地位,导致非金融公司在公司战略和收入分配方面倾向于更多地向股东分红。

对资金流量的实证分析表明,金融机构从非金融企业现金流中提取的份额日益增长。金融市场迫使非金融企业向金融机构返还越来越大的额度。非金融企业向金融市场的支付金额在20世纪50年代处于相对较低的水平,在60年代中期到70年代后期上升到大约占现金流量的30%。而1984~2000年(除了90年代早期经济处于衰退阶段的三年),非金融企业向金融中介机构的返还额度达到其资金流量的一半。以后这一比率从未低于50%。

---

① 〔英〕苏珊·斯特兰奇:《赌场资本主义》,李红梅译,社会科学文献出版社,2000。
② 〔英〕约翰娜·蒙哥马利:《全球金融体系、金融化和当代资本主义》,《国外理论动态》2012年第2期。
③ 〔美〕约翰·卡西迪:《美国华尔街金融资本的基本运作状况》,《国外理论动态》2011年第10期。

（2）企业内部分配：更多地挤压工人的工资福利。当企业逐渐减少实物投资、增加金融投资的时候，企业的分配结构也随之发生深刻的变化。首先，通过利息、红利等形式对金融市场和金融机构的支付增加了；其次，以股票、期权的形式，对管理者的支付也增加了。在劳动生产率一定的情况下，这些行为必然会导致工人失业，降低工人工资和福利水平。这加剧了收入不平等和工人实际工资水平长期停滞。

资料显示，近几十年来，也就是资本主义金融化以来，工人的实际工资水平呈下降趋势。美国生产性工人的实际工资在1972达到战后峰值，此后到1995年一直处于下降之中，迄今也没有恢复到峰值的水平。相形之下，首席执行官的收入在1982年是普通工人的42倍，2005年飙升到411倍。[1]

（3）收入差距明显拉大，贫富差距悬殊。在资本主义金融化条件下，金融市场的支配作用使财富的再分配向金融垄断资本集中。法国学者德洛奈认为货币和金融市场形成了一个提取和集中世界储蓄的体系，"确切地说，金融市场是进行控制的地方，它能够保证资本所有者的绩效最大化。"[2] 中国学者、河北师范大学的程新英说，货币和金融市场通过对货币的操纵进行着全球财富的再分配，将更多的财富聚敛到自己手中。这种活动具有很大程度的投机性，它没有创造任何物质性价值，却加速了财富向金融垄断资本的集中，使富的越富，穷的越穷，进一步加剧了民族国家内部和民族国家之间的贫富分化。[3]

消费

金融化的资本主义更加剧其食利性，形成更具剥削性的食利国家和食利者阶级。因而，其食利性达到史上最高程度。

另一重要特征是赤字性消费。福斯特在《资本积累的金融化》中用美联储资金流量和国家经济分析局的数字、图表表示，1975～2009年的34年中，美国私人借款净额远远超过私人固定投资净额。这一过程随着2007～2009年巨大的房产—金融泡沫的破裂以及借款和投资的暴跌而告终。[4]

---

[1] 〔美〕大卫·科茨：《资本主义的新自由主义体制危机》，《中国社会科学内部文稿》2009年第3期。

[2] 〔法〕让·克洛德·德洛奈：《全球化的金融垄断资本主义》，《国外理论动态》2005年第10期。

[3] 程新英：《资本的逻辑与当代社会发展困境》，《马克思主义研究》2006年第3期。

[4] 〔美〕约翰·贝拉米·福斯特：《资本积累的金融化》，《国外理论动态》2011年第9期。

20世纪80~90年代,与积累率持续降低、剥削率急剧提高、工资收入持续下降、收入分配显著恶化这些情况相反,消费率却未降低,反而实现增长。2000年之后,这个矛盾进一步发展。福斯特对此评论道:"尽管生产率和财富在1967年之后的几十年里有了巨大增长,美国私营非农业部门的工人在2006年的实际小时工资却只与1967年持平。2000~2007年,美国经济生产率的增长是2.2%,而平均小时工资的增长率是-0.1%。工资和薪酬支出占GDP的百分比,从1970年的约53%,急剧下降为2005年的约46%。然而就在同一时期,消费似乎完全不顾这种趋势,其占GDP的百分比从20世纪60年代早期的60%左右,上升到2007年的约70%。这种互相矛盾的发展之所以可能,正是由于家庭债务的大规模扩张以及家庭资产泡沫的最终出现,而后者的根源是家庭住房贷款的证券化,家庭资产泡沫的破灭是绝大多数劳动人口的家庭融资毁灭的不可避免的结果。"[①]

综合以上对资本主义生产全过程的金融化的分析,金融成为一国经济增长的主导,是企业利润的重要来源,金融资产自我膨胀以虚构的价值进行交易;全社会的分配向金融倾斜,在收入分配恶化的情况下,通过金融借贷的不断膨胀支持消费。那么是什么支持经济增长?我们认为,负债已成为资本主义的常态,吹起一个一个的泡沫,泡沫的破裂必然引发金融危机以及经济危机;在社会缺乏有效价值增长的情况下,垄断资本主义还要靠掠夺维系。因此负债、泡沫和掠夺成为金融化条件下的经济特征。

《每月评论》2008年12月号发表的约翰·贝拉米·福斯特和弗雷德·马格多夫题为"金融内爆与停滞趋势"的文章指出,美国金融行业债务在GDP中的比例在20世纪60~70年代开始上扬,经历了80年代的加速后在90年代中期迅速攀升;家庭债务在GDP中的比例从20世纪80年代开始上升然后在90年代进一步加速;美国联邦和地方政府的债务问题更为严重;将所有债务合并计算,全美债务总额在GDP中的比率从1959年的151%,令人震惊地上升到了2007年的373%。20世纪90年代末期,飙升的金融利润显然完全脱离了相对停滞的国民收入增长制约,成为一场杠杆倍率越来越大的游戏;只要债务处于安全的范围之内,这种放大的杠杆倍率就是金融业赚取巨额利润的魔杖。

整个经济日益依赖于一个接一个的金融泡沫。资本(通过企业和个人投资者)把剩余和储蓄注入金融,投机于资产价格的上涨。同时,金融机

---

① 〔美〕约翰·贝拉米·福斯特、罗伯特·麦克切斯尼:《垄断—金融资本与积累悖论》,《每月评论》2009年10月号。

构发明了容纳这种大量货币资本流入的新方式，通过各种各样的新奇的金融工具，例如衍生工具、期权、证券化等。通过增加借款的杠杆作用把经济的金融上层建筑不断推向更高的高度。结果就是累积如山的债务的产生外加金融利润的超常增长。

福斯特说："在垄断金融资本条件下，我们看到了积累悖论的激化。在马克思那著名的表述中，资本家有时想通过'M（货币）－M′（货币）'的方式无限地扩张其财富和价值，而不是通过'M－C（商品）－M′'的方式，想在生产剩余价值——也就是利润——的过程中，完全省略商品生产。这是经济体系日益非理性化的显著标志。"①

除了负债经济、泡沫经济，资本主义经济金融化更具剥夺性。比如用于劳动力再生产的工人的工资收入的金融化成为金融利润的重要来源。英国学者考斯达斯·拉帕维查斯在《金融化了的资本主义：危机和金融掠夺》一文中深刻分析了随着资本主义经济金融化，金融利润的来源发生的十分显著的变化——从工人和其他人的个人收入中直接榨取金融利润，被称为金融掠夺。②

从劳动力再生产的角度看，工人的劳动过程是资本家榨取其剩余价值、获得利润的唯一源泉。工人的工资收入是维持劳动力自身和其家庭成员子女的生活费用，而在金融化了的资本主义中，工人及其家庭成员的生存的正常条件越来越被卷入金融体系。劳动力的生产与再生产过程都成为金融资本获取利润的来源。住房、养老金、消费和教育领域均被卷入金融资本的运行中。

掠夺性经济、寄生性经济对广大的民众剥削和掠夺空前深重。正如大卫·哈维所说："信用体系现在已经成为……金融资本从其他人群中汲取财富的主要的现代杠杆。"

由于资本主义早已发展为世界性体系，金融化以及这种掠夺以在全球实现为前提和结果。

四 从新自由主义的全球泛滥考察金融化

（1）新自由主义成为资本主义经济金融化的理论意识形态。合肥工业

---

① 〔美〕约翰·贝拉米·福斯特、罗伯特·麦克切斯尼：《垄断金融资本、积累悖论与新自由主义本质》，《国外理论动态》2010年第1期。

② 〔英〕考斯达斯·拉帕维查斯：《金融化了的资本主义：危机和金融掠夺》，《政治经济学评论》2009年第1期。

大学人文经济学院副教授张才国认为，以新自由主义为指导的"华盛顿共识"大肆向广大发展中国家和社会主义国家全面渗透，严重侵蚀这些国家的经济独立和主权安全。许多国家在价值观念上向"西化"靠近。冷战结束后，社会主义运动暂时转入低潮。这时新自由主义不但成为一种标准的转型模式，而且成为巩固资本主义和平演变成果的重要手段。在这样的背景下，新自由主义由学术理论向政治化、意识形态化转变，成为资本主义向外输出的意识形态和制度价值。①

（2）新自由主义积累体制加剧阶级对立。福斯特和另一位美国学者罗伯特·麦克切斯尼把今天的新自由主义当局视为垄断金融资本的政治—政策搭档。它的目的是推动更加极端的剥削形式——既直接地推动也通过改造保险和养老体系来推动，保险和养老体系现在已成为金融权力的主要中心。因此，在"掠食国家"支持下实施的新自由主义的积累策略，无论在何处都意味着阶级斗争的激化，既有源于企业的阶级斗争，也有源于国家的阶级斗争。因此，新自由主义根本不仅是传统经济自由主义的复活，而且日益表现为全球规模的大资本、大政府和大金融的产物。②

（3）大卫·科茨认为新自由主义重构推动了几十年来的金融化进程，建立起新自由主义的社会积累结构。他指出，作为资本主义长期趋势的金融化，受到过战后社会积累结构的制约，在 20 世纪 70 年代末新自由主义开始重构时得到松绑。而一旦新自由主义积累结构建立起来，它就给金融化提供了有利的发展环境。

他提出了新自由主义社会积累结构理论，认为社会积累结构理论揭示了资本主义社会制度结构的阶段性变化。社会积累结构在这里被理解为一种内在、持久的资本主义制度结构，它刺激赢利并为资本积累提供一个框架。20 世纪 70 年代后期，一种新的社会积累结构在美国和英国初见雏形。新自由主义的社会积累结构在 20 世纪 80 年代早期完全建立起来，在 20 世纪 80 年代末得到强化。而此时东欧、苏联国家的社会主义制度已经瓦解，世界资本主义的体系日益增强。20 世纪 90 年代，英国工党和美国民主党上台执政，使这种社会积累结构在它的两个出生地日趋稳固。新自由主义的社会积累结构完全代替了战后积累结构。并且，它担负着重建全球资本

---

① 张才国：《新自由主义的意识形态本质：国际垄断资本主义的理论体系》，《科学社会主义》2008 年第 1 期。
② 〔美〕约翰·贝拉米·福斯特、罗伯特·麦克切斯尼：《垄断金融资本、积累悖论与新自由主义本质》，《国外理论动态》2010 年第 1 期。

第七章 中外学者剖析资本主义经济金融化

主义体系的主要任务。①

（4）对发展中国家和苏联、东欧国家的私有化、金融化。大卫·哈维说：对冲基金以及其他重要的金融资本机构作为掠夺性积累利刃的全部新机制开启。对公共资产的公司化和私有化，横扫整个世界的私有化浪潮，显示了新一波的"圈地运动"。②

美国激进的金融理论家迈克尔·赫德森说，金融资本大国利用自己的经济、军事和政治优势将外国尤其是发展中国家的经济金融化，廉价购买这些国家的垄断地段的地产，垄断的资源公司和公共设施如交通、供水、供电等。通过金融化的方式，再辅以其他手段，将其他国家尤其是发展中国家的大量利润转移到国内，是20世纪90年代的世界范围的"规模最大的一次财产转移"。③

波兰华沙大学经济学教授，后为美国西雅图市华盛顿大学经济学教授的卡齐米耶日耶·波兹南斯基，撰写了《全球化的负面影响——东欧国家的民族资本被剥夺》一书。书中说：东欧国家于20世纪90年代开始推行私有化的改革，结果遭受了比20世纪30年代的"大萧条"还要严重的打击。匈牙利、波兰国民生产总值损失20%，保加利亚和罗马尼亚下跌了40%。"大萧条"时期遭受打击最严重的德国和美国损失25%，但5年后都彻底恢复了。而10年过去了，东欧依旧不能恢复到1989~1990年的水平。他指出，东欧国家的私有化改革，并没有如设计的那样使它们走上"欧洲化"的道路，却意外地走上了一条"附庸资本主义"的道路。由于私有化，东欧国家的经济体系被托付给了外国人，同样，它们的政治制度也不能不如此。它们实际上走上了另一种意义上的"通往奴役之路"。

一些国家特别是苏联、东欧国家的私有化是资本主义金融化战略的一部分。迈克尔·赫德森在《金融帝国——美国金融霸权的来源和基础》中说：私有化的目的是"瓦解俄罗斯的工业力量。原苏联国家见证了它们的公有资产在无序的劫掠中被卖给了红色局长，以及其他内部人员，而他们一转手把主要股份卖给了西方买主"，"事实上重建的是一种租金资本主义"。④

---

① 〔美〕大卫·科茨：《金融化与新自由主义》，《国外理论动态》2011年第11期。
② 〔英〕大卫·哈维：《新帝国主义》，初立忠、沈晓雷译，社会科学文献出版社，2009，第120页。
③ 〔美〕迈克尔·赫德森：《金融帝国——美国金融霸权的来源和基础》，嵇飞等译，中央编译出版社，2008。
④ 〔美〕迈克尔·赫德森：《金融帝国——美国金融霸权的来源和基础》，嵇飞等译，中央编译出版社，2008。

2005年4月，作为这本书的续篇，迈克尔·赫德森出版了《全球分裂——美国统治世界的经济战略》。书中写道：新自由主义是对20世纪70年代以前第三世界建立国际经济新秩序努力的大逆转，它的实质是：美国利用自己的金融霸权在全球以金融手段摧毁第三世界国家自主发展的能力，并以金融手段接管这些国家，从而在全球重建以美国为中心的食利者经济。金融资本的特征是食利性、投机性和腐朽性，因此它大力推动的金融自由化不是为了促进真正的创新或发展。作者在这两部著作和他的《关于私有化的另类视角》中还指出，私有化主要是一种金融现象。私有化和经济金融化、全球化三位一体。结果是从1980年后开始负债的第三世界政府和1991年后的原苏联国家政府的公共资产被窃取。苏联主要是被西方的金融手段瓦解的。

（5）以美元霸权为主导的金融霸权。英国学者约翰娜·蒙哥马利认为，在描述当代资本主义新的特殊变化时，应认识到美英等发达国家以及大资本是金融化背后的权力推手。还应关注美国的全球霸主地位。美国金融市场的自由化和重大金融创新已经从根本上改变了金融在全球体系中的相对力量。此外，美元仍是全球交易的主导货币，美国政府仍然享受着独一无二的特权——向其他国家出售美元债务，把政府预算赤字外部化。①

赫德森在《金融帝国——美国金融霸权的来源和基础》中写到美联储与各国央行体制，其他国家的央行受制于美国以及国际货币基金组织，实施整改和调整，以维护以美元为主导的金融霸权机制。

大卫·哈维也在《新帝国主义》中写道："世界各国对美国财政的支持达到令人吃惊的地步，从2003年初开始，平均每天有23亿美元流入了美国……世界上任何其他国家都生活在由国际货币基金组织所强加的严格的经济紧缩和结构调整计划的宏观经济环境中。"他引用英国学者彼得·高恩在《华盛顿的全球赌博》中所言："华盛顿所拥有的操纵美元价格和利用华尔街国际金融支配权的能力，使美国政府可以不去做那些外国政府必须去做的事情：观测国际收支；调整国内经济以确保高储蓄率；观测公共和私人负债水平；建立有效的国内金融媒介体系以确保国内生产部门的强劲发展。"美国经济已经"摆脱了所有这些苦差事"。由此而产生的结果是"所有国民经济核算的正常指标已经遭到极大扭曲，并已不再稳定"。②

中国学者、北京大学教授林毅夫说，20世纪80年代以后，华尔街推动

---

① 〔英〕约翰娜·蒙哥马利：《全球金融体系、金融化和当代资本主义》，《国外理论动态》2012年第2期。

② 〔英〕大卫·哈维：《新帝国主义》，初立忠、沈晓雷译，社会科学文献出版社，2009，第60页。

各个国家金融自由化，实际上是允许热钱到其他国家进行短期套利。2000年发展中国家的资金流动，每年大概5000亿美元，到2007年增加到6万亿美元，大量的资金流向发展中国家，大部分都是短期套利，就是因为美元是储备货币，而且是低利率。美元到了发展中国家以后，在国内没有办法直接用，因此变成外汇储备又流回美国。大部分外汇储备用来买美国政府的公债。他还认为，现在国际上只看到发展中国家像中国的外汇流向美国，认为这是压低美国资金价格的原因。其实是因果倒置，是因为作为储备货币国的美国印了很多钞票压低了利率，造成了消费需求大量增加，经常账户赤字化，同时也鼓励了大量的短期投机资金外流。美元到了发展中国家以后，变成外汇储备又流回美国，并强调国际金融经济危机最主要的原因就在这里。[1]

中国学者、南京政治学院教授张煜运用列宁的帝国主义理论来剖析今天的美国霸权，认为美国霸权的经济实质是美元霸权。美元霸权推动美国经济，日益加深其寄生性和腐朽性。美国利用美元在国际货币体系中的优势地位，轻松地、疯狂地掠夺他国财富。美国还在应对金融危机中，使用货币贬值来转嫁自身危机，加重对世界各国的剥削。

他还认为，货币霸权绝非一个单纯的经济概念。没有强大的军事实力做后盾，美元霸权只能是镜花水月、一厢情愿。这就是美国在实体经济总体持续下滑的同时，始终保持军火工业遥遥领先世界的根本原因。今天，美国的经济总量仅相当于紧随其后的3~4个国家的经济总量之和，但其年度国防预算却超过全世界军费总预算的一半。他说，作为世界最大的军火商和银行家，美国基本就靠印钱和抢钱来统治世界了。[2]

总之，我们认为，金融霸权形成剥削世界的新模式，全球经济不平衡运转。从20世纪70年代起，欧美发达国家不断发展壮大以金融、服务为主的第三产业。把越来越多的制造业转移到国外。但资本主义发达国家仍然保有核心技术以及高端科技产业。他们首先利用发展中国家廉价的劳动力和资源，为垄断资本带来高于国内的高额利润；而后以廉价进口这些国家的日用消费品等产品，而以高价出口军工以及高技术产品，并吸引全球投资美国股市。发行美元的国际货币垄断支持这种经济结构的不平衡运转。

---

[1] 林毅夫：《全球经济纵横谈》，《科学发展》2013年第3期。
[2] 张煜：《战后美国霸权的经济实质及其未来——重读列宁〈帝国主义是资本主义的最高阶段〉的启示》，《南京政治学院学报》2011年第6期。

所有这些说明金融垄断资本主义成为当今时代新的"万能统治者"。较早发展起来的西方发达资本主义大国,依仗强势的经济、科技、军事力量,进入了金融经济为主导的发展阶段。他们掌控货币、金融工具,借以控制世界其他国家,凸显其掠夺性、寄生性。

而今天金融化的垄断资本主义对国内外的剥夺还以和平的方式为主。我们认为这正是新自由主义在全球泛滥的作用、危害所在。如大卫·哈维在《新帝国主义》中所言,垄断资本主义的发展经历了从领土逻辑到资本逻辑的转变。他说:"目前存在的很多证据表明,它们同样有可能被挑选用来作为某种工人阶级自愿形成而非强制形成的基础。"说的就是新自由主义金融制度下,金融手段、机制向劳动阶级推行时的情形。

金融垄断资本对国内外的剥夺,对其他国家的私有化、金融化,是通过金融手段进行的,进行和平演变,这一点,值得我们深入反思和高度警惕。

第二篇

国际金融危机与资本主义走向

第八章
危机中的美欧，"第三条道路"在回归

何秉孟[*]

摘 要 美欧危机表现有别，病因不同。美国金融危机的病根，是新自由主义模式，欧洲主权债务危机的爆发原因是社会民主主义＋社会市场经济体制综合征。从美欧实际采取的反危机措施看，是在试图既超越"右"，又超越"左"，回归十多年前克林顿、布莱尔等提出的"第三条道路"理念。美国采取"再工业化"；推进金融监管改革立法，去"金融自由化"；增加社会建设投资，推行医保改革；遏制两极分化加剧的势头。欧洲通过立法去"金融自由化"，加强金融监管；实施紧缩财政，削减社会投入。但曾中途夭折的"第三条道路"，很难拯救危机中的美欧。

关键词 美欧 危机 第三条道路

自 2007 年美国发生金融危机并波及全球、酿成国际性金融危机之后，至今已有 8 年。在这 8 年之中，美国和欧洲均出台了反危机措施。这些措施反映出深陷金融危机、主权债务危机和经济衰退的美欧资本主义的新动向。跟踪研究、分析这些新动向，我们似乎可以得出这样一个初步结论：美国和欧洲正在试图回归 20 世纪 90 年代美欧提出的"第三条道路"。

---

[*] 何秉孟，中国社会科学院学部主席团原秘书长，研究员。

一　美欧危机表现有别，病因不同

虽然总的来说，美欧危机都是资本主义的基本矛盾——生产社会化同生产资料私人占有的总爆发，但由于美国和欧洲的资本主义模式是有区别的，当前两者危机的表现形式也有差别：美国的资本主义模式是国际金融垄断资本主导的新自由主义模式，当前危机的主要表现形式是金融危机及由此引起的经济衰退；欧洲大陆的资本主义模式是社会民主主义＋社会市场经济模式，当前危机的主要表现形式是主权债务危机及由此引起的经济衰退。所以，美欧危机的爆发原因不同。

（一）美国金融危机的病根，是新自由主义模式

20 世纪 70 年代末之后，在美国共和党里根总统和大小布什政府的推动下，逐步营造了一个以新自由主义理论为指导的、代表国际金融资本垄断集团利益的新自由主义模式。这一模式的出现和形成，绝非里根、大小布什等的个人行为，而是同资本主义由国家垄断阶段向国际金融资本垄断阶段过渡相伴而行的。在这一过程中，美国的新自由主义资本主义模式逐步显现出同国家垄断资本主义既有某种联系、继承，又有显著差别的以下六大基本特征。

（1）经济加速金融化，金融资本由服务于实体经济蜕变为实体经济乃至整个经济、政治的主宰。

（2）金融虚拟化、泡沫化，在货币循环中通过五花八门的所谓"产品创新"、投机诈骗、高杠杆运作骗取高额回报。

（3）实体经济逐步空心化。近二三十年来，美国经济金融化、金融虚拟化、金融衍生产品泡沫化，仅仅是美国经济畸形发展的一个方面。美国经济畸形发展的另一个方面，是实体经济逐步萎缩、国民经济空心化。实体经济的主体制造业也就是第二产业在 GDP 中的比重，2007 年下降至 18%。进入 21 世纪后，IT 产业、飞机制造业、房地产、汽车行业先后遭重创，至此，美国这个庞然大物稍有竞争力的实体经济产业已经所剩无几了，扳起指头数了数，仅军工、石油、农业、医药而已！

（4）在所谓"效率优先"、实则"资本优先"的新自由主义政策主导下，加大对普通劳动者的掠夺，美国劳动大众日益贫困化。所谓"效率优先"，是一种经典的"劫贫济富"的政策，正是这一政策，导致美国社会的两极分化在近二三十年进一步加剧。

（5）美国经济乃至国家运行的基础债务化，美国民众靠借贷消费，美国企业和政府靠举债维持经营或运转，而国际金融垄断资本利用债券再次进行榨取和诈骗。

（6）金融资本流动、金融运作自由化。1981年笃信市场原教旨主义的里根就任美国总统后，迎合国际金融垄断资本的需要，推动金融自由化，放松金融监管，主持制定了一系列关于允许资本自由流动、商业银行和投资金融机构可以混业经营的法规、法律；同时，他任命狂热的市场原教旨主义者格林斯潘出任美联储主席，主持、推动金融自由化改革和所谓金融创新。1999年，美国政府正式废除20世纪30年代大萧条期间罗斯福当政时颁布的以规定商业银行与投资金融机构不得混业经营，以及加强金融监管等为主要内容的《格拉斯－斯蒂格尔法》，以允许混业经营、放松金融监管的《格雷姆－里奇－布利雷法》取而代之，结束了银行、证券、保险分业经营与监管的局面；2004年又推行投资金融机构自我监管计划，进一步打开了投资金融机构的高管们为获取高额利润和高额奖金，以金融创新的名义，用五花八门的金融衍生品，包括有毒产品去投资市场坑蒙拐骗的闸门，使大大小小在货币循环中凭借欺诈手段"圈钱"的金融巨鳄获得空前"解放"，孵化出了一批又一批麦道夫、斯坦福之流的超级金融骗子。

以上六个方面的基本特征，是以美国为代表的国际金融垄断资本主义的基本矛盾在运行中的基本表现。它反映在资本主义的国际金融资本垄断阶段，生产社会化同生产资料私人占有之间的矛盾在进一步发展，企业内部尤其是金融企业内部的有组织性、计划性同超越国界的全球的无政府状态间的矛盾空前尖锐，生产无限制扩大的趋势同劳动大众相对贫困导致有支付能力的社会购买力不足的矛盾在进一步激化，国际金融垄断资本的寄生性、腐朽性在日益加深。这一切表明，美国当前爆发这一场近百年来最严重的金融危机，并很快席卷全球，绝非偶然，是美国国际金融垄断资本的寄生性和腐朽性日益加深、国际金融垄断资本主义的基本矛盾日益激化的必然结果，标志着新自由主义模式的彻底破产。

（二）欧洲主权债务危机的爆发原因在于：社会民主主义＋社会市场经济体制综合征

在美国金融危机的冲击下，2009年底，希腊发生主权债务危机，紧接着，主权债务危机在欧元区普遍爆发，且五六年过去了，危机仍在欧洲大陆肆虐。在已经过去的五六年中，国际学术界对欧元区发生主权债务危机的原因进行了大量分析，先后提出了美国次贷危机波及论、美国评级机构推动论、欧元区制度缺陷论、高社会福利论等见解。应该说，这些见解，对于我们从不同角度认识欧洲主权债务危机发生的原因是有帮助的。但笔者认为，学术界，包括欧洲学术界对欧洲主权债务危机发生原因的分析，有两个方面被忽视了，这就是："和平演变"苏东的后遗症和西式民主制度的功能紊乱症。

所谓"和平演变"苏东的后遗症。毫无疑问，高福利制度不可持续。然而，我们都知道，欧洲诸国，包括被我们国内某些人极力推崇的瑞典，都是资本主义国家（瑞典人就反复申明，他们搞的是资本主义，而不是社会主义），怎么可能建设一个覆盖全民的"从摇篮到坟墓"的所谓高福利制度呢？回顾一下冷战历史，我们不难发现，个中原因在于，高福利制度是冷战期间出于对前苏东国家"和平演变"战略的需要。

众所周知，战后的一二十年，是资本主义发展的"黄金期"，但直到20世纪六七十年代，欧洲广大劳动人民并没有享受到经济发展的成果。所以，当时欧洲的工人阶级和劳苦大众为提高工资、改善劳动条件和生活质量而进行此起彼伏的斗争。以法国为例，直到1976年，劳资冲突仍达4400余次；而与此同时，以美国为首的北大西洋公约组织和以苏联为首的华沙条约组织之间的对峙局面加剧。正是在这种背景下，出于缓和国内阶级矛盾并对苏东国家进行"和平演变"的需要，欧洲诸国大致从70年代开始，加大了社会保障制度的建设，希冀借此建设一个对苏东国家人民具有吸引力的"人间天堂"。如法国，60年代刚刚开始在个体经营者中筹建社会保障，70年代开始在不同行业、地区和部门筹建统一的社会保障系统，1978年1月立法规定进一步在全国范围内普及社会保险，使每个人都能享受医疗和生育保险、退休保险、家庭补助三大社会保险。也就是说，到70年代末，所谓覆盖全社会的高福利制度才初具雏形。[①] 历史已经表明，欧洲这一战略还真灵，对80年代末90年代初苏东剧变，西方的"和平演变"战略起了重要作用。

但是，建设所谓的高福利制度，是要钱的。钱从何而来？在资本主义制度下，不可能通过提高资本所得税去筹集，只能靠发行国家债券以借新债还旧债这种"寅吃卯粮""吃子孙"的方式去筹集，从而推动欧洲诸国的主权债务持续攀升。因此，从一定意义上说，这是欧洲在冷战时期对原苏东国家进行"和平演变"战略的后遗症。

所谓西式民主制度功能紊乱症。通过选票决定执政党派和执政团队，本

---

① 参见吴国庆编著《列国志·法国》，社会科学文献出版社，2003，第260~261页。

意是为防止专制和独裁的一种制度设计。但随着资本主义的日趋腐朽，这种西式民主制度逐步异化为资产阶级内部的各利益集团争权夺利、攫取国家最高权力的另类"敲门砖"：每当换届选举时，参选的各利益集团的头面人物，为捞取选票，纷纷登台，竞相对选民许诺，开出为选民谋取福利的"空头支票"。如此循环往复，将选民对社会福利的胃口越吊越高，社会福利投资越来越多，国家主权债务负担越积越重，终致不可持续。至2010年，欧洲整体债务率已高达85%，远远超过国际公认的60%的安全线。可见，欧洲西式民主制度功能的紊乱，是欧元区诸国主权债务危机的一个重要推手。

清楚认识当前美欧危机表现形式的差别和危机形成原因的不同，对于我们研究美欧治理危机的措施及其走向是十分重要的。

二 美欧反危机措施：从不同方向回归"第三条道路"

2007年爆发的国际金融危机，美欧是重灾区。由于美国和欧洲危机的表现形式和酿成危机的原因不同，几年来，美国政府和欧盟出台的治理危机的措施也有差别。

（一）奥巴马政府试图拉开同新自由主义模式的距离

美国金融危机的发生，标志着新自由主义模式的破产。危机发生后，受伤害最为深重的中下层愤怒地走上街头，声讨新自由主义的贪婪和残暴，代表99%的民众的"占领华尔街"运动生动地表明了这一点。从党派政治的传统看，美国民主党一般较为倾向自由主义，而共和党较为倾向保守主义。在20世纪30年代的大萧条期间，民主党总统罗斯福推行以凯恩斯主义为主导的"新政"，被称为美国现代自由主义的典范，使民主党在理念和传统感情上对批判凯恩斯主义的新自由主义保持一定距离；而新自由主义之所以能够在80年代初登上美国主流经济学宝座，得益于共和党总统里根的大力扶持，也因此而使共和党得以连续执政12年，使共和党与新自由主义之间有太多的利害与感情瓜葛。所以，2008年民主党的奥巴马胜选登上总统宝座后，陆续推出了一系列同新自由主义拉开距离甚至抵制新自由主义的治理危机措施。归纳起来，主要有四个方面。

其一，"再工业化"。针对代表美国国际金融资本利益的新自由主义模式所形成的美国经济"空心化"，奥巴马2009年上任不久，便将"再工业化"作为反危机的重要战略选择提了出来。在第一任内，奥巴马政府先后推出"买美国货""制造业促进法案""五年出口翻番目标"政策和部署，其中期目标是重振美国制造业、实体产业，促进就业，走出危机；长远目标是重新占领制造业、第二产业高地，维持美国超级经济体地位。

其二，推进金融监管改革立法，去"金融自由化"。奥巴马上任后，在查处打击金融诈骗的同时，积极推动金融监管改革。2010年7月15日，美国参议院通过了以"沃尔克法则"为核心的金融监管改革法案，2010年7月21日，奥巴马签署了这一法案。这一以"沃尔克法则"为核心内容的金融监管改革法案，围绕加强金融监管、金融交易去高杠杆化和消费者金融保护等问题，做出了诸多规定，如：限制银行和金融控制公司的自营交易；限制银行拥有或投资私募股权基金和对冲基金，其投资总额不得超过银行一级核心资本的3%；禁止银行做空或做多其销售给客户的金融产品等。这些规定、限制措施的核心在于，降低金融机构的杠杆率，去高杠杆率，杜绝金融绝对自由化，限制其风险敞口，使其难以成为在2008年危机中破产的雷曼兄弟公司及濒临破产的美国国际集团（AIG）那样的金融"巨无霸"，从根本上杜绝"太大而不能倒"局面的出现。所以，这一法案，实际上是对1999年由格林斯潘主持炮制、美国政府颁布的允许金融机构自营交易、取消金融监管、正式承认金融自由化的《格雷姆－里奇－布利雷法》的否定。从金融立法的角度看，这一立法的意义似不应被低估；但能否实施，尚需拭目以待！

其三，增加社会建设投资，推行医保改革。直至国际金融危机发生前，美国是世界上唯一没有实行全民医保的发达国家，在其已有的医保体制内还存在许多弊端。2009年2月17日，奥巴马上台伊始，即签署了"经济复苏和再投资法案"，提出了政府加大财政对卫生事业的投入，以推进卫生保健计划。根据这一法案所拟定的"医改法案"几经周折后于2009年12月25日被参议院以60票:39票通过，其主要目标是，扩大医保覆盖面，将没有医疗保障的、占全美人口15%的处于最底层的4000多万人纳入医保体系。该"法案"规定，联邦政府对困难群体提供适当医疗补助，规模较大的公司必须为雇员提供医保，医保系统应控制成本，降低医生收费标准，减少联邦老人补充医疗保险的支付等。

其四，遏制两极分化加剧的势头。在供给学派等新自由主义学派"资本优先"理论的主导下，近30年来，美国贫富差距急剧拉大，两极分化日趋严重。据美国学者调查，当前，处于贫困线以下的人口已超过美国总人口的1/3。所以，当"占领华尔街"的"占领运动"呼喊出"代表99%"的口号时，马上得到广大民众认同！"占领运动"转瞬间波及美国上百个城市。这表明，美国的阶级矛盾与阶级对立，已势同水火！奥巴马政府上台后，为应对危机并缓和国内阶级矛盾，在改善民生方面出台了一些措施，除了前面已经提及的推进医保改革外，还主要有以下三项。

（1）创造就业岗位，降低失业率。2000～2008年，美国的失业率处于可接受范围的4%～6%，2009年失业率蹿升至9.3%，2010年更是高达9.6%。[①] 奥巴马2009年就任总统后，最紧迫的课题是降低失业率，除通过"再工业化"创造就业岗位外，还敦促国会创办了45个创新产业中心，增加就业岗位。

（2）减轻国内中小企业税收，简化征收程序，将工作岗位留在国内，增加就业机会，并采取措施保证每个公司员工的工资按时发放。

（3）提高最低工资标准。通过提高最低工资水平，为美国1500万工人增加了收入，处于贫困线之下的最低收入者的家庭年薪增加3500美元。

从上可见，奥巴马推出的治理危机的措施，虽然没有明确提出要抛弃新自由主义模式，但其试图将美国的新自由主义这种极右、极野蛮的社会经济模式自右向左做一些调整，这一点是显而易见的。

（二）欧洲反危机措施：左右出击，两面作战

我们在前面已经指出，欧洲危机的原因较为复杂，既有本身制度缺陷方面的原因，也有美国的以"金融自由化"为核心的新自由主义金融模式推动的金融危机波及的因素。所以在经过激烈辩论之后，欧洲推出的反危机措施，明显地呈现出左右出击、两面作战的特点：既抵制右的新自由主义金融模式的金融自由化，又试图抛弃传统社会民主主义中的亲近劳动者的理念。最突出地体现在以下两个方面。

其一是，通过立法去"金融自由化"，加强金融监管。2009年欧洲爆发主权债务危机、金融危机、经济衰退后，欧盟、欧洲央行及欧洲诸国针对处于混乱中的金融系统推出了一系列治理措施，如：欧洲央行购买欧元区成员国国债，以降低重债国融资成本，防止债务危机迅速蔓延；2012年8月，法国开征金融交易税，以缓冲金融投机；2013年3月，欧盟推出银行高管"限薪令"，限制高管奖金，规定奖金与工资的比例上限为1∶1（在美国工资收入仅占总收入的25%，有的仅占5%），以遏制银行从业人员为获得高额奖金从事高风险的行为；2013年12月初，欧盟对违规操作以牟取暴利的八大金融机构重罚17.12亿欧元；等等。所有这些措施，都是从不同角度对

---

① 参见黄平《美国的力量变化：十年来的一些轨迹》，《中国党政干部论坛》2012年第4期。

"金融自由化"进行遏制。最具根本性意义的措施，还在于以下三项立法：①2012年10月18日，欧盟峰会通过"单一银行监管机制"，加强对银行的监管。②欧盟2014年1月29日公布"大银行改革计划"，禁止银行自营交易，赋予监管当局相应权力，将银行具有风险的交易活动与相对安全的放贷活动隔离开来。③2014年4月15日，欧洲议会通过三个法案，规定由各国银行出资组建总额达5500亿欧元的共同基金——"欧洲银行业联盟"，专门应对金融危机，以便一旦有银行濒临倒闭时就出手救援，防止金融危机发生。以上这些立法、措施，无疑是对极右的新自由主义主张的金融自由化的一种制约。

其二是，实施紧缩财政，削减社会投入，剥夺普通百姓已经获得的某些经济社会权益。希腊发生主权债务危机，欧洲诸国对此都十分敏感，这是由于欧洲国家的债务率普遍过高。比如：德国的主权债务同GDP的比率为83%，法国为83%，西班牙为68.5%，英国为76%，葡萄牙为93%，爱尔兰为95%，冰岛为123%，希腊为143%，欧洲平均债务率为86%，均大大超过国际公认的60%安全线。面对这种局面，最直接、最简单的治理办法当然是降低债务率。但如何才能降低呢？在前台领衔应对欧洲主权债务危机的国际"三驾马车"推出的主要措施是：实行财政紧缩，大幅削减社会投入。

由于一批重债国大量债务到期，主权债务危机导致融资成本飙升（债务市场融资成本高达20%左右），仅靠自己根本无力还债，势必造成债务违约、国家破产。为避免国家破产，只能申请国际货币基金组织和欧洲央行贷款救援。这时，"三驾马车"为贯彻其既定方针，提出了极其苛刻的财政紧缩条件。以希腊为例。

希腊危机爆发时（2009年），主权债务总额达4500亿欧元，相当于GDP的143%（一说160%）。"三驾马车"对希腊实施了两轮救援。第一轮救援于2010年10月启动，提供贷款1100亿欧元，前期拨款704亿欧元，条件是希腊保证在2010～2013年削减赤字300亿欧元。第二轮救援于2012年2月启动，提供1300亿欧元贷款，条件较第一轮更为苛刻，希腊保证到2020年将债务率减至120%；此外，还要求：到2015年裁减15万公务员（尽管希腊宪法禁止政府解雇公务员），将当时每月751欧元的最低工资水平降低22%，私营公司也必须相应大幅削减工人工资，持有希腊主权债务者将债务减至53.5%，同时降低债券利率，债券缩水约70%，等等。可见，紧缩措施的真正受损者是普通老百姓。

"三驾马车"不仅对希腊如此，对欧洲其他需要救援的重灾、重债国也

第八章 危机中的美欧,"第三条道路"在回归

如此。以西班牙为例。

西班牙危机的表现不同于希腊,倒有点类似于2007年美国的次贷危机。西班牙是欧元区第四大经济体,2011年债务总额为7350亿欧元,占GDP的68.5%,尽管也突破了60%的安全线,但是欧元区债务率是较低的。西班牙陷入危机,主要原因并非债务,而是房地产泡沫破灭。近一二十年来,西班牙房地产业大发展,在这一过程中,银行系统受新自由主义金融自由化误导,疏于监管,为谋取暴利和高额奖金,高管们违规发放贷款,不仅将房地产泡沫越吹越大,而且导致银行系统所持有的建筑和房地产部门的贷款债务越来越多,高达4000亿欧元,相当于西班牙GDP的40%。国际金融危机和欧洲主权债务危机发生后,房屋销售大幅下降,房价暴跌,银行持有的贷款抵押物急剧贬值,银行巨额亏损,酿成金融危机;紧接着,连续五年经济衰退。为应对危机,西班牙政府在提高增值税率以增加财政收入的同时,同样是实施严厉的财政紧缩政策,剥夺广大民众已经获得的经济社会权益,如:大幅削减社会投入,压缩社会福利支出,降低包括公务员在内的雇员的工资,冻结养老金,停发失业救济,取消新生儿补贴,等等;甚至在2012年12月出台一项新法律,将民事诉讼的收费提高几倍。如关于一起交通罚款单的诉讼,罚款单金额为200欧元,但新法规定诉讼费加律师费却高达七八百欧元,即便胜诉也不划算。因此,穷人只能忍受欺凌;就算法律是公正的,穷人也只能"望法兴叹"了!

从对欧洲,特别是希腊和西班牙实施的治理危机措施的分析中我们可以看到,通过立法推进金融体制改革,抵制金融自由化,加强金融监管,主要由欧盟、欧洲央行主导;而实施财政紧缩方针,则是由国际货币基金组织、欧盟、欧洲央行这"三驾马车"主导,有关国家政府被动组织实施。推进金融改革、加强金融监管、去"金融自由化",明显具有针对极右的新自由主义模式的意味;而实行紧缩财政,削减社会建设和福利医保投资,则明显具有"劫贫救债"、剥夺普通百姓业已获得的部分经济社会权益的性质。

如果将欧洲的反危机措施和美国奥巴马政府出台的危机治理措施进行对比分析,我们还会发现,美国和欧洲诸国虽然都是资本主义国家,但其经济社会乃至政治背景还是有所区别的:正如我们在前面已经指出的,美国的新自由主义模式,代表国际金融垄断资本集团的利益,是极端贪婪、腐朽、野蛮的极右的资本主义;欧洲(英国除外)大陆的社会经济制度,是以政治上的社会民主主义、经济上的社会市场经济理念为主导构建的一种改良型的资本主义制度。美国总统奥巴马为治理危机所推出的一系列措施,且不论这些措施的效果如何,其意图似乎主要集中在两个方面:第一是去"金融自

由化"，去金融交易高杠杆化，加强金融监管；第二是加大财政对社会事业、医疗保险的投入，创造就业岗位，提高贫困群体收入，以遏制新自由主义模式所造成的美国社会两极分化急剧扩大的趋势。这在一定程度上表明，当前奥巴马出台的危机治理措施，是试图将美国的极右、极野蛮的新自由主义模式，向"左"也即欧洲的"社会民主主义＋社会市场经济"模式做出一些调整或改革。而欧洲出台的危机治理措施，则明显具有既抵制来自右的新自由主义思潮的影响，又具有告别国际社会党（工党）"左"的传统、向美英新自由主义靠拢的意味。也就是我们所说的，危机中的美欧，正在试图从不同方向回归"第三条道路"。

三 中途夭折的"第三条道路"，很难拯救危机中的美欧

所谓"第三条道路"，不是我国一些人所曾经臆想的那样，是介于社会主义与资本主义之间的一条道路。它是20世纪90年代中期由美国总统克林顿、英国工党首相布莱尔、德国社会民主党总理施罗德三人在一起捣鼓、提出的带有一点改革、修正或调整意味的施政理念；具体说，是美欧发达资本主义国家的所谓左翼政党，面对国内阶级结构的变化——随着现代化的推进，产业工人阶级人数下降，中间阶层人数上升——为争取中间阶层为代表的中间选民而提出的一种策略性口号。在美欧的政治谱系中，国际社会党（包括工党、民主党）被视为左翼政党，保守党、共和党等党派通常被视为右翼政党，坚持社会主义、共产主义的共产党则被视为极左党派。所谓走"第三条道路"，站在克林顿的角度，就意味着对美国当时已初步建成的新自由主义模式做出向"左"，也即向欧洲"社会民主主义＋社会市场经济"模式靠拢的调整、改革；站在布莱尔、施罗德的角度，就是吸收新自由主义的某些理念，修正工党和社会党的"社会民主主义＋社会市场经济"传统理念所主张的公正、公平等，走一条介于美英新自由主义模式和欧洲大陆"社会民主主义＋社会市场经济"模式之间的道路，用英国学者、布莱尔的顾问吉登斯的话说，就是"超越'左'与'右'"（吉登斯著有专著《超越左与右》）。

20世纪90年代中期，"第三条道路"在欧洲媒体上曾一度十分抢眼；21世纪初，开始在我国学界、思想界被热议。2004年我曾专门就此赴英国考察，同剑桥大学、伦敦经济学院等十来所大学、研究机构的学者座谈，参加座谈的学者几乎不约而同地对"第三条道路"做了我在前面所介绍的说明。此外，在访问座谈中，我们还得到一个强烈印象，就是"第三条道路"

第八章 危机中的美欧，"第三条道路"在回归

这一理念半途夭折了。20世纪90年代，克林顿、布莱尔、施罗德先后在美、英、德胜选，但他们上台后，谁都没有认真实践过这一理念。比如，1993年克林顿就任美国总统后，曾提出扩大医疗保险覆盖面的法案，兑现其竞选时许下的为最贫困群体谋福利的诺言，试图挑战一下新自由主义模式，但新自由主义当时在美国势头正盛，克林顿的医保法案"胎死腹中"，此后，在践行"第三条道路"方面，克林顿就没有什么动静了——或许，他当初鼓吹这一理念，本来就没有准备践行，只是为了捞取选票而已。再如布莱尔，当初曾声称要用"第三条道路"理念改造工党、建设"新工党"，但从其施政实践看，原本要"超越左和右"、走中间道路的布莱尔，超越了"左"，但未能走中间的"第三条道路"，而是归顺了"右"，成了撒切尔夫人的"政治遗产"。正如爱丁堡大学教授拉塞尔·基特、伦敦经济学院教授克里斯·布劳恩等所说，"早期'第三条道路'提出的时候，这一理论看来试图要有别于美国新自由主义模式，它努力把美国新自由主义模式的一些优点同社会民主主义的一些价值结合起来"。在布莱尔的执政实践中，确实"吸收了右翼政党的许多政策和理念，比如重视市场的力量和作用，强调个人的社会责任……主张家庭发挥更大作用，穷人要为自己的贫困承担责任"等，但这一切，都是针对有关公平、公正理念及社会福利保障制度的，而不是"充分地关注贫困和经济差距这样的基本问题，诸如收入和财富的差距，致使"社会民主主义的价值越来越淡化了，因而'第三条道路'也就不再是一种同美国的资本主义模式不同的道路了"，当初"许多人都期望工党政府将会越来越远离美国的资本主义模式，此前的保守党政府就推行这种新自由主义的模式。但是实际情况让这些工党支持者大失所望。工党政府还是继续坚持推行美国的资本主义模式，并努力将其推广到整个欧盟地区"。[①] 大概也正是由于以上原因，布莱尔被批评为"新世纪第一个保守党的首相"，当2004年我们去英国考察时，"第三条道路"已经从人们的视线中淡出了。

国际金融危机发生后，新自由主义成了过街老鼠。大环境虽同世纪之交有所不同，但必须看到，在美国，新自由主义的根基仍异常牢固，其影响仍非常大，尤其是其阶级基础——国际金融资本垄断集团在这场危机中不仅没有损伤，从财富占有的角度观察，其实力还在增长。据美国智库发布的2013年报告称：美国5%最富的和20%最穷的收入差距达到1967年监测以

---

① 参见何秉孟、姜辉《阶级结构与第三条道路——与英国学者对话实录》，社会科学文献出版社，2005，第201、202、48页。

来的最大值；2009～2012年，最富的1%的人攫取了美国新增财富的95%。今天的美国，华尔街的势力、影响力已经渗透进美国社会的方方面面，可以说是无所不在。所以，哪怕是对新自由主义模式稍做改良，奥巴马也会步履维艰：奥巴马政府提出的旨在加强金融监管、限制自营交易的以"沃尔克法则"为核心的《多德—弗兰克法案》，虽几经波折于2010年通过，但其实施遇到了华尔街的顽强抵抗。据英国《每日电讯报》网站2012年3月报道：华尔街指责该法案过于复杂，它所带来的不确定性阻碍了银行对更广泛经济领域的贷款，在最后期限后也无法实施。这迫使美财政部长盖特纳不得不站了出来，批评华尔街患了"健忘症"。为遏制新自由主义模式所造成的美国社会两极分化急剧扩大的趋势，奥巴马决定将美国联邦最低工资从目前的每小时7.25美元上调至10.10美元，美国国会预算办公室立即发布质疑报告，共和党也紧跟着对奥巴马提高最低工资的计划提出批评。奥巴马政府实施扩张财政，加大社会投入，共和党紧跟着便一而再再而三地制造财政悬崖，逼迫奥巴马退却，否则政府就得断炊关门。奥巴马效法克林顿提出医保法案，虽较克林顿幸运——获得众参两院通过，并于2010年3月23日由奥巴马签署，但其后批评不绝、争议不断，为保中期选举，奥巴马不得不丢卒保车，让推动医改立法的卫生部长凯瑟琳·西贝利厄斯辞职。尤其令奥巴马尴尬的是，就在2014年美国国庆期间，美国昆尼皮亚克大学调查中心的民调显示，奥巴马获评二战后美国"最差总统"！看来，奥巴马效法克林顿，试图让美国走一条既超越新自由主义模式之"右"，又超越欧洲"社会民主主义＋社会市场经济"模式之"左"的"第三条道路"，是前途不妙、凶多吉少了！

　　至于欧洲，在抵制新自由主义金融自由化干扰的同时，大幅度将社会民主主义和社会市场经济等传统理念向"右"修正，实施紧缩财政，削减社会投入，剥夺广大中下层群体已经争得的某些经济社会保障权益，已经造成2009年以来连续两次经济衰退（至今仍深陷第二次衰退之中），失业率迅速攀升，贫困群体急剧增加，社会动荡乃至动乱加剧等严重的社会经济问题。工人阶级和劳动群众对欧盟的反危机紧缩措施的不满，已经引发政治地震：在2014年5月底结束的欧洲议会选举中，欧洲各国反欧盟情绪大宣泄，一是抵制选举，投票率低至43.09%，与历史最低的43%持平；二是参加投票的选民，特别是大批失业的年轻人，将选票投给了反财政紧缩的政党，致使"反欧盟"的"极右翼政党"大获全胜。这一政治地震，引起欧洲各种政治势力的不同解读。如法国社会党总统奥朗德说："对于选举失利深感痛苦，但欧盟不能对这种痛苦只是耸耸肩表示遗憾，希望欧盟改变方针，把重点放在欧盟的成长、就业与投资上，而非财政紧缩政策。"英国首相卡梅伦说：

第八章 危机中的美欧,"第三条道路"在回归

"布鲁塞尔需要改变,不能再颐指气使。"但被称为"紧缩铁娘子"的德国总理默克尔对此未必认同。在可以预见的将来,欧洲各种势力仍将围绕如何治理主权债务危机而争吵、较量。

所以,结论是,"第三条道路"理念十多年前夭折了;当下,欧美当政者虽然谁也没有提出用"第三条道路"理念治理美欧危机,但从美欧实际采取的反危机措施看,是在试图既超越"右",又超越"左",回归十多年前克林顿、布莱尔等提出的"第三条道路"理念。可以肯定,其结果不会比十多年前好多少,美欧要从危机中走出来,至少还需要三五年。

第九章
国际金融经济危机与资本主义向何处去
——一个阶级分析的视角

朱安东　蔡万焕[*]

摘　要　理论界对当前国际金融经济危机已做了大量富有成果的讨论,但从阶级分析角度出发进行研究的文献相对较少。本文试图利用马克思主义的阶级分析方法,通过分析危机前后资本主义国家阶级结构的新变化,为我们认识危机后资本主义制度的发展趋势提供一个新视角。文章认为,危机前的阶级结构是:以金融资本家为代表的资本家阶级力量膨胀,劳工力量被削弱,中产阶级被挤压;危机后的阶级机构是:金融资本家未受实质打击,力量继续膨胀,中产阶级继续萎缩,民众在觉醒,劳工力量在壮大,但是没有形成实质性的挑战资本的力量。基于以上阶级分析,西方资本主义国家短期内不会走二战后的社会民主主义之路,大资本将进一步右转,但是超越资本主义是历史的大趋势,社会主义运动将最终壮大。

关键词　国际金融经济危机　阶级分析　阶级结构　发展趋势

作为自 20 世纪 30 年代"大萧条"以来最严重的经济危机,此次国际金融经济危机自 2008 年持续至今,仍未完全走出泥潭。那么,此次国际金融经济危机是否能得到解决?将在何时以何种方式得到解决?资本主义将向

---

[*] 朱安东,清华大学马克思主义学院副教授;蔡万焕,清华大学马克思主义学院讲师。

何处去？本文试图利用马克思主义的阶级分析方法，通过分析危机前后资本主义国家阶级结构的新变化，为我们认识危机后资本主义制度的发展趋势提供一个新视角。

一　引言：阶级分析的重要性

从马克思主义经济学角度来看，此次国际金融经济危机的根源仍然在于资本主义制度的基本矛盾。20世纪70年代以来新自由主义的推行，导致劳工力量被打压、贫富差距拉大、经济金融化、世界经济结构性矛盾突出、全球产能过剩等一系列问题，加剧和激化了矛盾。[①] 此次危机造成的冲击如此之强、持续时间如此之长及影响范围如此之大，以致2012年达沃斯论坛的第一场活动主题就是"资本主义大辩论"，现场将近一半人认为，资本主义无法应对21世纪。[②] 曾鼓吹人类历史终结于资本主义的弗朗西斯·福山（Francis Fukuyama）面对陷入泥潭的资本主义制度，也不得不承认日益加剧的不平等对资本主义的基础构成了挑战。[③] 关于此次危机是否预示资本主义制度的结束，西方国家经济社会将发生何种变化，资本主义制度的发展趋势如何，理论界主要分为两种观点：一种观点认为资本主义不会灭亡，而是将在资本主义制度范围内进行调整；另一种观点则认为资本主义将被新的社会形态所取代。

在持前一种观点的学者中，理查德·珀默弗雷特（Richard Pomfret）认为，历次危机都可以通过金融市场调整和严格的宏观经济政策得到缓解，这次也不例外，政策调整是资本主义制度进化的一个部分，而非资本主义的衰亡。[④] 杰拉德·杜梅尼尔和多米尼克·列维（Gérard Duménil and Dominique Lévy）认为，资本主义的新自由主义模式失败后，资本主义发展有三种可能的方向，但工人运动兴起的"中左"路线和极右的军国主义路线可能性较小，最具可能的是所谓"新大公司资本主义"，即美国金融资本家为获得既得利益不会采取有利于工人阶级的改革措施，那些原来积极鼓吹新自由主义

[①] 朱安东、蔡万焕：《新自由主义泛滥的恶果》，《红旗文稿》2012年第11期。
[②] 《质疑资本主义在西方集中爆发，争论哪种模式可取》，新华网，2012年1月30日，http://news.xinhuanet.com/world/2012-01/30/c_122629711.htm。
[③] 《病了的西方：各界名流开始反思资本主义》，新华网，2012年2月11日，http://news.xinhuanet.com/2012-02/11/c_111512355.htm。
[④] Richard Pomfret, "The Financial Sector and the Future of Capitalism", *Economic Systems*, 2010 (34): 22-37.

和"小政府"模式的人,现在摇身一变转而支持"公司资本主义"模式,即主要由大银行家和大资本家通过政府来管制和管理整个经济,以继续维持大资本的利益,他们称之为"中右"路线。①

在持后一种观点的学者中,大卫·科兹(David M. Kotz)认为,此次危机为左派在未来几年内组织起来并寻找资本主义的现实替代提供了机会。② 乔万尼·阿瑞吉(Giovani Arrighi)认为,中国独立于美国和欧洲之外的发展道路为资本主义制度提供了一种替代。③ 西米娜·德·拉·巴拉(Ximena de la Barra)认为,全球权力中心正在经历的危机以及资本主义内在的,尤其是环境和人的发展等结构性矛盾正在促生联盟,导致为后资本主义的选择、多元化及与自然和谐发展而斗争的运动正在拉美兴起,他称之为"21世纪的社会主义"。④ 李民骐认为全球阶级斗争的发展程度与此次资本主义危机的前景高度相关,全球阶级斗争存在三种可能的结果:资本主义制度体系得以成功调整,全球经济继续由为利润而生产和无止境的积累主导;资本主义世界体系被推翻;全球阶级斗争为一个新的全球体系做好准备,这个体系将建立在生产可持续性和为全人类的基本需要而生产的基础上。⑤

理论界对此次国际金融经济危机的分析已深入了资本主义制度本身,对危机的根源、发生机制、特点和发展趋势做了大量富有成果的讨论,但从阶级分析角度出发进行研究的文献相对较少。本文试图利用马克思主义的阶级分析方法,通过分析危机前后资本主义国家阶级结构的新变化,为我们认识危机后资本主义制度的发展趋势提供一个新视角。

阶级分析方法是马克思主义经济学的重要分析方法。以是否通过拥有生产资料而占有他人的劳动作为阶级划分的科学依据,是马克思在《资本论》第三卷最后一章得出的《资本论》三卷的结论。资本主义经济中,资本家阶级和工人阶级是与资本主义生产方式相适应的产物,阶级的存在必然导致阶级斗争,资本主义经济关系内部矛盾发展的必然结果就是以阶级斗争的方式解决这一矛盾,从而推动人类社会的进步。因此,在这个意义上讲,"至

---

① Gérard Duménil, Dominique Lévy, *The Crisis of Neoliberalism*, Massachusetts: Harvard University Press, 2011.
② David M. Kotz, "The Final Conflict: What Can Cause a System-Threatening Crisis of Capitalism?" *Science & Society*, Vol. 74, No. 3, July 2010, pp. 362 – 379.
③ 乔万尼·阿瑞吉:《亚当·斯密在北京》,社会科学文献出版社,2009。
④ Ximena de la Barra, "Sacrificing Neoliberalism to Save Capitalism: Latin America Resists and Offers", *Critical Sociology*, 2010, 36 (5): 635 – 666.
⑤ Minqi Li, "The End of the 'End of History': The Structural Crisis of Capitalism and the Fate of Humanity", *Science & Society*, Vol. 74, No. 3, July 2010, pp. 290 – 305.

今一切社会的历史都是阶级斗争的历史"。①

阶级分析也是正确认识资本主义社会问题的重要视角。此次国际金融经济危机的根源，就在于工人阶级相对狭小的消费能力与生产不断扩大、财富日益向资本家阶级集中的基本矛盾，而规模庞大的消费信贷最终也无法彻底解决这一问题。没有阶级分析，就无法认识危机的原因，从而也无法给出解决危机的有效方法。西方国家政府根据主流经济学开出的药方推行了一系列经济刺激计划，包括注资救市、减税、削减社会公共支出等，不仅收效甚微，还导致阶级矛盾的进一步激化。2011 年持续数月的"占领华尔街"运动和 2012 年声势浩大的欧洲大罢工再一次表明，无视阶级分化及阶级矛盾，许多经济社会问题就找不到答案，政府出台的经济社会政策不但可能是徒劳的，更可能是适得其反的。

二　20 世纪 70 年代至危机爆发前资本主义国家阶级结构变化

二战结束后，主要发达资本主义国家经历了一段较快的经济增长时期，阶级矛盾相对缓和，从而带来了世界资本主义经济增长的所谓"黄金时代"。这与各国采取了一系列社会民主主义政策有关，因为战后资本主义国家面临以苏联为首的社会主义集团在意识形态上的威胁，同时也与自由资本主义声名狼藉以及参加战争打败法西斯的大众要求分享更多政治经济权利有关。②

在"黄金时代"，西方国家政府政策制定的经济学指导思想是凯恩斯主义，凯恩斯主义政策的目标之一，是保持失业率长期处于较低水平。在"黄金时代"，这个目标在发达资本主义国家基本上达到了。正是在这种情况下，工人争取更高工资的期望和能力都得到了加强，工人的实际工资水平的上升速度也比较快，一度超过劳动生产率的上升速度，导致了利润挤压，使资本主义经济发展出现了利润榨取的危机。因此，一方面利润率的下降导致资本家不愿意投资，经济停滞；另一方面，由于工人争取更高工资的能力和期望上升，工人的实际工资不断上升，对单个资本家而言，要保证自己的利润份额和利润率，就得提高产品的价格。但如果每个资本家都这么做，物

---

① 《马克思恩格斯文集》第二卷，人民出版社，2009，第 31 页。
② 李民骐、朱安东：《世界资本主义发展简史：1870 – 1973》，《高校理论战线》2005 年第 6 期。

价水平就会上升。由于工人阶级谈判能力较强，物价上升又转化为工资的进一步上涨，从而形成一个工资、物价交替上升的恶性循环。

在这个"滞胀"背景下，1979年撒切尔夫人在英国上台，1980年里根在美国执政，使新自由主义经济政策得到大规模实践。新自由主义维护垄断资本特别是金融资本的利益；采取各种方式在生产过程内外对工人进行剥削和再剥削。新自由主义打击了劳工力量，降低了工人实际工资，扩大了贫富分化，加剧了消费不足，促进了全球性的产能过剩、恶性竞争和金融化，从而导致资本主义基本矛盾的激化和此次危机的爆发。

（一）以金融资本家为代表的资本家阶级力量膨胀

作为阶级统治工具的国家机器，西方国家政府政策的制定旨在维护资本家阶级的利益这一点在危机前就已十分明显。例如，美国政府往往以低价将开采权出售给大公司；美国为医疗保险受益者提供药品福利的法案中有一项条款规定，政府不得与制药商讨价还价，这不啻送给制药商一份厚礼——据估计10年间价值5000亿美元[1]；此外，美国热衷于推行以战争为手段的外交政策，垄断资本集团的利益是美国发动战争的导向，但战争的受益者和成本承担者之间由于利益问题产生矛盾。例如，美国以国家名义对外发动伊拉克战争，动用纳税人的钱向军火商购买武器，战争结束后，石油巨头等垄断资本集团开采石油资源获得巨额利润，战争的成本则全部由国内普通民众承担。

20世纪70年代以来，信息化技术迅猛发展，赋予了资本以高度的流动性和灵活性，为资本的全球化和金融化提供了技术基础和物质条件；同时新自由主义政策取消和缩减了国家和社会对资本逐利活动的各种限制，为资本的全球化和金融化提供了制度基础和政策保障。因此，金融部门虽然不创造价值，但可以依靠吸收更多资本投入形成金融泡沫而获利，金融部门受到这些逐利资本的青睐。因为只有在金融资本这一形态上，资本才完全摆脱了物质形态的束缚，获得了最大限度的自主性和灵活性，才能最充分地表现出最大限度追求价值增值的本性。资本形态变化的同时，资本家阶级内部也产生分化，出现一个"掠食者阶级"[2]，即金融资本家阶级，金融资本家阶级凭借对金融资本的掌握而占据支配资本主义生产的主动权和对利润分配的优先

---

[1] 约瑟夫·斯蒂格利茨：《不平等的代价》，机械工业出版社，2013，第191页。
[2] 王天玺：《美国与金融资本主义》，《红旗文稿》2010年第13期。

权，相对产业资本家阶级具有更大优势。

这一时期，不仅资本主义国家内部阶级结构发生变化，全球范围内国家间的阶级分化也日益严重，全球最富8%的人占有全球50%的收入，其中最富的1%占有15%。[①] 经济全球化浪潮将世界各国纳入资本主义体系中，资本家阶级由于共同的利益而结成全球资本家阶级，然而经济全球化并没有导致劳动力的全球流动，资强劳弱格局得到巩固。

（二）中产阶级被挤压

现代西方国家社会中，"中产阶级"一词被频频提及。中产阶级界定标准一般认为有两条，一是从事律师、教师、医生等通过提供知识来获取收入的人群，二是年收入在某一区间内，例如一般认为人均年收入在4万~25万美元的人即为中产阶级。

"中产阶级"并非严格意义上的马克思主义经济学的范畴。列宁在根据马克思的思想对阶级概念做的经典表述中已指出，不应根据收入高低来判断一个人属于哪个阶级，阶级划分的科学依据应是是否掌握生产资料并以此无偿占有他人的劳动。所谓"中产阶级"的产生并没有推翻马克思关于资本主义积累的一般规律的论述。以职业经理人为例，从管理二重性角度来看，他们的工资中包含剥削性收入即剩余价值。此外，应把西方国家的中产阶级放在发达资本主义国家的资产阶级、工人阶级与发展中国家工人阶级的相互关系这个大背景下进行考察。处于资本主义世界体系中心地位的发达国家利用自身的经济、政治、军事等优势，从外围国家源源不断地获取剩余价值，从而为在本国国内使部分工人分享剩余价值提供可能。正是在这个意义上，列宁形象地用"工人贵族"来描述这部分工人，即现代社会中所谓"中产阶级"。列宁指出，20世纪初，资本主义发展进入帝国主义阶段，世界范围内领土已基本被瓜分完毕，资产阶级用从国内外剥削而来的超额利润的一部分收买工人中的上层分子，培养出一个工人贵族阶层。列宁指出："享有特权的工人阶层的比较安定和文明的生活，使这些工人'资产阶级化'了；他们从本国民族资本的利润中分得一点油水，他们摆脱了破产的贫困的大众所遭受的灾难和痛苦，但也丧失了破产的贫困的大众所具有的革命情绪。"[②] 因此，本文并不赞同"中产阶级"这一提法，但为简单起见，本文暂借用

---

① "Joseph E. Stiglitz: Inequality is a Choice", *New York Times*, October 13, 2013, http://opinionator.blogs.nytimes.com/2013/10/13/inequality-is-a-choice/.

② 《列宁全集》第二十一卷，人民出版社，1959，第219页。

这一表述，用来指称工人阶级中收入水平相对较高的阶层。

此次危机前，金融资本家阶级利用消费信贷等手段，在消费过程中进一步将收入向资本家阶级转移，通过掠夺性借贷和滥发信用卡使部分工人群体成为他们牟取暴利的牺牲品，工人实际工资中用于个人消费的部分停顿甚至下降，导致资本与劳动的矛盾进一步加剧。此外，危机前资本市场的泡沫也通过"财富效应"鼓励了居民的借贷行为。随着房价和股票价格的上涨，人们感到自己的财富增加，因而更敢于借贷消费。其后果是美国家庭部门的欠债越来越多，超过了美国家庭部门可支配收入的130%。仅仅在2004～2006年，美国家庭部门就以他们的房产做抵押向金融机构贷款8400亿美元。一旦房价下降，这些借贷买房的中产阶级就很可能出现资不抵债，成为无家可归者。

（三）劳工力量被削弱

20世纪70年代以来，在新自由主义指导下，为保证资本利润率，西方国家采纳了一系列打击工人力量的措施（如直接打击工会、解除对劳动力市场的管制等），导致工会成员率下降、失业率攀升、工人的实际工资下降，发达资本主义国家的收入分配差距出现加剧并扩大的趋势，从而使阶级矛盾尖锐化。

工人组织遭到打击并被削弱的表现是，工会成员率下降。在过去的30多年时间里，绝大多数国家都出现了工会成员率下降的现象。美国工会成员率曾在第二次世界大战期间急剧攀升，从10%左右升至近35%，但战后随着麦卡锡主义的盛行，工会力量遭到削弱，1975年工会成员率降至25.3%，经过新自由主义时期的更严重的打击，到2010年下降至11.4%。其中，私人部门的工会成员率更低，到2010年尚不足7%。经济合作组织成员工会成员率的平均水平从1978年的34%下降到2008年的17.9%。[①]

在工会力量被削弱的同时，为使劳动力市场保持竞争从而压低工人工资，许多国家的政府以降低通货膨胀率、稳定经济为由，有意识地提高失业率。美国新自由主义时期的失业率与之前一个时期相比有较大幅度的攀升，本轮金融和经济危机爆发后其失业率一度超过10%。欧洲更是如此，失业率长期处于高位。

由于失业率长期处于较高水平，再加上工会力量的衰落，各国工人斗争的能力和意愿急剧减弱，工人的实际工资也出现了下降趋势。受金融危机的

---

① 数据来源：经济合作组织网站（http://stats.oecd.org/index.aspx）。

影响，目前美国工人的小时实际工资仍未恢复到1973年的水平。在西方其他国家，工人实际工资在新自由主义时期要么基本停止了上涨，要么出现了下降。在发展中国家，情况就更加悲惨。

总之，危机爆发前，在新自由主义的一系列旨在维护资本家阶级特别是金融资本家阶级利益的政策作用下，金融资本家阶级膨胀，"中产阶级"受挤压以及工人阶级生活状况不断恶化，财富进一步向资本家阶级集中，包括中产阶级在内的工人阶级地位远低于二战后的"黄金时期"。克鲁格曼把这概括为"将时间往回调，逆转那些抑制不平等的经济政策"，把美国带回到大危机前由少数富豪统治的时代。[①]

三 危机爆发至今资本主义国家阶级结构变化

危机后西方国家并没有认识到新自由主义政策的错误，也没有采取措施调整这种政策所导致的不合理的阶级结构，相反，西方国家政府的政策措施反而继续加剧了这种不合理。

（一）金融资本家未受实质打击，右翼势力膨胀

危机刚爆发时，各国政府纷纷出手"救市"，挽救了以大型金融企业为主的一大批公司，其实质是利用公共财政资金挽救了以金融资本为首的国际垄断资本，即导致本轮危机的肇事者。这些措施确实在短期内避免了国际金融体系的崩溃，并在很多国家制止了经济的下滑，但同时把西方主要国家的公共债务水平从一个高位推高到了一个无法持续的水平，从而爆发了主权债务危机。

虽然西方国家政府的危机应对措施可谓"捉襟见肘"，但对资本家阶级以及他们的大公司而言却是重大利好。为刺激经济增长各国实行减税计划，受益最多的是富人。以美国为例，不仅最高边际税率从卡特时期的70%降到小布什时期的35%，对资本收益的税率也大为降低。资本收益税率到2007年又从35%下降到15%，因为人口中底层90%人群只得到不足10%的资本收益，对他们而言几乎没有影响，但对美国最富的400人而言，资本收益税率降低使他们的人均年收入在2007年增长了4500万美元，2008年增长了3000万美元。[②]

2010年第三季度，全美企业获得了1.66万亿美元的利润，创下有史以

[①] 保罗·克鲁格曼：《美国怎么了？》，中信出版社，2008，第7页。
[②] 约瑟夫·斯蒂格利茨：《不平等的代价》，机械工业出版社，2013，第65页。

来的最高纪录。自从实行"救市"计划以来,美国的有钱人卷土重来,收入集中程度更上层楼,95%的收入流向了占总人口1%的最富有的人,而超过60%的收入流向了在总人口中占比0.1%、年收入190万美元以上的人。[①]可以说,此次危机中金融资本家并未遭受实质性打击,相反,他们借助政府救市措施,包括减税计划在内的财政货币政策渡过危机并进一步壮大。正如沃伦·巴菲特所言:"过去20年一直存在阶级斗争,只不过我所处的阶级胜利了。"[②]

就在各种经济社会危机需要统治阶级做出让步的时候,人们看到的却是许多西方国家统治阶级不愿意让步,以至于纷纷出现党派之争、政治僵局。例如美国共和党与民主党为了维护各自背后不同统治集团的利益,互不让步,导致2014财政年度预算未通过,以至于自2013年10月1日起美国联邦政府非核心部门关闭,时间长达16天。经济低迷背景下,右翼势力抬头,如美国主张采取保守经济政策的茶党举行多次抗议活动,主张政府要减小规模、缩减开支、降低税收、弱化监管。在长期深陷经济停滞泥潭的日本,极右势力不断膨胀,为转移国内危机其军费也开始持续攀升,2013年9月25日,日本首相安倍晋三在美国一次演讲中甚至公开宣称自己为"右翼军国主义者"。[③]

(二) 中产阶级继续萎缩

尽管当今发达资本主义国家工人工资的绝对水平远远高于马克思的时代,工人尤其是其中的中产阶级的生活状况大为改善,但工人作为劳动力商品的地位并没有改变。因为工人工资的提高是与时代发展所带来的劳动力价值本身的提高相适应的。而工人"相对贫困化"的实质在于工人的收入只能等于劳动力价值。在这个意义上,当代发达资本主义国家的工人,即使是所谓的中产阶级,由于不掌握生产资料,他们依然没有摆脱"贫困"。

美国一直把自己视为一个中产阶级的国家,但是近年来,美国的中产阶级已经被掏空了,相对于社会底层那些需要较少技能的工作以及社会上层那些需要更强技能的工作,那些曾属于中产阶级的"好工作"似乎正在逐渐

[①] Paul Krugman, "Rich Man's Recovery", *New York Times*, September 12, 2013, http://www.nytimes.com/2013/09/13/opinion/krugman-rich-mans-recovery.html? ref=paulkrugman&_r=0.

[②] http://www.nytimes.com/2006/11/26/business/yourmoney/26every.html.

[③] 《安倍:可以叫我右翼军国主义者》, http://news.sohu.com/20130927/n387327318.shtml.

消失。这种现象被称为劳动力的"两极分化"。[1] 随着这类"好工作"的消失，这类工作的工资也随之下降，资本家阶级与中产阶级间的工资差距也随之拉大。劳动力的两极分化意味着，一方面更多的钱流向了资本家阶级，另一方面原本属于中产阶级的人滑落到了底层。

危机的发生使资本家阶级利润渠道减少，为维持自己的利益，原本分享给中产阶级的一部分利润便被削减，中产阶级普遍陷入困境：失去工作，工资降低，住房价值暴跌，社会保障缺失，等等。危机中中产阶级的地位显得如此不堪一击，一次未能支付的抵押贷款很可能升级为房屋的丧失；无家可归又很可能升级为失业以及家庭的最终破裂。目前，约有200万户居民因无法还贷而被收回房屋；23%的美国家庭背负的抵押贷款金额高于其房产的价值；大约有5000万美国人没有健康保险，一个人生病导致全家生活水平滑落到底层的事时有发生。

（三）民众在觉醒，劳工力量在壮大，但是没有形成实质性的挑战资本的力量

面对大量注资救市后出现债务危机，西方国家普遍采取了扩张性的货币政策和紧缩性的财政政策。以"货币宽松"为主的扩张性货币政策给市场注入了大量的流动性，但并未给实体经济带来所期望的影响。如果说宽松货币政策是"扬汤止沸"的话，当前情况下紧缩的财政政策则相当于"饮鸩止渴"。由于西方国家把主权债务危机的爆发归因于政府福利支出太高导致的财政赤字，因而对策是降低政府支出，而财政支出的削减主要针对的是福利支出部分。这必然导致中低收入阶层本来就很困难的生活境况更加恶化。如果把危机爆发时政府用公共财政"救市"和之后削减社会福利支出结合起来看，可以认为这是又一轮的"劫贫济富"。这必然会进一步加剧这些国家的贫富分化，贫困人口增加[2]，导致消费更加不振，危机进一步深化。各国的失业率水平在一定程度上反映了实体经济的运行情况，根据欧盟统计办公室（Eurostat）网站提供的数据，整个欧盟在2013年1月的失业率达到11.3%的历史高位，比2011年底上升了1.3个百分点，欧元区17个国家的平均失业率达到了12.5%，比一年前上升了1.8个百分点。其中情况最差的是西班牙，全社会失业率在2013年1月达到了26.6%，青年（25岁以

---

[1] 约瑟夫·斯蒂格利茨：《不平等的代价》，机械工业出版社，2013，第9页。

[2] 根据美国商务部调查局的数据，2011年美国的贫困发生率仍然保持在15%的高位，贫困人口达到4620万。

下）失业率更是高达 55.5%。[①]

实际上，在危机发生后美国政府采取的诸多政策中，没有任何一项是针对工人和资本家之间分配的，在危机后出台的财政政策四大法案中，仅有雇用激励以恢复就业法案涉及刺激就业的内容，而且也基本上是利用政府补贴的手段。尽管财政政策部分试图直接针对有效需求不足，但是这些政策基本上是试图通过降低税收来增加需求的，但是由于这种减税政策的乘数作用较之投资要小很多，而且这种增加企业和个人收入以增加需求的方法在过度负债的美国经济中很难奏效，新增的收入往往被用于缓解负债压力而不是增加新的消费和投资。

随着生活境况的恶化，阶级矛盾也更加激化，各种抗议、游行、示威以及罢工的事件层出不穷，金融和经济危机逐渐发展为社会和政治危机。2011 年席卷欧美的"占领华尔街""占领伦敦"等运动打出的"银行被拯救了，我们却被出卖了（Banks got bailed out, we got sold out）""向华尔街而非穷人征税（Tax Wall ST., not the poor）"等口号和标语，更是道出了美国普通民众的心声；2012 年 11 月 14 日，欧洲 23 国的工会组织成员走上街头，以大罢工方式抗议政府紧缩政策，此次罢工人数达到数百万人规模，成为欧洲史上最大规模的罢工行动。[②] 但是，由于没有从 20 世纪末社会主义的巨大失败的阴影中走出来，没有找到一条超越资本主义的实际道路，所有这些运动并没有形成像 20 世纪上半期那样的动摇资本主义秩序的力量，因此资强劳弱的大趋势没有改变。

四　从阶级力量对比角度看危机后资本主义制度调整的趋势

此次国际金融经济危机爆发前，西方国家自诩本国的社会呈现"橄榄型"结构，极富阶层和赤贫阶层少，中产阶级却相当庞大。他们认为中产阶级是社会稳定的基石；能否形成以中产阶级为主体的"橄榄型"社会结构，是一个国家或地区能否稳定发展的重要基础，也是能否实现高品质民主的前提条件。然而危机前及危机后西方国家政府的一系列政策措施，已经使"橄榄型"社会向"沙漏型"社会转变，资本家阶级不断膨胀，中产阶级被

---

① http://epp.eurostat.ec.europa.eu/tgm/table.do?tab = table&language = en&pcode = teilm020&tableSelection = 1&plugin = 1.
② 《欧洲 23 国联合大罢工》，观察者网，2012 年 11 月 15 日，http://www.guancha.cn/europe/2012_11_15_109588.shtml。

挤压滑落到底层的工人阶级，阶级结构的两极都在不断扩大。这种"沙漏型"的阶级结构使资本主义的发展趋势出现以下三个特点。

（一）短期内不会走二战后的社会民主主义之路

除了单独发生在货币信用领域的特种货币危机，资本主义经济危机的实质就是生产的无限扩大和广大工人阶级购买力的相对狭小之间的矛盾，危机的结果往往会导致资本主义国家阶级矛盾的尖锐化和激化。因此，每次在危机解决过程中，资本主义国家都会采取一些改良措施，在资本主义制度范围内对劳资关系等进行调整，如与工会组织进行劳资谈判，适度提高工人工资，建立一套较为完善的社会福利制度，等等。其中最为典型的就是北欧瑞典、挪威等国实行的社会民主主义道路。社会民主主义实际上就是私有制加二次分配调整，即在生产资料所有制层面仍然坚持资本主义私人占有制，二次分配中政府采取税收和转移支付等手段调节过高收入，并通过横向上覆盖社会各阶层、纵向上"从摇篮到坟墓"的福利制度，缩小高收入人群和低收入人群的收入差距，形成表面上看似较为和谐的劳资关系和"两头小、中间大"的较为稳定的社会结构。此次国际金融经济危机爆发后，许多西方民众和学者怀念二战后资本主义增长的"黄金时期"，要求政府采取措施回到二战后的社会政策环境中去。

2008年由美国次贷危机引发的国际金融经济危机中，美国和欧洲各国也曾试图采用改良主义限制高收入、增加低收入人群的收入、提高社会消费水平从而摆脱危机。如美国政府在向华尔街提供巨额救市资金的同时，奥巴马公开抨击华尔街金融高管的贪婪和不负责任，并表示要限制华尔街金融高管的年薪；敦促国会通过薪资税及失业救济金延期法案，同时密集推销其医疗保险改革，宣称要提高美国普通民众的福利水平；等等。但是社会民主主义道路只是资本家阶级缓和阶级矛盾、维持经济稳定及其统治的工具，这些措施可能暂时缓解问题，但基本矛盾仍未得到解决，而且这种缓解还必须有一个前提，就是经济发展很好，这一点利润转移不危及资本家的总体利益。一旦危机爆发，利润率下降，又由于生产资料所有权仍然掌握在资本家手中，资本家阶级在没有充足的利润分出的条件下，必定抛弃这一制度。

在这次国际金融经济危机中，美国除了实行了很有限的带有社会民主主义措施的政策外，还实行了很多有利于大资本的政策，但是结果很不理想：一方面，经济持续低迷，就业水平仍未恢复到危机前水平；另一方面，由于政府不断注资减税，结果造成主权债务危机。于是，以茶党为代表的美国右翼力量就把矛头指向本来就很少的社会民主主义政策，敦促政府减少政府赤字，削减政府债务规模，大幅减少社会保障和福利方面支出，这一措施下低收入人群的生活首当其冲受到冲击。在欧洲，大致相似的原因也导致主权债务危机的爆发，欧洲的右翼也将矛头指向欧洲的福利国家制度，认为过高的福利水平导致欧洲经济发展缺乏动力并使政府背上沉重的债务负担，因此不断有削减福利开支的呼声响起。面对右翼的进攻，在欧美当前资强劳弱的大背景下，发达资本主义国家可能在危机后短暂的迟疑后又一次走上"劫贫济富"道路，从而为不久以后资本主义基本矛盾又一次更大规模的爆发埋下伏笔。可见，短期内资本主义国家是不会走社会民主主义道路的。

（二）大资本正进一步右转

此次国际金融经济危机爆发后，一些资本主义国家的右翼分子不仅没有反思危机的根源，恰恰相反，他们主张一种供给与需求两方面措施的奇怪组合：削减赤字和减税，他们认为，削减赤字能恢复人们对国家和经济的信心，减税能提高经济效益并把钱放到那些善于花钱的人手中。[1] 如果按照这些右翼分子所说，既要削减赤字又要减少税收，那就意味着必须大幅削减政府支出，缩减政府规模，事实表明这果然被列入欧美国家政府的议程。

当前，资本主义国家政府出现了这样的趋势：在国内事务上，右翼分子不仅要求缩减政府规模，还要求去监管化、削减社会公共支出、减税；对外，右翼分子则推行单边主义，渲染他国威胁论和恐怖主义威胁，借此推销战争，以战争带动国内军火工业并转移国内矛盾的焦点。这两条政策都是大资本主导的，代表了大资本的利益。

冷战时期，美国以"苏联威胁论"为由，动用大笔财政支出用于装备军事力量。冷战结束后，对于美国而言，过去的敌对国或敌对集团已经不能对其构成军事威胁，但美国仍热衷于增加军费支出、装备军事力量、在全球各地建立军事基地。"9·11"事件后，美国推行先发制人战略，发动了伊拉克战争、阿富汗战争等，还频频借着"人权"等幌子武装干涉他国内政，导致利比亚乱局和所谓"阿拉伯之春"。这表明，美国国内的霸权主义和军国主义抬头，这不仅与美国企图在全球加强和巩固其军事霸权地位有关，也是其国内军工利益集团的经济利益使然；尤其是在此次国际金融经济危机之后，美国的经济霸权地位受到挑战，新兴经济体却表现优秀，世界经济格局正在发生变动，因此美国必然依靠武力强行维持自己的经济霸权地位。可以说，美国已走上了"军事凯恩斯主义"之路。

---

[1] 约瑟夫·斯蒂格利茨：《不平等的代价》，机械工业出版社，2013，第196页。

第九章　国际金融经济危机与资本主义向何处去

美国奉行军事凯恩斯主义，必然会形成战争冲动。战争对美国经济增长有刺激作用，战争增加了美国政府的军费开支，扩大了对军工产品的需求，促进军事工业的生产从而拉动经济增长。美国官方数据显示，进入21世纪以来，军费开支对美国实际GDP增长的贡献率远大于20世纪90年代且持续上升，攻打阿富汗的2001年其贡献率为0.14%，2002年为0.28%，发动伊拉克战争的2003年剧增至0.36%，2005~2006年曾一度下跌至0.07%，但危机爆发后的2008年、2009年和2010年，这一数据分别又上升为0.36%、0.27%和0.22%。[1]

危机前，发达资本主义国家的资本家阶级力量相对战后时期更为膨胀，掌握了国家绝大部分财富，并且在西方国家的经济、政治、军事、文化方面均占据绝对统治地位。危机后，资本家阶级攫取剩余价值的活动变本加厉，动用政府公共财政资金挽救了自己并进一步打击工人力量、挤压中产阶级。然而这是一种短视行为，长远来看是行不通的。此次危机的根源在于工人阶级同资本家阶级之间贫富差距过大，危机后资本家阶级的做法及右翼分子的主张又进一步加剧了这一矛盾，其后果必将导致阶级矛盾进一步尖锐化，出现经济停滞、社会动荡局面。

（三）超越资本主义是历史的大趋势

作为人类社会发展的特定阶段的资本主义，历史上促进了生产力的极大发展。但当资本主义制度所能容纳的所有生产力全部释放出来之后，资本主义制度就成为制约生产力进一步发展的障碍，"于是，随着大工业的发展，资产阶级赖以生产和占有产品的基础本身也就从它的脚下被挖掉了。它首先生产的是它自身的掘墓人。资产阶级的灭亡和无产阶级的胜利是同样不可避免的。"[2] 正是在这样的历史规律下，自20世纪初以来，资本主义的衰落与社会主义的兴起就成为历史的大趋势。

从横向比较来看，在解决资本主义几百年发展带来的各种矛盾方面，社会主义已经表现出并将更进一步表现出自己的优越性。十月革命和二战之后社会主义运动的兴盛，使许多国家纷纷宣布实行社会主义制度，并取得了巨大的经济和社会成就；在经历了新自由主义带来的收入两极分化、经济危机频繁爆发和经济停滞、社会动荡之后，委内瑞拉实行21世纪社会主义，玻利维亚实行社群社会主义，巴西、阿根廷等拉美国家在一定程度上采取社

---

[1] Economic Report of the President 2011.
[2] 《马克思恩格斯文集》第二卷，人民出版社，2009，第43页。

主义倾向的改革，使这些国家的经济社会发展和人民生活水平大为改观；此次危机爆发后，"占领华尔街"运动以及欧洲23国工人大罢工中，游行的人群也纷纷提出了向社会主义转变的要求。

资本主义制度的灭亡是不可避免的。"资本的文明面之一是，它榨取这种剩余劳动的方式和条件，同以前的奴隶制、农奴制等形式相比，都更有利于生产力的发展，有利于社会关系的发展，有利于更高级的新形态的各种要素的创造。"[①] 资本主义经济的发展客观上为社会主义的诞生创造了条件。但是同时我们也要认识到，资本主义绝不会自动灭亡。资本家阶级为了维护生产资料的私人占有制和对剩余价值的无偿占有，必定会动用国家暴力工具对工人阶级运动采取无情的打压。因此，这需要劳动人民的斗争和工人阶级意识的觉醒，国际共产主义运动应得到振兴。工人阶级不能坐等社会主义的实现，而应充分发挥主观能动性，把握现代社会的经济运动规律，打破资本主义这种不平等、不合理的制度，从而实现人的自由、全面发展。

从危机前后工人阶级的力量变化来看，信息技术革命极大地提高了生产力，但也导致工人"去技能化"，劳动对资本的隶属程度进一步加深，劳动力受剥削程度加深，相对贫困化趋势更加明显。危机后中产阶级被挤压滑落到工人阶级，进一步壮大了工人阶级的力量。"橄榄型"社会向"沙漏型"社会的转变，意味着阶级结构的两极都在不断壮大和阶级矛盾的不断尖锐化，只要工人阶级意识觉醒，由自在阶级成长为自为阶级，资本主义向社会主义的转变就会成为现实。

[①] 《马克思恩格斯文集》第七卷，人民出版社，2009，第 927~928 页。

第十章
金融资本主义的新发展及其危机[*]

朱安东[**]

摘 要 在世界经济尚未完全从上一轮危机中复苏，大量人群还生活在危机的阴影中时，新一轮的资本市场泡沫又已初步成型。其直接原因是发达国家应对危机的财政和货币政策；更深刻的原因是金融资本对相关国家政权的控制。发达资本主义国家应对危机的政策空间将越来越小，资本主义的各种矛盾更加尖锐，金融资本主义将难以持续。

关键词 金融泡沫 金融资本主义 金融危机 经济危机

随着近年来许多国家证券市场和房地产市场价格的上涨，自 2013 年底以来，尤其是 2014 年中以来，媒体、学者和有关机构都开始发出美国等国出现资本市场泡沫的警告。如，《纽约时报》在 2014 年 7 月 8 日发表了题为"大繁荣时代的大泡沫"的文章，警告在全球普遍出现了资产泡沫。[①]《福布斯》杂志网站发表了福布斯撰稿人、经济分析师杰西·科隆博用 23 张图来

---

[*] 本文系国家社会科学重大项目"国际金融危机后资本主义的历史走向与我国的应对方略研究"（项目编号：12&ZD091）的阶段性成果。
[**] 朱安东，清华大学马克思主义学院副教授。
[①] Neil Irwin, "Welcome to the Everything Boom, or maybe it should be Called the Everything Bubble", *The New York Times*, July 8, 2014.

证明股票市场正在走向一个灾难性的崩溃的文章。① 此前，该网站在 2014 年 1 月 28 日发表了一篇题为"许多著名投资者认为美国股市处于泡沫中"的文章。② 一些世界知名的经济学家也发出了类似的警告。著名经济学家张夏准 2014 年 2 月 24 日在英国《卫报》发表文章指出，英国的经济尚未恢复到危机前水平，而美国的经济形势也不好，但美国和英国又产生了历史性的股市泡沫，而政策制定者们不愿采取强硬措施，我们正走向困境。③ 诺贝尔经济学奖获得者、耶鲁大学金融学教授席勒在 2013 年 12 月接受德国《明镜周刊》采访时指出，许多国家的股票现在价格偏高，而一些国家的房地产价格已经飞速上涨。这样下去结果可能很糟糕。其中最令人担心的是美国的股票市场暴涨，因为其经济仍然较为疲软和脆弱。④ 无独有偶，诺贝尔经济学奖得主斯蒂格利茨在 2014 年 7 月初接受采访时表示对美股涨到如此高的位置"非常担忧"。⑤ 一些重要的机构也发出了类似的警告。如美联储主席耶伦前不久在美国国会听证时曾强调，美国经济面对的最大风险之一是金融市场的不稳定；⑥ 国际货币基金组织在 2014 年 6 月曾指出，部分国家的房产市场持续过热，从全球来看，房产价格也趋于达到最高值。世界必须行动起来，遏制又一场房价毁灭性崩盘的风险。⑦ 国际清算银行（BIS）也在新近发布的年报中警告那些正在经历过度的金融市场繁荣的国家要注意泡沫破裂的风险。⑧

---

① Jesse Colombo, These 23 Charts Prove that Stocks are Heading for a Devastating Crash, http://www.forbes.com/sites/jessecolombo/2014/07/01/these-23-charts-prove-that-stocks-are-heading-for-a-devastating-crash/5/.

② Mike Patton, According to Many Famous Investors, U.S. Stocks are in a Bubble, http://www.forbes.com/sites/mikepatton/2014/01/28/according-to-many-famous-investors-u-s-stocks-are-in-a-bubble/.

③ Ha-Joon Chang, "This is no Recovery, this is a Bubble-and it will Burst", *The Guardian*, 24 February 2014, http://www.theguardian.com/commentisfree/2014/feb/24/recovery-bubble-crash-uk-us-investors.

④ 《诺贝尔经济学奖得主警告：小心美国股市泡沫》，http://www.chinadaily.com.cn/hqcj/2013-12/02/content_17145189.htm。

⑤ http://www.cnbc.com/2014/07/07/stiglitz-im-very-uncomfortable-withcurrent-stock-levels.html.

⑥ 高伟东：《美股加速走高引发泡沫担忧》《经济日报》2014 年 7 月 15 日，http://views.ce.cn/view/ent/201407/15/t20140715_3160628.shtml。

⑦ 《国际货币基金组织警告称世界面临又一轮房产泡沫》，http://at.mofcom.gov.cn/article/jmxw/201406/20140600624974.shtml。

⑧ Bank For International Settlements, 84th Annual Report: Time to Step out of the Shadow of the Crisis, http://www.bis.org/publ/arpdf/ar2014e.pdf.

第十章　金融资本主义的新发展及其危机

这些声音值得我们高度重视。首先，资产泡沫本身值得我们关注，因为其一旦破裂，可能会再次给世界经济带来非常严重的后果；其次，更值得注意的是，这一轮的资产泡沫发生在实体经济尚未从上一轮金融和经济危机中完全恢复的背景下。与西方国家在20世纪六七十年代首次遭遇经济停滞与通货膨胀同时出现类似，现在可能是第一次遭遇经济停滞与资产泡沫同时出现，处理起来将会非常棘手。

一　全球经济尚未完全复苏，新一轮资本市场泡沫已初步形成

自2008年全球金融和经济危机爆发以来，已经过去了6年，但世界经济尚未完全复苏，许多国家还处于经济停滞的泥潭之中。根据世界银行的资料，在有数据的174个国家里，仍然有42个国家的人均国内生产总值尚未恢复到危机前（2007年）的水平。从表1中可以看到，除了极少数国家外，危机之后（2010～2013年）的国内生产总值增长率均比危机前（2003～2007年）低，世界平均水平低了近1个百分点，说明世界经济尚未完全回到"正常"增长轨道。特别值得注意的是欧元区在2010～2013年的平均年增长率只有0.6%，基本处于停滞状况。这从人均国内生产总值的变化情况也可以清楚看到，英国和法国2013年的这个指标尚未恢复到2007年的水平，美国、日本则是刚好恢复到危机前的水平。①

表1　危机前后部分国家经济增长表现

	国内生产总值增长率(%)			2013年人均国内生产总值指数(2007年为100)*
	2003～2007年	2009年	2010～2013年	
世界	3.7	-2.1	2.9	
高收入国家	2.9	-3.5	1.9	
欧元区	2.2	-4.5	0.6	
中、低收入国家	7.3	3.2	5.9	
阿根廷	8.7	0.1	5.4	120.5
巴西	4.0	-0.3	3.4	113.7
中国	11.7	9.2	8.8	162.7
印度	8.8	8.5	6.7	134.9

① 根据世界银行发布的"世界发展指数"数据库（http://datacatalog.worldbank.org/）中相关数据计算所得。

133

续表

	国内生产总值增长率(%)			2013年人均国内生产总值指数(2007年为100)*
	2003~2007年	2009年	2010~2013年	
俄罗斯	7.5	-7.8	3.4	109.7
南非	4.8	-1.5	2.8	105.1
法国	2.0	-3.1	1.0	97.6
德国	1.7	-5.1	2.1	106.3
日本	1.8	-5.5	1.8	100.7
英国	3.3	-5.2	1.2	94.3
美国	2.9	-2.8	2.3	101.0

*按各国货币固定价格计算。
资料来源：世界银行，"世界发展指数"数据库。

在这个背景之下，很多人还生活在危机的阴影中。许多人还处于失业当中，生活困苦。根据国际劳工组织的估计，在2013年，全球失业人口数比2012年上升了490万，达到了2.018亿，比2007年多3180万。此外，由于长期找不到工作而放弃找工作的人数高达2300万。而且这种情况还在进一步恶化，到2018年这个数据可能会上升到3000万。① 还值得注意的是，青年失业情况在继续恶化，近些年来，青年失业率一般是社会失业率的两倍以上。根据国际劳工组织的估计，全球青年失业率从2007年的11.6%（7008万人）上升到了2013年的13.1%（7451万人），中东地区更达到了27.2%。而自危机爆发以来青年失业率上升最快的是发达经济体与欧盟，从2007年的12.5%上升到了2013年的18.3%，青年失业人口数上升了275万。在这种情况下，大量失业青年放弃了寻找工作，危机爆发以来全球青年劳动参与率下降超过了2个百分点，下探至47.4%。② 危机后，大量家庭失去住房，据估计，从危机爆发到2014年3月，已经有500万套住房被银行收回，而且这个数据还在不断增长。③ 同时，在不少地区贫困现象更加恶化。按照美国官方统计，美国贫困人口在2010年达到了史无前例的4634万，大约每7个美国人中就有1个

---

① International Labor Organization, Global Employment Trends 2014: Risk of a Jobless Recovery? p. 17, http://www.ilo.org/global/research/global-reports/world-of-work/2014/WCMS_243961/lang--en/index.htm.
② 青年失业是指年龄在15~29岁，既没有就业也不再接受教育或培训的人口。数据来源：International Labor Organization, Global Employment Trends 2014: Risk of a Jobless Recovery? p. 21, 以及国际劳工组织网站（http://www.ilo.org）。
③ http://www.corelogic.com/research/foreclosure-report/national-foreclosure-report-march-2014.pdf.

人处于贫困之中（贫困发生率为15%）。到2012年，这个指标更上升到了4650万，比危机前的2007年增加了922万。① 而这些人连基本的食品都无法得到完全的保障。欧洲的情况也类似，如果不是更差。根据其官方数据，欧盟27国的贫困人口数从2007年的8065万上升到了2012年的8497万，贫困发生率达到了17%。②

但出人意料的是，许多国家的资产市场已进入了一个新的繁荣阶段，甚至可能已经出现了严重的泡沫。如前所述，国际货币基金组织已经对全球房地产市场泡沫发出了警告。根据其发布的全球房价指数（以2000年的平均价格为100），按国内生产总值加权平均后的指数，全球房价在2008年第一季度达到最高点，达到128.9，之后一路下滑，到2012年达到最低点117.8，之后连续7个季度上涨，到2013年第四季度，达到123.1，只比最高点低5.8（相当于最高点的4.5%）。当然，因为各国具体情况不同，房价的表现也不一样。但在国际货币基金组织统计的51个国家/地区中，有33个国家/地区2013年房价上涨，13个国家/地区的涨幅超过5%，其中新兴市场房价涨势尤其惊人，菲律宾的房价涨幅甚至超过了10%。③ 研究明确指出，在许多经济合作组织国家中房价太高，房价租金比高于历史平均水平，为房价的下调提供了空间。④ 从图1可以看到，在有数据的27个经合组织国家中，有19个国家的房价租金比高于历史平均水平，其中加拿大和新西兰分别高出了87%和80%。即便在美国这样房地产市场尚未完全恢复的国家，部分地区（如加利福尼亚州）和城市（如洛杉矶）可能已经出现房地产泡沫。⑤ 由于房地产市场的"财富效应"及其本身对实体经济的重要影响，一旦泡沫破裂，对于相关国家的经济将造成重大打击。

与此同时，许多国家/地区的证券市场泡沫重现也值得我们高度重视。

---

① 美国人口普查局数据，http：//www.census.gov/hhes/www/poverty/data/historical/people.html，表2。值得注意的是，美国白种人的贫困问题也很严重，虽然其贫困发生率仍低于全美平均水平，但总量在不断增加，从2007年的2512万上升到了2012年的3082万，增加了570万。
② http：//appsso.eurostat.ec.europa.eu/nui/submitViewTableAction.do。
③ 数据来自国际货币基金组织的"全球房市观察"网站，http：//www.imf.org/external/research/housing/index.htm。
④ Hites Ahir and Prakash Loungani, "Global House Prices Inching Up", *Finance & Development*, December 2013, Vol. 50, No. 4, http：//www.imf.org/external/pubs/ft/fandd/2013/12/picture.htm。
⑤ Christopher Matthews, "Where the Next Huge Real Estate Bubble May Be Building", *Time*, Nov. 12, 2013, http：//business.time.com/2013/11/12/where–the–next–huge–real–estate–bubble–may–be–building/。

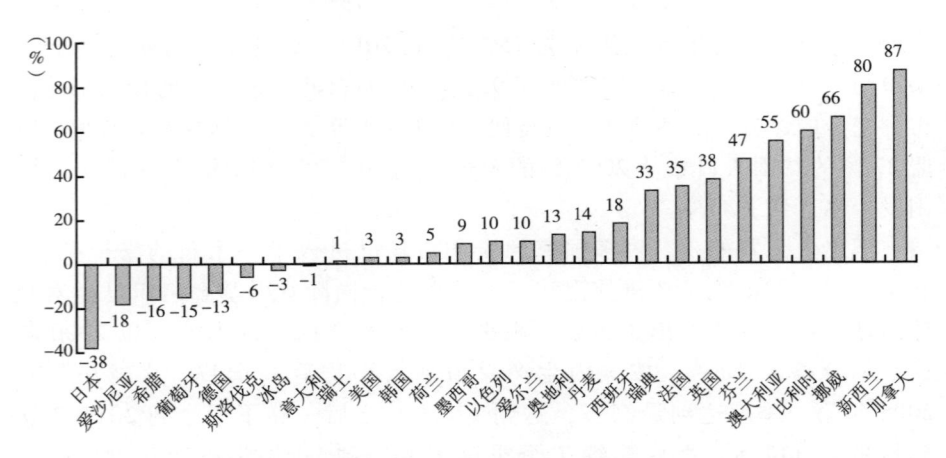

图1 部分经济合作组织国家房价租金比与历史平均水平的比例

数据来源：国际货币基金组织的"全球房市观察"网站。

在经济合作组织统计的41个国家/地区中，有14个国家/地区的股票市场已经达到或者超过了危机前的高点。印度尼西亚、土耳其、智利和南非等国2014年的股票指数分别已经超过了危机前高点的80%、40%、25%和26%。[①]如果说上一次的危机意味着股票市场泡沫严重的话，那么我们认为这些国家又已经开始出现泡沫是合理的。表2列出了在国际市场具有重要影响的一些股票指数在危机前后的表现，从中可以看到，不少指数已经超过了危机前的高点。美国的几大指数均已超过危机前的高点，其中具有重要意义的标准普尔500指数已经超出23%，创出历史新高；纳斯达克指数更是超过了52%，逼近新经济泡沫破裂前的历史最高点5049。英国金融时报100指数虽然在最近跌到了危机前高点之下，但它曾在2013年5月达到6804点，超过了危机前高点，并逼近2000年初的历史最高点6930。德国法兰克福指数在近期的下跌之后仍然比危机前高点高13%，而且它曾在2014年7月达到过其历史最高点10029，比危机前高点高出24%。韩国综合股价指数也已恢复到其危机前的水平，而且曾于2011年5月实现历史最高点2229。墨西哥IPC指数也在危机后迅速反弹，并曾屡创新高，在2013年2月一度达到45913点的历史最高点，即便最近也仍然比危机前高点高出35%。最难以想象的是阿根廷股票指数（MERVAL），最近居然达到了危机前高点的3.4倍。法国、

---

① 根据经济合作组织网站（http：//stats.oecd.org/Index.aspx?DatasetCode=MEI_FIN）提供的数据计算所得。

日本和中国香港由于各种原因确实还没有恢复到危机前的高点，但是均已比危机中的最低点高出不少。俄罗斯和巴西的股票指数分别在 2011 年和 2010 年反弹至接近于危机前最高点的水平，只是后来由于外资流出等原因又出现了下跌。

表 2　部分国家/地区危机前后股票指数

国家	指数	危机前高点（A）	危机中低点	2014 年 8 月 5 日（B）	B/A（%）
美国	纽约股票交易所综合指数	10312	4226	10657	103
美国	标准普尔 500 指数	1565	677	1920	123
美国	道琼斯工业平均指数	14165	6547	16429	116
美国	纳斯达克指数	2859	1269	4353	152
英国	英国金融时报 100 指数	6732	3512	6683	99
德国	德国法兰克福指数	8106	3666	9190	113
韩国	韩国综合股价指数	2065	939	2066	100
墨西哥	墨西哥 IPC 指数	32836	16891	44482	135
阿根廷	阿根廷股票指数	2351	829	8063	343
法国	法国 CAC40 指数	6168	2519	4233	69
日本	日经 225 指数	18262	7055	15320	84
中国香港	香港恒生指数	31638	11016	24648	78
俄罗斯	俄罗斯指数	2360	498	1360	58
巴西	巴西圣保罗证交所指数	73517	29435	56202	76

数据来源：雅虎财经网站（http://finance.yahoo.com）。

还可以用来判断股票市场是否出现泡沫的一个指标是市盈率，其含义为，如果不考虑股价上涨的因素，根据该股一定期限内的平均盈利情况，以市场价格买入股票后多少年能收回成本。为了减少公司盈利短期波动的影响，耶鲁大学的席勒教授专门计算了美国标准普尔 500 指数所包括的股票经过通胀调整和周期调整后的市盈率。根据这个指标，席勒教授（Prof. Robert J. Shiller）曾较为准确地预测了上两次金融危机。从图 2 中我们可以看到，到 2014 年 7 月，这个指标已经上升到 26.1，远高于长期平均水平 16.5，接近了危机前的最高水平（27.5）。这意味着，美国股市的泡沫可能已经相当严重，接近上一个泡沫的水平。

综上所述，在全球经济尚未从上一轮危机中完全恢复，许多国家还处于

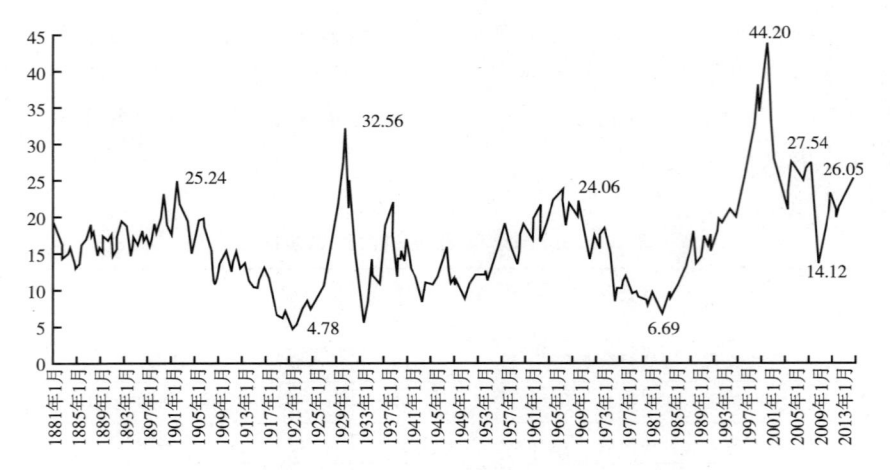

图 2 美国标准普尔 500 指数所包括的股票经过周期
调整后的市盈率（1881 年 1 月至 2014 年 7 月）

数据来源：席勒教授个人网站（http://www.econ.yale.edu/~shiller/data/ie_data.xls）。

危机与停滞的泥潭，大量人群生活还非常困难的情形下，一个世界性的资产泡沫正在形成，在某些国家甚至还非常严重。这种情形在历史上是少见的，也是难以应对的。

二 发达国家应对危机的政策是导致这种局面的直接原因

正如许多学者指出的，上一轮金融和经济危机的根源是资本主义的内在矛盾在新自由主义时期的表现，直接原因是以美国金融垄断资本为首的跨国资本在全球推行的新自由主义政策。由于新自由主义理论和政策在全球泛滥，劳资力量对比失衡，工人实际工资停滞或下降，导致贫富差距拉大和消费不足；同时，经济金融化、金融自由化和金融全球化带来了严重的金融泡沫，这不仅导致了严重的产能过剩，而且引发了金融危机。[1]

正常情况下，一次重大的危机意味着此前的正常存在严重问题，危机应该为反思相关政策并进行重大政策调整提供机会，正如美国在 1929～1933 年的大萧条之后推出的罗斯福新政一样，许多人在这次"大衰退"爆发之后都

---

[1] 参见朱安东《世界资本主义危机的根源和发展》，《马克思主义与现实》2012 年第 4 期。

期待主要资本主义国家放弃新自由主义教条，进行重大改革。但这种情况并没有出现。在危机爆发之后，发达国家采取了一套维护金融垄断资本的利益而不顾普通大众生活的政策，试图"以新自由主义挽救新自由主义"。[1]

在财政政策方面，这些国家除了在危机爆发初期采取了为数不多的有利于普通大众的政策外，总体来说是对大众不利的。以美国为例，2008年10月启动的用于收购金融机构不良资产的TARP计划（Troubled Asset Relief Program），绝大部分被用于救助大银行和大公司，只有6%被用于帮助遇到还贷困难的房屋所有者，仅有约100万家庭实际获得房贷减免。而在2009年2月启动的用于补助失业者、创造就业以及增加政府投资的ARRA法案（American Recovery and Reinvestment Act，到2013年底共支出8046亿美元）以及后续的额外财政支持（6740亿美元）中，有31%用于给各个阶层减税，19%用于给各种商业行为提供税收刺激，只有18%用于公共投资，20%用于提供失业补助等支持受危机直接影响的人群。[2] 相对于实体经济的危机深度，这种规模的财政刺激是不够的，而且其结构也不合理，从而对实体经济的恢复作用有限。

更严重的是，随着之后欧洲主权债务危机的爆发，西方国家在金融资本的幕后推动下，把危机爆发的原因指向社会福利支出，从而普遍采取了财政紧缩政策，削减在危机中大众急需的各种社会福利。2003~2007年，美国和欧元区的政府消费支出年均增长1.3%和1.9%；危机爆发后，美国2010~2012年政府消费支出增长率分别为0.1%、-2.7%和-0.2%，而欧元区2010~2013年这个指标分别为0.6%、-0.1%、-0.6%和0.1%。这种政策进一步打击了大众的消费能力，加剧了消费不足的危机。美国和欧元区2003~2007年私人消费的年均增长率分别为3.1%和1.7%。危机爆发后，在2008年和2009年分别降低了0.3%和1.5%之后，美国在2010~2012年私人消费的年均增长率只达到了2.2%。欧洲的情况更差，在2009年降低了1%之后，2010年和2011年分别只增加了1%和0.3%，然后再度下降，2012年和2013年分别下降了1.3%和0.6%。[3]

如果说西方国家的财政政策是"饮鸩止渴"的话，那么其货币政策往好了说是"扬汤止沸"，虽然在危机刚爆发时防止了金融市场的崩溃，但在

---

[1] 齐昊、李钟瑾：《以新自由主义挽救新自由主义》，《马克思主义与现实》2012年第4期。
[2] Council of Economic Advisers, The Economic Impact of the American Recovery and Reinvestment Act Five Years Later, Final Report to Congress, February 2014, http://www.whitehouse.gov/sites/default/files/docs/cea_arra_report.
[3] 世界银行，"世界发展指数"数据库（http://datacatalog.worldbank.org/）。

之后导致了资产市场泡沫的兴起并严重影响了新兴经济体的经济稳定。

与在危机爆发的迹象开始出现之后,美国从2007年9月17日开始连续10次降低联邦基准利率,一直降到0.125%。英国和欧洲央行也在危机爆发后连续多次降低基准利率,最终分别降到了0.5%和0.15%（见图3）。相应的金融机构从贴现窗口以及从隔夜拆借市场获得资金的利率也降到了极低的水平,欧洲央行甚至把隔夜存款利率由此前的0降至-0.1%。这些政策极大地降低了各国金融机构获得资金的成本。

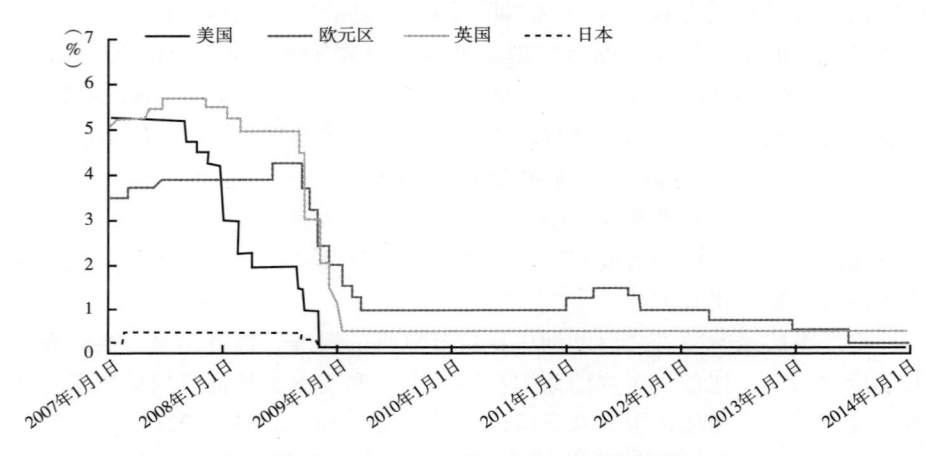

图3 欧元区、美国、英国和日本中央银行基准利率
（2007年1月1日至2014年6月6日）

资料来源：国际清算银行2013/14年报, http://www.bis.org/statistics/ar2014stats.htm。

但这类传统政策工具即便在用到极致之后仍然无法解决问题。于是,西方国家纷纷采取了非传统的极度宽松的货币政策,通过购买国债、有问题的抵押支持证券（MBS）以及其他债券的形式向市场注入巨量资金。这种做法导致各国央行的资产负债表急剧膨胀。与2007年相比,美国、英国、日本和欧洲央行的资产负债表分别增加了3.96倍、3.74倍、1.34倍和0.79倍（见图4）。

以美国为例,自2008年9月以来,美联储大量购买两房债券以及抵押支持证券（MBS）,最多时曾拥有1690亿美元的两房债券（2010年3月10日）。到2014年7月30日,美联储仍然拥有421亿美元的两房债券和1.67万亿美元的抵押支持证券。此外,美联储2009年3月宣布开始大量买进美国国债（包括长期国债）。此前,包括美联储在内的各国中央银行买卖国债本来是一个常规货币政策手段,美联储拥有的国债数量在危机爆发后甚至从

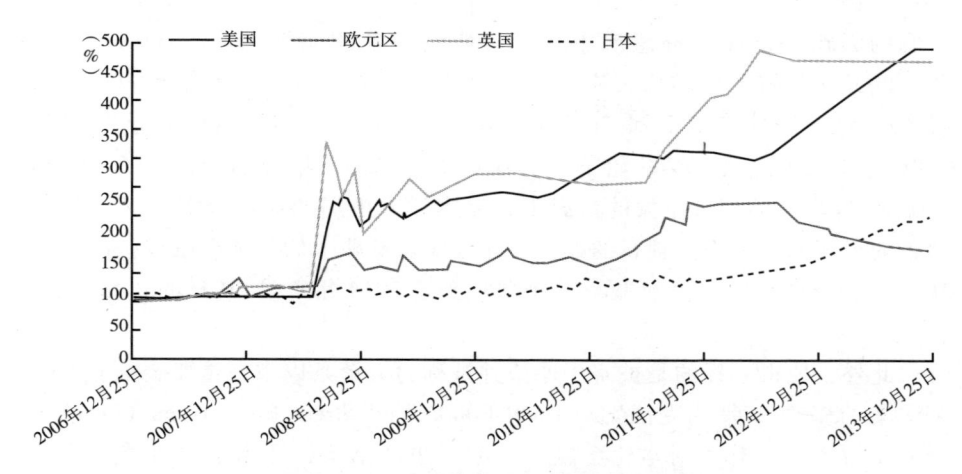

第十章 金融资本主义的新发展及其危机

图 4 欧元区、美国、英国和日本中央银行的总资产：
(2006 年 12 月 25 日至 2014 年 6 月 2 日) (2007 年 = 100)

资料来源：国际清算银行 2013/14 年报，http://www.bis.org/statistics/ar2014stats.htm。

2007 年初的 7789 亿美元下降到了 2009 年 3 月初的 4746 亿美元。但此后美联储持有的美国国债一直增加，到 2014 年 7 月 30 日，已经增加到了 2.4 万亿美元（见表 3）。

表 3 2002 年至今美联储资产负债表的变化

	2002 年 12 月 18 日	2007 年 1 月 3 日	2014 年 7 月 30 日
资产(亿美元)	7207.6	8758.9	44066.4
其中：国债	6294.0	7789.1	24202.9
联邦机构债券(两房债券)	0.1	0.0	421.3
抵押支持证券(MBS)	0.0	0.0	16743.6
其他(黄金、特别提款权等)	142.7	140.3	181.5
负债(亿美元)	7032.7	8452.8	43503.1
其中：存款机构在美联储的存款	249.2	265.3	28728.8
资本	174.9	306.0	563.3
杠杆率(%)	41.2	28.6	78.2

资料来源：美国联邦储备银行网站，http://www.federalreserve.gov/datadownload/，Factors Affecting Reserve Balances (H.4.1)。

西方国家央行采取这种极端政策的公开目的是向市场注入资金，降低企业和家庭借贷的成本，刺激投资和消费。但正如前已述及的，由于财政紧缩政策的影响，消费未能复苏。再加上多年来积累起来的全球性的产能过剩的影响，企业投资意愿不足。最典型的是欧元区国家，2003~2007年，欧元区投资的年均增长率为4.1%，危机爆发后的2008年和2009年，投资分别下降了1.9%和16.7%，然后在2010年和2011年分别增长2.8%和3.1%之后，又开始下降，2012年和2013年分别下降了6.2%和3.0%。[①] 在实体经济不振的情况下，原本注入市场的大部分资金又以超额储备的形式回到了中央银行的账上。比如美联储账上的其他金融机构的存款从2007年初的265亿美元爆炸式地增长到了2014年7月30日的2.87万亿美元。

此外，值得一提的是被寄予厚望并被称为大萧条以来最重要金融监管改革法案的多德-弗兰克法案（Dodd-Frank Wall Street Reform and Consumer Protection Act）。作为对本轮金融危机的反思的结果，并为了尽可能防止类似危机的出现，该法案在2010年7月开始实施，其主要内容包括三大方面：①扩大监管机构权力，破解金融机构"大而不能倒"的困局，允许分拆陷入困境的所谓"大到不能倒"的金融机构和禁止使用纳税人资金救市，并可限制金融高管的薪酬。②在美联储之下新设立消费者金融保护局，赋予其超越监管机构的权力，全面保护消费者合法权益。③采纳所谓的"沃克尔规则"，即限制大金融机构的投机性自营交易，尤其是加强对金融衍生品的监管，以防范金融风险。但是，金融资本从一开始就采用各种方式抵制和影响法案的起草和通过，最终通过的版本成了妥协的产物，留下了许多漏洞。由于金融资本的抵制和游说，法案的执行过程总体是缓慢和比较无力的。因而，该法案并未达到其最初的目的，金融市场仍然是极其不透明的，投机和欺诈依然盛行。

向金融体系大量投放资金虽然没有带来实体经济繁荣，但在危机爆发之时确实防止了金融市场的崩溃，挽救了金融资本。同时，由于资本市场上长期充斥着大量低成本资金，这一方面带来了新一轮的资产市场的繁荣甚至泡沫，另一方面给发展中国家的经济发展带来了挑战。由于大量投机性资金充斥着市场，而新兴经济体的经济形势比发达国家要好，大量热钱流入新兴市场，相关国家的股票市场在危机之后甚至早于发达国家超过危机前的最高点，短期内刺激了新兴经济体的增长。但是，历史多次证明，这种短期投机性资本的流入会严重影响这些国家的金融和经济稳定，一旦市场上有了风吹草动，这些资金就可能集中在短时期内流出，导致这些国家的金融和经济危

---

① 世界银行，"世界发展指数"数据库（http://datacatalog.worldbank.org/）。

机。南方中心和国际清算银行都对此发出了警告。① 尤其值得注意的是，现在新兴经济体的经济总量已经达到全球的一半左右，而且与发达经济体之间形成了各种紧密联系，一旦新兴经济体的经济出现大的问题，发达经济体本就脆弱的复苏很可能会又一次被打断。

这种经济停滞与金融泡沫同时存在的局面在历史上是很少见的，现有的经济政策很难让发达国家走出这个困局。要解决实体经济的问题，应该减少贫富分化并加大政府投资，但这两者在目前的政治经济和意识形态格局之下均难以实施，毕竟现在发达国家的公共债务平均水平已经高达国内生产总值的1.1倍，而新自由主义仍然在这些国家的政策制定中处于统治地位。为使实体经济复苏或者至少不致再次陷入衰退，发达国家又必须保持宽松的货币政策。而这将加剧资产市场的泡沫程度。众所周知，泡沫越大，破裂后导致的后果越严重。要遏制住泡沫的发展，就必须逐步退出"货币宽松"的政策，甚至提高利率。而这，一方面可能戳破新兴经济体/发达经济体的资产泡沫，导致金融危机和经济危机；另一方面，可能会直接打击实体经济，导致经济危机。以美国为首的发达国家已经陷入进退维谷的两难境地。在不久的将来，又一场危机很可能难以避免。

三 金融垄断资本的统治是这种困局的基础

在20世纪30年代的大萧条中，金融垄断资本的力量受到重大打击，在随后的几十年里被严格管制，投机行为受到严格控制，因而出现了资本主义制度建立以来的历史上难得的几十年里没有出现重大金融危机的一个时期。

但是，正如马克思曾指出的，"生产过程只是为了赚钱而不可缺少的中间环节，只是为了赚钱而必须干的倒霉事。〔因此，一切资本主义生产方式的国家，都周期地患一种狂想病，企图不用生产过程作中介而赚到钱。〕"② 20世纪70年代末80年代初，面对产业资本和商业资本无力解决的"滞胀"等危机，金融资本再次浮出水面，逐步主导了发达国家的政治、经济、文化权力，在全球强制推行新自由主义，逐步削弱甚至解除了对金融市场的各种管

---

① 见 Yllmaz Akyüz, Crisis Mismanagement in the United States and Europe: Impact on Developing Countries and Longer-term Consequences, South Center, Research Paper 50, February 2014 (http://www.southcentre.int/wp-content/uploads/2014/02/RP50_Crisis-Mismanagement-in-US-Europe_EN.pdf) 和 Bank for International Settlements, 84th Annual Report: Time to Step out of the Shadow of the Crisis (http://www.bis.org/publ/arpdf/ar2014e.pdf)。

② 《马克思恩格斯文集》第六卷，人民出版社，2009，第67页。

首先，金融资本控制了巨大的经济和金融资源。不难想象，在各个发达国家中，最富有的那批人要么本人就是金融资本家，要么与金融资本有着密不可分的联系。以美国为例，其最富有的1%的人在全社会总收入中的份额在1928年曾经达到23.9%，之后一直下降到1976年的最低水平8.9%，随后开始上升，直至2007年的23.5%。① 2013年，美国最大的6家银行所拥有的资产就达到了9.6万亿美元，相当于美国当年国内生产总值的57%。经济基础决定上层建筑，控制了如此巨量经济和金融资源的金融资本自然会想方设法改变社会政治文化以有利于其攫取更多利润。

其次，金融资本逐渐主导了发达国家的政治进程，尤其是与经济金融相关的政策。哈贝马斯在其2011年发表的《论欧洲宪政》一书中指出，权力从人民手中滑落，技术官僚早就在筹划一场"悄然的政变"。② 最近的一个研究考察了美国1981~2002年的1779项政策，就富人、利益团体、普通民众对政府决策的影响程度进行了评估。结果发现，美国可以被认为已变成一个寡头政治的国家，国家权力集中在一小撮富人手里，他们往往拥有巨大的财富、在银行界、金融界或军事方面处于高层地位并且在政治上强势，普通民众对决策的影响力微乎其微。③ 金融资本对政治进程的影响和控制连一些主流学者也看不下去了，麻省理工学院斯隆管理学院教授，曾在2007~2008年担任国际货币基金组织首席经济学家的西蒙·约翰逊教授直斥美国已经变成了一个"香蕉共和国"，通过华尔街与华盛顿之间的人员流动（或称"旋转门"），以及对高等院校的渗透和影响，尤其是政治捐款的作用，美国已经形成了寡头政治，政府中的监管者、立法者以及学者都信奉了一套对金融资本有利的意识形态，认为有利于华尔街的就是有利于美国的，而且大型金融机构和自由流通的资本市场对美国在世界上的地位至关重要。④ 金

---

① 值得注意的是，越富有的人，其收入来源越依赖于资本市场，2007年，美国最富有的万分之一的人收入的70.6%来自资本收入，仅次于他们的最富的万分之九的人的收入只有49.4%来自资本收入，之后千分之四的人的这个指标只有33.1%，而即便是仅次于最富的1%的4%的人收入中只有15%来自资本收入。这些数据均来自于Thomas Piketty, *Capital in the Twenty-First Century*, Harvard University Press, 2014。

② Jürgen Habermas, On Europe's Constitution – An Essay, http://www.suhrkamp.de/fr_buecher/on_europe_s_constitution–juergen_habermas_6214.pdf.

③ Martin Gilens and Benjamin I. Page, Testing Theories of American Politics: Elites, Interest Groups, and Average Citizens, http://www.polisci.northwestern.edu/people/documents/TestingTheoriesOfAmericanPoliticsFINALforProduction6March2014.pdf.

④ Simon Johnson, "The Quiet Coup", *The Atlantic Monthly*, May 2009, http://www.theatlantic.com/magazine/archive/2009/05/the–quiet–coup/307364/.

融资本对政治进程的影响可能会变得更加明显。为防止富人操控选举,美国曾规定了向各类竞选人和政党捐款的上限。但是,随着金融资本的力量不断上升,这种表面的规定已经令其难以容忍了。美国联邦最高法院在2010年取消了对公司政治捐款的限制,2014年4月又宣布取消个人对联邦候选人及政党参与竞选活动最高捐款总额的上限。

正是因为这种经济政治生态,金融资本不仅在20世纪八九十年代逐步减少了各种管制,而且能让各国政府在危机爆发时及时出手,用纳税人的钱救助大型金融机构,从而让自身力量避免遭受重大打击,在危机中和危机之后继续支配着政治进程。在这种情况下,金融资本肆意妄为,完全不顾社会影响,在危机之中就大肆给金融机构的高管们发放巨额工资奖金。金融危机过后,金融资本继续让政府采取各种有利于自身的政策。事实上,《多德－弗兰克法案》自提出以后,金融资本一直想尽办法进行抵制,虽然最终国会通过了,但在实施过程中金融资本仍然在不断进行抵制,甚至鼓动各种力量试图推翻这个法案。

人们注意到,在危机之后金融资本的垄断性更强了,力量变得更大了。到2013年,美国最大的6家银行拥有美国金融系统67%的资产,其资产与2008年相比上升了37%。[①] 同时,金融业的利润继续远远超过制造业,占到美国企业部门利润的40%以上。

四 世界资本主义的未来

由于金融垄断资本继续控制了西方资本主义国家的政治、经济、文化大权,本轮金融危机之后,西方统治集团并未对导致危机的新自由主义理论和政策进行应有的反思,更谈不上推行合理有效的改革。因而,导致危机的基础性矛盾不仅没有缓解,反而更加尖锐。而目前已经出现的经济停滞与金融泡沫同时存在的局面使西方国家政府进退维谷。在这种情况下,资本主义的基本矛盾及其在新自由主义模式的资本主义国家中的各种危机表现将更加明显。金融垄断资产阶级的统治将难以持续。当然,作为资本主义最高阶段的帝国主义发展到今天,或者说作为帝国主义最高阶段的金融垄断资本主义发展到今天,是否意味着资本主义已经走到穷途末路,有待于我们的进一步观察和研究。但可能现在已经到了提出这个问题的时候了。

---

① Stephen Gandel, "By Every Measure, the Big Banks are Bigger", *Fortune*, September 13, 2013, http://fortune.com/2013/09/13/by-every-measure-the-big-banks-are-bigger/.

第十一章
新自由主义与资本主义经济危机[*]
——基于阶级分析方法的研究

裴小革[**]

摘　要　不论从世界各国国内还是国际上看，新自由主义主导的资本主义经济总趋向，都是由资产阶级及为他们服务的管理高层为争取更高收入的新目标决定的。资产阶级实施新自由主义的战略从其本身想达到的目标来看，取得了很大的成功，自新自由主义实施以来，少数资产者的收入和财富有了巨幅增加，他们在全球的霸权支配地位也一度有了很大提高。但是，正是这个战略导致了自 2007 年美国次贷危机以来出现的国际金融危机和经济衰退，以致人们把此次经济危机称为"新自由主义危机"，它暴露了新自由主义战略的深层矛盾和不可持续问题。

关键词　新自由主义　经济危机　阶级分析　金融化

新自由主义是资本主义发展到一个新阶段的产物，出现于资本主义国家普遍遭遇凯恩斯主义政策失灵的 20 世纪 70 年代。它代表了资产阶级与企业上层管理者特别是金融领域上层管理者的意志和愿望，这个阶级及其代理人

---

[*] 本文是中国社会科学院经济研究所创新工程项目"经济危机相关理论及其历史作用研究"、中国社会科学院经济研究所重大课题"资本主义经济危机理论研究"和教育部哲学社会科学研究重大课题攻关项目"《资本论》及其手稿再研究"（项目批准号：11JZD004）的研究成果，受到这三个项目研究经费的资助。

[**] 裴小革，中国社会科学院经济研究所研究员。

力图借助这个学说及其政策措施恢复自己在全球的霸权地位。资产阶级实施新自由主义的战略从其本身想达到的目标来看，取得了很大的成功。自新自由主义实施以来，少数资产者的收入和财富有了巨幅增加，他们在全球的霸权支配地位也一度有了很大提高。但是，正是这个战略导致了自 2007 年美国次贷危机以来出现的国际金融危机和经济衰退，以致人们把此次经济危机称为"新自由主义危机"，它暴露了新自由主义战略的深层矛盾和不可持续问题。本文试图采取马克思主义的阶级分析方法，对这些矛盾和问题做出探讨。

一　新自由主义在 20 世纪 70 年代的兴起

新自由主义是一个复杂现象，它是由一系列历史过程中的决定性因素汇聚到一起产生的结果，很难准确地描述它是从什么时候开始萌芽的。实际上，早在第二次世界大战结束以后，在经济学界就可以看到新自由主义的明显表达。在 20 世纪 70 年代早期，在围绕美元危机进行的有关浮动汇率的讨论中，以及在拉美国家有关经济政策的研究中，都有新自由主义的较早显露。但是，大家比较一致的看法还是，新自由主义的正式兴起发生在 20 世纪 70 年代末的美国和英国，几年以后又传到了欧洲大陆以及世界各国。在 20 世纪 70 年代的十年中，凯恩斯主义遭遇了在西方各国普遍失灵、出现经济滞胀的困境，当时美联储决定为阻止通货膨胀极力提高利率，则被看作新自由主义兴起的典型标志。

不论从世界各国国内还是国际上看，新自由主义主导的资本主义经济总趋向，都是由资产阶级及为他们服务的管理高层为争取更高收入的新目标决定的。收入更多集中于特权阶层少数人，是新自由主义所建立的新的社会秩序的关键性结果。这种新的社会秩序可以被看作一种新的权力格局，以及隐藏在背后的新的阶级力量格局。新的收入分配格局则是各种力量博弈的结果。新自由主义兴起以后，广大的工薪阶层的收入增长受到打压，利润率从 20 世纪 70 年代的低水平得到提升，或至少结束了它们的下降趋势。贸易和资本的放开使巨额投资在世界上具有有利条件的地区取得了高回报，美国大资本家以及可以得到资本收益的集团大获其利。由于西方发达国家的工人要与劳动成本低的发展中国家的工人竞争，自由贸易增加了工人的压力。巨额的资本收益还来自家庭和政府不断增多的负债。极度精巧和膨胀的金融机构在 2000 年以后发展到了一个新的高点，使金融部门和富裕家庭财源滚滚。最后，2008 年的国际金融危机暴露出，这些收入都是来源于虚假利润和对各种有价证券的过高估价。

除了社会各阶级的相对利益以外，美国在经济、政治、军事上的霸权地位也是需要考虑的。在2008年金融危机爆发之前的十年中，由于苏联解体和欧洲作为政治实体的弱化，美国在世界上的霸权地位是尽人皆知的。新自由主义在20世纪70年代挽救了美国霸权地位的衰弱，至少相对于欧洲和日本来说是如此。在新自由主义的作用下，美国就国内生产总值（GDP）来说，仍是世界最大的经济体，并在生产和金融部门的研发领域居于领先地位。美元仍是公认的国际货币。在20世纪90年代及21世纪以来，以全球化闻名的新自由主义从主要资本主义发达国家到很多发展中国家，传遍了整个世界，在亚洲和拉丁美洲都引起过严重的经济危机。

正像在帝国主义的任何阶段一样，推行新自由主义的强势国家使用的主要工具，除了直接经济掠夺以外，还有在弱势国家制造腐败、政局动荡和内外战争。在政治上，要扶植当地的亲帝国主义政府，并且要谋求当代强势资本主义国家之间的妥协合作，以及诸如北大西洋公约组织（NATO）、国际货币基金组织（IMF）、世界银行（WB）、世界贸易组织（WTO）等国际组织的配合。在经济上，资本主义强势国家推行新自由主义的主要目的，是想通过压低自然资源的价格和海外投资从别国榨取剩余价值，进行更多的资源购买和更多的直接国外投资。发展中国家愿意出售它们的自然资源和渴望接受国外投资，并不改变它们被强势资本主义国家欺压的性质，正像在一个特定国家内部，当工人们愿意出卖他们的劳动力时，他们的劳动仍是利润的最终来源一样。

新自由主义兴起的霸权现象，既是指各国内部资产阶级加强了在阶级之间等级关系上的强势地位，又是指少数资本主义发达国家加强了它们之于其他国家的强势地位。在新自由主义思潮的作用下，资产阶级上层在金融机构的支持下，作为上层利益集团的代表，取得了对社会的支配权。同样，在国际上，美国在金融机构的支持下，作为资本主义国家和资产阶级的代表，强化了其在世界上的支配权。资产阶级上层不同利益集团和资本主义各个发达国家在形成这种支配权的时候，既有合作又有争夺，但规则总是由霸权力量贯彻的。新自由主义在当代资本主义实体和金融领域兴起的过程中，有两个因素起了决定性作用，资产阶级上层在各国内部的支配地位和资本主义强势国家在国际上的霸权地位，这两个因素是互相交织和共同起作用的。2008年爆发的国际金融危机以及延续至今的欧洲危机和美债危机，则再次预示了由这两个因素决定的新自由主义兴起必将终结的历史轨迹。

二 现代资本主义阶级结构的演变

新自由主义是资本主义发展最新阶段的产物,这就需要研究现代资本主义阶级结构的演变。自20世纪初到现在,资本主义在公司治理、金融结构和管理方式方面都出现了变革,这标志着资本主义的阶级结构的制度框架出现了变化,新自由主义正是适应这些变化才产生的。下面,我们将主要参考美国的情况,对产生新自由主义的现代资本主义阶级结构演变做出分析。

在19世纪的最后几十年,企业的规模随着技术和组织的复杂化而不断扩大,交通和通信的发展也为企业在国内外扩张提供了更好的条件,同时,货币和金融机制随着银行、信贷和证券业的巨大发展也经历了整体转型。19世纪90年代发生了给美国经济造成很大打击的严重经济危机,这次经济危机在20世纪30年代更大经济危机之前本来也被称为"大萧条",它对资本主义阶级结构新的制度框架的建立产生了重要影响。在此前的几十年中,为了应对日益加大的竞争压力,资本主义经济中出现了很多托拉斯、辛迪加和卡特尔组织。19世纪90年代的经济危机普遍被人们认为是过度竞争造成的,增加了人们寻求避免致命竞争方法的动力。于是,1890年美国通过了《谢尔曼法案》,该法禁止独立经济实体之间通过达成松散协议来分享市场或利润,这是美国第一部有关竞争的联邦立法,这部立法限制了企业之间的松散协议,却促进了企业之间的合并和大企业的成长。

与此相联系,20世纪初很多资本主义国家的生产关系都出现了重大变革,其中比较突出的是在公司规模、金融控制和管理崛起等方面的变革,这些变革使现代的资本主义阶级结构有了与19世纪资本主义不同的特点。公司规模变革是指公司规模通过合并在规模上有了巨大增长。在1890年经济危机的影响下,先在新泽西州通过了《谢尔曼法案》,后来又在其他许多州制定了新的公司法,推动美国在1900年前后爆发了大规模的并购潮。金融控制变革则是由银行系统急剧扩张引发的,当大银行在复杂关系背景下资助新的并购企业的时候,实际上包含着对它们的支配和控制。这两方面的变革又促成了管理崛起方面的变革,在下层职员的支持下,高层管理人员在组织管理方面所起的作用达到了一个以"泰勒制"闻名的新高度,这是走向所有权与管理权分离的重要一步。尽管管理崛起变革发生于20世纪初,但它所导致的所有权与管理权的分离和与此相关的管理活动的专业性,仍是影响现代资本主义阶级结构的一个基本特征。

上述三种生产关系方面的变革,使资产阶级的生成不再特别依赖于一个单独企业，他们对生产资料的所有权是由占有股票支撑的，这是马克思所称的"货币资本家"，如借贷者、股东等大量增加的结果。公司规模变革和金融控制变革后，出现了金融机构支配的大公司，导致上层资产阶级的权力高度依赖金融机构的新型生产关系。资本家阶级权力在金融部门的集中和生产资料的证券形式重要性的加强，使资本家阶级在现代资本主义中的主导地位具有浓厚的金融色彩。因此，在现代资本主义社会，金融已不是一个孤立的产业，它包含着阶级和制度的方面内涵。

这样的金融仅适用于现代资本主义，在发生三大变革之前，"实业资本家"（企业家）之外的纯粹货币资本家和金融部门是存在的，往往很清闲，对经济没有多大的支配作用。但在20世纪初新的制度格局下，各个巨大的家族资本控制的大量股票和债券是潜在地存在于多样化的各个产业之中的，金融部门在资助资本积累和所有权职能的行使中发挥着重要作用。认识这种现象对于分析新自由主义至关重要。当然，这种社会秩序下的资产阶级权力离不开管理崛起变革，特别是金融机构管理的重要性大为增加了。

可见，在现代资本主义社会，阶级结构发生了不同于只有资本家和生产工人的更复杂的变化。除了传统的中产阶级，如小农、小商小贩和手工业者以外，经理和职员的队伍有了大幅增加。结果，在生产资料所有者和生产工人之间，并没有形成一个同质的中间阶级，各个阶级之间的界限变得更加模糊了。在工薪阶层内部出现了新的等级制和两极分化，领导者和下属之间的差距拉大了，形成了管理者和职员的二元结构，管理者居于支配地位，职员处于从属地位。这样，工薪阶层中少数加入了上层资本家阶级，相当大部分的职员加入生产工人形成大众工人阶级（包括从事服务业的各种职员），而他们之间主要由中间阶层经理构成的中产阶级变小了。

上述资本家阶级、中产阶级和大众工人阶级在现代资本主义社会中都不是同质的。在资本家阶级内部有少数上层和其余部分之分，有大量股票的拥有者，有中小企业业主，也有真正的小资产者。中产阶级内部有着职业等级的不同，大众工人阶级的生产工人和服务业职员都是低收入者，但社会地位仍有不小区别。19世纪末到20世纪30年代大萧条以前的几十年中，少数资产阶级上层有了越来越大的权力，而管理者阶层基本上是依附于少数资产阶级上层的，他们与大众工人阶级在权力上和收入上的差距是不断增大的。

从20世纪30年代大萧条和第二次世界大战到20世纪70年代的一段时间，发生了社会主义在世界范围内强势崛起，出现了资本主义相对衰败的政治经济形势，在这种形势下，影响现代资本主义国家阶级结构的一些因素发生了变化。第一个变化是大企业管理层的自主权得到扩大，同时国家的政府干预得到加强，发生了可以被理解为包含在广义管理变革中的凯恩斯变革，在这种变革中，国家加强了对经济的宏观政策调节。第二个变化是大众工人阶级的社会地位和收入有所增加。工人有了更多的集体谈判权和参与管理权，政府普遍实施充分就业政策、福利国家制度，在健康、教育和养老方面为大众工人阶级提供了一些帮助。第三个变化是资产阶级上层特别是金融资本的利益受到了较大限制。一是金融部门的目标被确定为服务于实体经济的发展，而不是新自由主义理论规定的服务于少数资本家的共同利益；二是管理层的行为更多的是以积累为导向，而不是以股东的资本收益为导向，股票市场不很活跃；三是较高工资导致了利润的减少。

这些变化体现在阶级结构中的演变就是，管理层和大众工人阶级之间出现了较多妥协，虽然这些妥协还远不足以排除管理层和资本家阶级的更大妥协，但已经使新自由主义理论规定的资本家阶级应该享有的权利受到了削弱。也就是说，资产阶级通过管理层，和大众工人阶级之间形成了一定程度的利益妥协。这种妥协的突出表现是，很多国家实施了国有化、国家计划、充分就业政策和金融部门服务于发展生产的政策。它们增加了管理层的自主权，而使资本家阶级的利益受到了一定限制。在国际上，现代资本主义阶级结构的这种变化在资本主义各国都有发生，但在美国发生的变化不如在欧洲和日本大。由于国有部门和私人部门并存，这时候的资本主义经济常被称为混合经济。

20世纪70年代以后，世界社会主义运动在世界范围逐渐陷入低潮，加上西方各国经济在没有根本改变资本主义的阶级结构的条件下实施凯恩斯主义经济政策的局限，使西方各资本主义国家普遍出现了滞胀危机，利润率下降，通货膨胀加重，这就为新自由主义的抬头和阶级结构重新走向两极分化创造了条件。现代资本主义阶级结构演变重新由新自由主义主导的标志，就是撒切尔和里根分别在英国和美国的上台。

新自由主义并没有阻止19世纪末发生的公司规模、金融控制和管理崛起的变革趋势，也没有取消国家的宏观经济政策，但使这些变革和政策的内容和目标都有了广泛和激进的变化。它推动管理崛起走向一个新的方向，要求管理回到"市场经济"（这里的"市场经济"实际上是指"不受限制的资本主义经济"，其实是要求管理层不受工会制约和政府调节，只听命于资产阶级上层），在各个经济领域特别是金融部门去规则化，实施意在保护资产阶级上层利益的宏观经济政策，即所谓管住货币，放开市场。

在新自由主义的主导下，上述变化都是与资产阶级上层的利益一致、有利于他们收入最大化的，大众工人阶级的收入和购买力受到了打压。

资产阶级上层借助新自由主义恢复了金融霸权,不断增长的政府和家庭债务成为金融部门巨额收入的来源。这些情况如果没有管理阶层特别是上层管理者和资本家阶级的结盟,是不可能发生的。就阶级结构来说,上层管理者和资本家阶级的结盟,取代或弱化了因社会主义在世界范围强势崛起而出现的上层管理者和大众工人阶级的结盟,是新自由主义兴起的重要条件。

三 资产阶级主导的新自由主义战略

20世纪70年代开始大行其道的新自由主义战略,始终是由资产阶级主导的,它像资本主义经济本身一样,不断受到其内在基本矛盾的困扰,因此,尽管它在实施初期对于克服凯恩斯学派经济政策的负面影响发挥了一定作用,但很快就引发了经济危机的大规模爆发。

新自由主义战略的一个首要经济社会秩序目标,就是大幅增加资产阶级上层的收入水平,少向生产领域投资,也尽量减少面向低收入者的社会福利和社会保障。在资本主义发达国家,为了在收入分配方面向资产阶级上层倾斜,国内投资被迫减少。特别是在美国,新自由主义战略意味着生产领域的收缩,制造业向发展中国家转移,自己只发展服务业,集中生产关键的知识、教育和研发,并向世界提供金融服务。这些国家都强调对知识产权的保护,并试图把自己打造成金融中心。它们所遭遇的风险,不仅是制造业基础商品的生产效率下降,而且是制造业的研发、创新和高技术商品减少,导致世界经济中心的地位受到动摇。

新自由主义战略增加资产阶级上层收入,又是通过国内和国际经济去规则的金融化来实施的。在美国这特别表现为出现大量家庭负债的"结构性金融",这样筹来的资金被大量卖给了外国投资者,金融衍生品市场大为扩张,各种危险的金融操作在世界范围内流行。新自由主义战略在充满不确定性的基础上,放任各种脆弱和难以控制的金融机构在美国和世界其他国家不断建立起来,2000年以后,更是不断激增。它使金融部门获得的非凡收入和赢利能力,在这些年越来越多地建立在不断累积的可疑资产和不安全资本所得的基础上,这种现象常被称为"生产虚拟化倾向"。只有经济危机才能把这种高收入和高利润的幻境还原到现实。

为了创造资产阶级上层的高收入,新自由主义战略主张尽力削弱政府的宏观经济管理能力。资本在国际上的自由流动,可以削弱或阻止给定国家的宏观经济政策。在没有全球性规则和政策,或有这样的规则和政策但很无效的情况下，不受限制的金融化和全球化使主要资本主义国家控制金融和宏观经济的能力都面临着巨大的威胁。在2008年爆发金融危机以前，只是一些加入新自由主义"共同体"的欠发达资本主义国家，如20世纪90年代的阿根廷，受到这种威胁的困扰。随着金融全球化的发展，情况发生了变化，世界任何地方都可以积聚巨额资本用于投资，美国经济比欧洲经济在新自由主义战略作用下聚集了更多爆发经济危机的内在风险。

实施新自由主义战略的各个资本主义典型大国，在增加资产阶级上层收入和减少宏观经济管理方面是很普遍的，美国则和它们稍有不同，美国利用其政治经济霸权地位，可以在推行新自由主义战略的过程中扩大自己在全球的金融霸权，在这方面它远远超出了其他资本主义国家。这样，新自由主义战略的内在矛盾在美国也就比在别处有了更典型的暴露。其突出表现是实体经济积累率的下降和经济不均衡的累积增加。美国还在另一个方面不同于其他主要资本主义国家，那就是由于其霸权地位和美元国际货币的独特地位，美国可以不要求对外贸易平衡，把商品生产的国际化推进到前所未有的水平。

一方面，美国国内经济的积累率是下降的；另一方面，消费需要却因进口和贸易赤字的增加而上升。结果，美国对生产能力的使用和与此相应的增长率水平，都要受到强烈的国内需求的刺激。这种刺激是建立在不断增长的家庭负债基础上的，它引发了住房投资的繁荣。这种繁荣的取得，又只能依赖于高风险的金融创新。相互联系的金融化和国际化，加上其他国家金融机构和政府与美国的联手合作，为大幅增加美国家庭负债提供了前提条件。新自由主义战略的宏观经济效应，有可能逐步侵蚀美国在世界上的霸权地位，但也有可能引发重大经济危机，一是有可能在主要资本主义国家，特别是在美国爆发金融危机导致新自由主义战略的搁浅；二是有可能爆发金融危机引发经济衰退，会使脆弱的金融结构更加不稳定，导致世界范围的经济危机；三是欠发达资本主义国家的经济危机，会加剧发达资本主义国家的经济危机；四是引发美元危机。上述可能有的已经变成了现实，例如2007年美国次贷危机引发了全球性金融危机以及延续至今的欧债危机和美债危机，有的是否发生还有很大的不确定性。

四　简要结论

2008年以来的国际金融危机以及延续至今的欧债危机和美债危机，都是在新自由主义战略推动下爆发的资本主义经济危机。新自由主义战略的兴起，既有它的阶级结构演变基础方面的原因，又有美国在世界范围内特别是金融领域的霸权地位方面的原因。

资本主义经济危机的起因首先在于资产阶级上层对高收入的追求，这种追求在金融化和全球化的过程中，为取得实际收入使虚拟资本剩余价值的创造超出了可持续的限度。金融化和全球化都是资产阶级上层获取高收入的工具。与战后初期对金融扩张实行严格限制不同，资产阶级主导新自由主义战略具有强烈的金融扩张冲动，2000年以后这种冲动更为强烈。金融化和全球化导致了脆弱的和不受控制的金融机构，同时弱化了起稳定作用的宏观经济政策。在一个自由贸易、资本自由流动的世界里，利率、贷款和汇率都是很难控制的。

新自由主义的金融化和全球化增加了资产阶级上层的收入，却引起了主要资本主义国家的经济失衡，这在美国表现得比较突出：①实体经济积累率低下和不断降低；②贸易赤字巨大；③对国内外债务的依赖不断增加。美国实体经济积累率低下只是引起经济危机的一个方面的原因，另一个更重要方面的原因则是消费的超常增加，特别是资产阶级上层的消费的超常增加。因此，此次资本主义经济危机不应被解释为积累过度或消费不足，而是积累不足条件下的消费过度。在美国，进口远大于出口，不断加大的贸易赤字支撑起了这种消费过度。

美国不断增长的家庭债务，是金融机构贪婪追求利润和去规则化的结果；不断增加的贸易赤字和资本内流，则是美国借助在世界上的霸权地位，可以在不使美元稳定遭受巨大冲击的条件下实行开放政策的结果。美国经济的这种失衡，产生了以下三个方面的影响：①家庭消费需求大幅扩张。新自由主义战略的一个重要影响，就是促使消费需求增加。由于实行贸易开放政策，用于满足消费需求的商品可以被不断进口。因此，这些消费需求并没有为美国国内生产者提供市场需求，而是增加了贸易赤字。②管理者下层和大众工人阶级的实际收入增长缓慢甚至下降，对消费需求的刺激主要依靠大胆的信贷政策。③由于无法平衡对外贸易，金融创新放松了信贷监管，金融衍生品市场过度发展，导致家庭负债增长扩张失控。

正是在这样的背景下，美国爆发了次贷危机并引发了重要金融机构倒闭。它们不仅是金融化一个方面的结果，而且是2000年以后美国金融扩张、宏观经济失衡中多种因素共同促成的结果。美国的次贷危机和金融机构倒闭像地震波一样冲击了全球脆弱的金融结构，它们是此次国际金融危机的触发器，但不是根源，因为同美国的次贷危机和金融机构倒闭一样，2008年以来的国际金融危机以及延续至今的欧债危机和美债危机,实际上都根源于资产阶级主导的新自由主义战略。

参考文献

陈佳贵、刘树成主编《国际金融危机与经济学理论反思》,中国社会科学出版社,2010。

程恩富:《应对资本主义危机要超越新自由主义和凯恩斯主义》,《红旗文稿》2011年第18期。

何秉孟主编《新自由主义评析》,社会科学文献出版社,2004。

凯恩斯:《就业利息和货币通论》,徐毓枬译,商务印书馆,1963。

李慎明主编,王立强、傅军胜、曹苏红副主编《美元霸权与经济危机》(上下册),社会科学文献出版社,2009。

裴小革:《经济危机整体论——马克思主义经济危机理论再研究》,中国社会科学出版社,2013。

王伟光:《世界金融危机和马克思主义与社会主义的历史命运》,《中国领导科学》2011年第10期。

吴易风主编《马克思主义经济学和西方经济学比较研究》,中国人民大学出版社,2009。

Ambler, S., et al. (1998), "The Cyclical Behaviour of Wages and Profitsunder Imperfect Competition", *Canadian Journal of Economics* 31: 148 – 164.

Axarloglou, K. (2003), "The Cyclicalilty of New Product Introductions", *Journal of Business* 76: 29 – 48.

Bibiie, Forin O., et al. (2012), "Endogenous Entry, Product Variety, and Business Cycles", *Journal of Political Economy*, April, Vol. 120, No. 2.

Basu, S., et al. (2006), "Are Technology' Improvements Contractionary?" *American Economic Review* 96: 1418 – 1448.

Benassy, J. P. (1996), "Monopotilistic Competition, Increasing Returns to Specialization and Output Persistence", *Economics Letters* 52: 187 – 191.

Bergin, Y. R., et al. (2008), "The Extensive Margin and Monetary Policy", *Journal of Monetary Economics* 55: 1222 – 1237.

Broda, C., et al. (2010), "Product Creation and Destruction: Evidence and Price Implications", *American Economic Review* 100: 691 – 723.

Bowles, S. and Ginitis, H. (1981), "Structure and Practice in the Labor Theory of Value", *Review of Radical Political Economics* 12 (Winter): 1 – 27.

Boyer, R. and Merais, H. (1970), *Labor's Untold Story*, 3rd ed., New York: United

Electrical Workers.

Colciago, A., et al. (2008), "Endogenous Market Structures and Business Cycles", Manuscript, University Milan Bicocca.

Dumènil, G. and Lèvy, D. (2011), *The Crisis of Neoliberalism*, Harvard University Press.

DenHaan, W. J., et al. (2010), "Inefficicient Employment Decisions, Entry Costs and the Cost of Fluctuations", Manuscript, University Amsterdam.

Dos Santos Ferreira, R., et al. (2006), "Free Entry and Business Cycles under the Influence of Animal Spirits", *Journal of Monetary Economics* 53: 311-354.

Dobb, M. (1973), *Theories of Value and Distribution*, Cambridge University Press.

Dmitriev, V. K. (1974), *Economic Essays on Value, Competition, and Utility*, edited by Nuti, D. M., Cambridge University Press.

Eatwell. J. L. (1974), "Controversies in the Theory of Surplus Value: Old and New", *Science and Society*, 38 (Winter): 281-303.

Friedman, M. and Schwartz, A. (1963), *A Monetary History of the United States*, Princeton University Press.

Gamble, A. and Walton, P. (1976), *Capitalism in Crisis*, The Macmillan Press Ltd.

Hayek, F. A. (1974), *A Tiger by the Tail*, London: Institute of Economic Affairs.

Hayek, F. A. (1968), *Studies in Philosophy Politics and Economics*, London: Routledge & Kegan Paul.

Hunt, E. K. (1992), *History of Economic Thought: A Critique of Economic Theory*, New York: Harper-Collins.

Johnson, Harry G. (1971), "The Keynesian Revolution and the Monetarist Counter-Revolution", *American Economic Review*, Vol. 61, No. 2, May, pp. 1-14.

Jaimovich, N., et al. (2008), "Firm Dynamics, Markup Variations and the Business Cycle", *Journal of Monetary Economics* 55: 1238-1252.

Kurihara, K. ed. (1955), *Post-Keynesian Economics*, London: Allen & Unwin.

Lichtenstein, P. (1983), *An Introduction to Post-Keynesian and Marxian Theories of Value and Price*, Armonk, N. Y.: M. E. Sharpe.

Meek, R. L. (1956), *Studies in the Labour Theory of Value*, 1st ed., London: Lawrence and Wishart.

Munday, S. (1996), *Current Developments in Economics*, The Macmillan Press Ltd.

Persson and Tabellini (2000), *Political Economics - Explaining Economic Policy*, The MIT Press.

Preworski, A. (1986), "Material Interests, Class Compromise, and the Transition to Socialism", in Roemer, *Analytical Marxism*, Cambridge: Cambridge University Press, pp. 162-188.

Romer, C. D. and Romer, D. H. (2013), "The Missing Transmission Mechanism in the Great Depression", *The American Economic Review*, Vol. 103, No. 3, May, pp. 66 – 72.

Robbins, L. (1935), *The Nature and Significance of Economic Science*, London: The Macmillan Press Ltd.

Rowthorn, B. (1974), "Neo-Classicism, Neo-Ricardianism and Marxism", *New Left Review* 29: 34 – 69.

Strachey, J. (1934), *The Nature of Capitalist Crisis*, London: Golancz.

Samaniego, R. M. (2008), "Entry, Exit and Business Cycles in a General Equiliburium Model", *Review of Economic Dynamics* 11: 529 – 541.

Sawyer, M. (1989), *The Challenge of Radical Political Economy*, Savage, Md.: Barnes & Noble.

Walters, A. (1969), *Money in Boom and Slump*, London: Institute of Economic Affairs.

第十二章
西方左翼学者、共产党人关于金融危机的反思

刘志明[*]

摘 要 西方左翼学者、共产党人把国际金融危机的原因归结为金融化、新自由主义和资本主义的停滞趋势,批评西方各国政府应对国际金融危机的举措只是维护有产阶级的利益,主张对资本主义体系进行根本性的改造。他们认为,这场国际金融危机使世界多极化趋势更加明朗,未来有可能出现新的战争和革命的浪潮。西方左翼学者和共产党人从不同视角对金融危机所做的深刻反思是当代需要的觉悟,但他们也有一些观点是非马克思主义的。科学把握西方左翼学者、共产党人关于国际金融危机原因、对策与影响等问题的主要观点,对我们正确理解这场金融危机,正确判断后金融危机时期的国际国内形势,更好推进中国特色社会主义事业,具有重要意义。

关键词 西方左翼学者 共产党人 金融危机 反思

一 关于国际金融、经济危机的原因

面对2008年爆发的迅速引发全球大动荡、加速世界大变革大调整的国

---

[*] 刘志明,中国社会科学院马克思主义研究院研究员,世界社会主义研究中心特邀研究员。

第十二章　西方左翼学者、共产党人关于金融危机的反思

际金融、经济危机，西方一些左翼学者和共产党人深刻意识到马克思主义理论对于科学分析和正确理解当前金融危机发生原因与实质的重要指导意义。正如世界著名左翼学者、政治经济学家萨米尔·阿明（Samir Amin）指出的："今天，对于理解和改造世界，马克思从未如此有益和必要。"[①] 他们从不同视角对这场金融、经济危机的原因进行了反思，其观点主要有以下几种。

（1）把国际金融、经济危机的"深层原因"归结为"金融化"。尽管世界纷纷以美国为例来解剖此次作为"一个长期进程的产物"的世界金融危机的原因，但美共主席萨姆·韦伯（Sam Webb）认为，许多人只是觉察到了这次危机的"直接原因"，诸如"储备金过少、掠夺性的放贷、危险的金融工具、撤销管制、影子金融市场、泡沫经济"等，他们"并不知道金融化是把美国金融体系和经济带入万丈深渊边缘的深层原因"。他指出，"金融化是一柄双刃剑。正是金融化的成功促使美国经济和世界经济产生了新的薄弱环节，使其变得不可持续。在金融化刺激国内和全球经济的同时，也使美国的家庭债务、政府债务和企业债务天文数字般堆积，这些债务可以在一夜之间爆炸；在它刺激经济增长的同时，也引起美国和世界经济动脉的极大不稳定：过去20年不断发生的金融风暴就是证明；在它延长资本主义周期性循环的上升期的同时也导致经济的'硬着陆'，最终使危机变得更为严重（这正是我们今天所要经历的）；在它创造巨大财富的同时，它也成功地把美国历史上最多的财富由财富的创造者工人身上转移到财富占有者——美国金融资本的上流社会手中。"[②] 葡萄牙共产党也把这种"反复出现的""成为日益严重的国际传染病"的金融危机看作"世界资本主义制度不断金融化、金融资本支配世界的结果"。

（2）认为国际金融、经济危机的根本原因是资本主义的"停滞趋势"。国际著名左翼杂志《每月评论》（*Monthly Review*）主编、美国俄勒冈大学社会学教授约翰·贝拉米·福斯特（John Bellamy Foster）认为，这场危机的根本原因是，从20世纪60年代末战后繁荣结束以来，实体经济中的生产和投资一直处于停滞趋势。鉴于此，资本主义就通过使经济金融化的方式来弥补停滞趋势的后果，这使金融泡沫恶性膨胀并和实体经济的表现越来越脱

[①] Samir Amin, "Seize the Crisis!", *Monthlyreview*, December 2009, http://www.monthlyreview.org/091201amin.php.

[②] Sam Webb, "Opinion: Finances and the Current Crisis: How did we Get here and What is the Way out? Part 1", http://www.peoplesworld.org/opinion-finances-and-the-current-crisis-how-did-we-get-here-and-what-is-the-way-out-part-1.

离，最终导致了当前美国和世界的金融危机。① 他还指出，新自由主义经济学坚持认为当前金融危机和大萧条一样源于货币因素，这完全没有认识到这场危机的本质。无独有偶，美国著名左翼学者罗伯特·布伦纳（Robert P. Brenner）也批评美国前财政部长鲍尔森、美联储主席伯南克等把当前这场危机只简单地当作金融业问题来解释，并认为他们所谓"深层次的实体经济还是稳固的"、所谓的"经济基础还是完好的"之类的观点"最能误导人"。在他看来，"导致眼下危机的根源在于1973年以来，尤其是2000年以来发达经济体经济活力的下降"。他还指出："在一个又一个经济周期里，美国、西欧、日本等经济体的经济状况急剧恶化，无论从哪个宏观指标——GDP、投资、实际工资等——来看，情况都是如此。最能说明这个情况的是，刚刚结束的2001～2007年这个经济周期是战后经济最糟糕的时期，尽管这也是和平年代美国政府刺激经济最频繁的时期。"他认为发达经济体经济活力长期下降的原因在于，"自20世纪60年代末以来资本投资回报率深层的、持续的下滑……利润率下滑的主要原因在于全球制造业持续性的产能过剩。"②

（3）强调新自由主义是国际金融、经济危机的根源。世界著名左翼学者、美国麻省理工学院学院教授诺姆·乔姆斯基（Avram Noam Chomsky）认为："在很大程度上，南方大部分国家遭遇的粮食危机和北方国家遭遇的金融危机有一个共同的来源：20世纪70年代以来向新自由主义的转向，它终结了二战后美国和英国创立的布雷顿森林体系。"③ 美国马萨诸塞州立大学经济学教授、国际知名左翼学者大卫·科茨（David Kotz）也认为："这次金融危机是1980年以来新自由主义在全世界泛滥所导致的一个非常符合逻辑的结果。"他把新自由主义的资本主义归结为这次金融危机的"根本原因"。在他看来，金融危机因为新自由主义"解除对金融的管制"和导致"贫富分化日益严重"更容易发生。④ 国际马克思大会两位主席之一、法国巴黎第十大学教授杜梅尼尔也认为新自由主义是这次危机的原因。他指出，有两条路径使新自由主义美国霸权最终不可避免地走向危机：一条路径是非

---

① John Bellamy Foster and Fred Magdoff, "Financial Implosion and Stagnation back to the Real Economy", http://monthlyreview.org/081201foster-magdoff.php.
② 蒋宏达、张露丹：《布伦纳认为生产能力过剩才是世界金融危机的根本原因》，《国外理论动态》2009年第5期。
③ Noam Chomsky, "Crisis and Hope: Theirs and Ours", http://bostonreview.net/BR34.5/chomsky.php.
④ http://www.peri.umass.edu/fileadmin/pdf/conference_papers/d_arista/neoliberatlism_darista.PDF.

第十二章　西方左翼学者、共产党人关于金融危机的反思

美国的因素，主要包括对高收入的渴求、金融化和全球化等；另一条路径则与美国的霸权有关，国际贸易的平衡与美国国内的不均衡是其中两个重要的方面。①

西方国家的共产党也坚持认为，过去几十年里的新自由主义政策对经济危机的产生负有不可推卸的责任。正如希腊共产党在第十八次党代表大会的报告中所指出的："在过去三十多年中，资产阶级的政策从凯恩斯主义逐渐转向了新自由主义政策。这种新自由主义政策的显著表现就是从国家干预下'松绑'经济中的战略部门，恶化劳动关系，从而降低劳动人民的实际收入。这样，人民消费水平在一定程度上就需要通过增加个人抵押贷款来维持。在遭受如此剥削的重压之下，个人抵押贷款呈现了爆炸性的增长"，资本主义的基本矛盾尤其是"生产的无限扩大同人们的购买力相对下降之间的矛盾"因而不断激化，从而导致危机产生。

（4）强调经济危机的爆发是"资本主义基本矛盾"的产物。国外的许多共产党组织都秉持这一观点。如2008年11月28日巴西共产党网站发布的第十届国际共产党工人党大会通过的《社会主义是替代选择！——圣保罗宣言》就认为："这次大规模的经济危机同资本主义不可调和的内在矛盾与本质特征密不可分。"希腊共产党指出："在危机袭来时，生产的社会化和生产资料被资本家占有之间这一基本的不可调和的矛盾变得越来越明显"。② 希共还把导致危机的资本主义基本矛盾首先归结为"生产过剩和消费需求不足"之间的矛盾。葡萄牙共产党也认为，这次"震中首先出现在资本主义霸权国家"的金融危机，"起源于生产过剩、过度积累与市场萎缩、消费需求不足（原因是工资缩水、两极分化及公共开支的减少等）之间的矛盾"。③

著名左翼学者、美国纽约大学皇后学院教授威廉·K.塔布（William K. Tabb）也认为，"生产过剩与社会需求"之间的矛盾导致了这次金融、经济危机，他指出，"在一个不合理的社会结构中，生产过剩与社会需求得不到满足并存，是这个体系的特征，资本利用它的阶级力量，并挑动工人阶级互相反对，其结果就是处处都给予工人压力，迫使他们接受更低的报酬。

---

① 转引自周思成《"世界经济危机与新自由主义"学术研讨会综述》，《国外理论动态》2010年第6期。
② 转引自王喜满《希腊共产党关于当前世界资本主义经济危机的看法》，《国外理论动态》2009年第3期。
③ 刘春元：《葡萄牙共产党关于当前资本主义国际性危机及其应对措施的分析》，《国外理论动态》2009年第2期。

由资本占有的剩余价值不能在生产领域找到出路,就涌入了金融投机领域,在那里,它被吸进投机的泡沫中,这些泡沫终将破裂,并在整个经济领域中造成混乱和痛苦。"①

(5) 认为金融危机是"近几十年来全球化进程不可避免的结果"。印度共产党(马克思主义)政治局委员西塔拉姆·亚秋里根据"全球化的两个重要特征"得出了这一观点。他认为,探究这次危机的原因,必须对全球化的以下两个重要特征予以高度重视:"首先,这个过程伴随着富国与穷国之间以及一国之内穷人与富人之间的经济不平等。在《2007～2008年人类发展报告》中,事实凿凿的统计证实了这一点。世界上40%的人口每天靠不到2美元生活,这部分人的经济收入仅占全球收入的5%,而20%的富人们却占据了世界总收入的75%。世界上有超过80%的人居住在收入差距不断拉大的国家。其次,全球化加剧了'失业和经济一同增长'的现象。全球范围内就业的增长率低于GDP的增长率。这两点放在一起意味着世界上绝大部分人的购买力下降了。当前,当生产的产品卖不出去的时候,资本主义不可避免地陷入到危机中来。在这种情况下,资本主义能够维持其利润水平的唯一方法就是鼓励那些穷人努力去获得贷款。然而,当还款的期限一到,必然出现坏账。这就是关于近来美国所发生的次贷危机而导致的房屋价格的大幅下跌以及大量的房屋贷款坏账的准确解释。"②

二 关于应对国际金融、经济危机的战略策略

国际金融危机爆发后,西方一些左翼学者和共产党人对西方各国政府从根本上是"维护有产阶级利益"的包括一系列"救市""国有化"和"经济刺激"计划在内的摆脱危机的对策进行了尖锐的批评,同时提出了着眼点在于社会公平和改善民生的应对危机的各种战略策略和政策主张。

(一) 批评西方各国政府应对危机的政策措施

(1) 批评西方各国政府应对危机的举措只是"维护有产阶级的利益"。葡萄牙共产党分析西方各国政府应对金融危机的各种凯恩斯主义意义上的管制措施后揭露说,这些方案的根本出发点和右翼分子、社会民主党、大资本

---

① William K. Tabb, "Four Crises of the Contemporary World Capitalist System", *Monthly Review*, October 2008, http://www.monthlyreview.org/081006tabb.php.
② 程光德:《印共(马)论当前世界资本主义危机》,《国外理论动态》2009年第3期。

第十二章　西方左翼学者、共产党人关于金融危机的反思

家们以前推行的新自由主义政策措施一样，依然只是金融投机家和大资本寡头，"他们要灌输虚假的凯恩斯模式的改良主义'倒退'思想。事实上，他们一贯利用国家来加强对劳工的剥削，使公共服务私有化，把一切能够产生利润的东西都交给资本家。现在，他们又利用国家来拯救高级复杂融资市场，把损失社会化，以此继续使金融资本获利。这些措施以这种方式导致更大的资本积累，促进合并和收购行为，使投机性的'机制'和股票交易的上下波动得以延续，以赚取更多的钱"。正因为所谓"救市"或"援助"计划只不过是金融寡头们操纵西方各国政府继续玩弄的"利润私有化"、"损失国有化"把戏，只不过是他们拿纳税人的钱来挽救行将崩溃的大金融资本的命运的冠冕堂皇的手段而已，因此，许多左翼人士和共产党人不关心或者说反对金融援助计划就不是什么不可理解的事情了。例如，诺姆·乔姆斯基就这样说道："在十亿人面临饥饿的时候，拯救银行并不是最重要的。同时不要忘了在世界上最富裕的国家里承受饥饿困难的数千万人。"

针对美国为缓解危机而采取的所谓"最重要"对策，即联邦储备银行降息，以促进市场利率的下降，日本学士院院士、东京大学荣休教授、著名马克思主义经济学家伊藤诚（Makoto Itoh）也揭露了它只是维护金融寡头和投机家们的利益的实质。他这样评论说："伴随着这种作用的利率政策，明显是为了照顾因次贷关联证券的价格下跌而陷入亏损和流动性短缺困难的金融机构、机构投资者的利益。"①

正是鉴于危机袭来时"私有市场经济制度中政府支出首要目标是维护有产阶级的利益"这一明显不过的事实，约翰·贝拉米·福斯特坚持认为，资本主义制度下的政府不会为包括无家可归者在内的每一个人提供必要的住房，不会建立一个覆盖全部人口的单一保险机构式的全国公共卫生体系来代替漏洞百出的医疗保险制度，不会大幅度削减支持帝国统治的大规模军费开支，不会对富人征收更高的税款向低收入者进行转移支付，不会使全球环境得到更好的保护，总之，不会实施可行的政策满足公众的基本需要。也正鉴于西方各国政府为摆脱危机出台的"任何政策都不能缓解资本主义制度内在的腐朽性"，希腊共产党指出，"工人尤其是共产党应该反对这些欺骗性的观点：'调节资本主义'、资本主义的'心灵净化'和'人道主义'。"

（2）批评西方各国政府应对危机的举措没有触及经济危机的根源。国际著名左翼学者、斯洛文尼亚卢布尔雅那大学哲学系教授斯拉沃热·齐泽克（Slavoj Žižek）认为，在当前的危机中，主流意识形态不是将金融危机归咎

---

① 〔日〕伊藤诚：《美国次贷危机与当代资本主义》，《理论视野》2008年第7期。

于全球资本主义体系本身,而是归咎于它的偏差,即疏于监管、大金融机构的腐败等,这是之前新自由主义资本主义意识形态的延续,并不能有效地应对危机。① 英国社会主义工人党理论家、著名左翼学者克里斯·哈曼(Chris Harman)也认为,西方各国政府应对危机的举措从来只局限于在自由市场经济和国家干预之间选来选去。现在,它们转向"国家干预"以应对危机。在他看来,这"并没有触及经济危机的根源"。他还讽刺说:"当你患流行性感冒时,如果你只是服用镇痛药,你的头痛只是暂时得到缓解,头痛迟早还会再找上你。"② 著名左翼学者、美国约翰·霍普金斯大学教授大卫·哈维(David Harvey)以学者应有的严谨表示,美国贸易和财政赤字过高、国内利益集团的政治和意识形态阻碍、美国去工业化已久等因素终将使美国的"凯恩斯主义"经济刺激计划遭到失败。③

日共前主席不破哲三也批评说,"资本主义国家的救治措施治标不治本",因为,"当前的危机既有金融危机又有生产过剩危机,而资本主义国家的拯救措施主要着眼于金融危机,通过国家财政采取大量救济措施,不可能解决根本性问题"。④

(二)提出旨在促进社会公平与民生改善的各种应对危机的战略策略

(1)主张对资本主义体系进行根本的改造。鉴于"当权者试图在不改变阶级力量格局的前提下摆脱目前的危机",大卫·哈维认为,人们要"改变这种格局",无疑"需要的是民众主义的义愤填膺,因为它会引起像拉美地区那样的政治运动"。他还表示"希望这些政治运动能达成共识",即着眼于"对资本主义体系进行根本的改造"。⑤ 著名左翼学者、阿根廷社会学家和政治学家阿蒂略·博龙进一步指出,要实现对资本主义体系的根本改造,必须以列宁主义思想为指导,"加强群众的组织和意识""重建人民群众的社会、政治和思想""应从思想上使全社会相信,资本主义应对危机的方法治标不治本",应"使人民意识到,唯一能够获得积极成果的斗争就是

---

① Slavoj Žižek, "Use Your Illusions: Obama's Victory and the Financial Meltdown", *Lonon Review of Books*, 14 November 2008.
② 转引自时家贤译《从资本主义制度层面探究世界金融危机的根源》,《国外理论动态》2010年第2期。
③ 〔美〕大卫·哈维:《美国与中国经济刺激方案比较》,《国外理论动态》2009年第7期。
④ 赵静:《日共前主席不破哲三谈国际金融危机对当代资本主义和世界社会主义的影响》,《当代世界》2009年第5期。
⑤ 禚明亮译《大卫·哈维谈资本的逻辑与全球金融危机》,《国外理论动态》2010年第1期。

第十二章　西方左翼学者、共产党人关于金融危机的反思

针对资本主义的斗争"。他还指出,"批评的矛头不应仅指向一项政策或资本主义的新自由主义阶段,也应指向资产阶级社会的基础结构。"① 在他看来,当前"明确的反资本主义态度"应当是加强工会和群众的凝聚力,深化民主参与机制,力争在当前的危机中减少失业;重新掌握社会中的基本生活资料;转变新自由主义推行的私有化和非调控机制;发动一场深刻的纳税革命,以终止其递减趋势;帮助群众解决粮食和水危机带来的问题;加强国际一体化、"美洲玻利瓦尔替代计划"等机构和计划,以便粉碎资产阶级将危机的代价转嫁给拉美国家的企图;等等。希腊共产党也认为,"现在的危机要求工人阶级予以坚决的反击,要求工人阶级围绕着有利于劳动人民的反帝国主义目标进行阶级斗争。工人阶级应该坚持毫不妥协的抵抗和斗争,而不是和解、妥协的路线,后者会有利于资本主义治疗它的创伤。人民应该攻击这头'受伤的猛兽',而不是给它时间以疗伤和恢复。国际共产主义运动和国内共产党的战略应该在以阶级为导向的工会运动中,在反帝国主义运动中,在以引导人民实现生产资料社会所有制、计划生产和工人管理为目标的人民联盟中积聚力量。所有这些都要求推翻现有的各种资产阶级政权。"希共还表示相信,"虽然我们目前还不具备推翻资本主义政权的所有条件,但是,当前的形势表明可能朝着有利于人民的方向加速发展。"

(2) 强调挽救危机的真正方法是"满足社会底层的基本需求"。约翰·贝拉米·福斯特深刻指出,尽管处于社会顶层的利益集团同样因危机受到损失,但本应该为此承担责任的他们却在竭尽可能利用资本主义制度的现有机制,以损害其他社会成员为代价弥补损失、获取利益。在他看来,挽救危机的真正方法只能是满足社会底层的基本需求,而不是耗费普通纳税人的财富为处于社会顶层的少数人打造"黄金降落伞"(golden parachutes)。

葡萄牙共产党也认为,要真正地从根源着手解决眼前的危机,必须着眼于社会底层的需求采取以下措施:在国内,为深受危机侵害的工人和人民提供基本的社会保障;迅速地大大提高工人和人民大众的购买力(即提高工资和养老金),改善国民收入的分配,作为促进消费、刺激生产的关键措施;在民主的框架下对主要的生产资料实行社会所有制,由国家控制金融体系;加强国家在经济中的作用,同时制定政策促进公共投资,恢复国家的社会功能;政府必须干预,使银行实施更低的利率;通过偿付公司拖欠款项;尤其是要偿付公众基金,以减轻公司的金融压力。

---

① 〔阿根廷〕阿蒂略·博龙:《从无穷的战争到无尽的危机》,李慎明主编《世界在反思:国际金融危机与新自由主义全球观点扫描》,社会科学文献出版社,2010,第314页。

英国共产党在《左翼纲领》中提出了自己尽量"满足社会底层的基本需求"以应对危机的必要举措,如必须在住房建设、能源和交通领域进行公共投资并实行公有制,在制造业进行大规模战略干预,采取增加退休金和福利的措施等。① 美共主席萨姆·韦伯也指出,美国人民要摆脱金融危机带来的巨大挑战,"在近期,需要采取一些直接措施恢复金融市场的有序运行,刺激经济发展,最重要的是要提高美国人民的生活水平。从长期来看,则需要在国家和企业层次实行新经济管理模式,改变政府和企业的功能使其关心工人、受种族歧视者和受民族压迫者、妇女、年轻人及其他社会团体。"他认为,"新模式应该吸取罗斯福新政的经验,但首先要根据今天的情况来制定,以促进工人及广义上的被压迫人民的政治和经济的进步"。他还指出,"这种模式虽不是社会主义性质的,但它将挑战资本主义代理人的权力和行为,坚持和平与平等,把能源和金融联合企业收归公有,使美国的经济和社会非军事化,并保护环境。经济危机使富兰克林·罗斯福获得由产业工会领导的全民联盟的支持,使其能够调整国家的功能以有利于普通百姓。美国人民应从中获得鼓舞和能量,走一条相似的道路。"②

(3) 宣称社会主义是结束金融危机的唯一途径。在俄共看来,资本主义的金融、经济危机证明了争取社会主义斗争的必要性。正如久加诺夫所说:"资本主义不可避免地走向破坏性的危机、社会灾难和军事冲突。只要高利贷者和投机者的权利和利益置于物质和精神价值创造者的权利和利益之上,社会就不会成为和谐的。这一切迫使我们必须加强争取社会公正、争取劳动者的权利和自由、争取社会主义的斗争。时代执着地证实了这一斗争的必要性和必然性。"③ 2008年11月28日巴西共产党网站发表的第十届国际共产党工人党大会通过的《社会主义是替代选择!——圣保罗宣言》则不仅认为争取社会主义的斗争必要,而且认为社会主义是"结束资本主义破坏性危机的唯一途径"。正如该宣言指出的,全球经济危机后的人类历史"正处于两股力量尖锐交锋的十字路口",一方面是对和平、主权、民主、工人和人民权利的巨大威胁,另一方面是为人类解放事业、为社会进步与和平事业、为社会主义与共产主义事业而奋斗的强大力量。参加此次大会的各国共产党和工人党一致表示"坚信社会主义是实现真正、彻底的人民独立,保障工人阶级权益,结束资本主义破坏性危机的唯一途径"。

---

① 刘笑元:《英国共产党关于金融危机应对措施的分析》,《国外理论动态》2009年第2期。
② 杨成果:《美国共产党论美国金融危机的根源与出路》,《国外理论动态》2009年第2期。
③ 刘淑春:《世界金融危机形势下的俄罗斯共产党》,《中国社会科学院报》2009年2月3日。

三 关于金融、经济危机对全球政治与安全的影响

国际金融、经济危机对全球政治与安全的深刻影响是不言而喻的。在西方许多左翼学者和一些国家的共产党人看来,这场金融、经济危机对全球政治与安全的影响主要表现在以下几个方面。

(1) 国际力量对比发生新的此消彼长,世界多极化趋势更加明朗。金融危机爆发后,西方尤其是美国的许多左翼学者认为,因为这场危机的影响是不对称的,就是说,美国等西方发达国家的经济受到的打击更为沉重,经济衰退程度也更深,再加上金融危机使西方资本主义国家根深蒂固的局限性和日益严重的寄生性、腐朽性再次暴露在世界人们面前,这场危机因而宛如一个神奇的加速器,大大加快了地域政治力量对比由西方向东方转移和有利于新兴强国的世界范围内的权力平衡调整,以及世界从单极格局向多极化格局转变的进程。比如,诺姆·乔姆斯基就认为,"世界秩序正在发生着许多变化,而亚洲在这其中发挥着重要作用。中国在全球权力转移中发挥着最核心的作用,尽管以中国为代表的新兴国家暂时还没有占据到世界中心的位置,但已经从劳动密集型向跨国界的资本贸易转移。"① 威廉·K.塔布也认为:"一个多极化的世界正在给另一些国家提供某种机会。中国、印度和俄罗斯之间进行合作的趋势如果成熟了,将从华盛顿那里实现全球实力的转移。因此,我们很可能正在进入一个新的时期。"伊曼纽尔·沃勒斯坦也认为,"眼前的危机也标志着一个政治循环的终结,那就是始于(20 世纪)70 年代的美国霸权的终结。美国依然会是一个重要角色,但面对西欧、中国、巴西和印度等多个权力中心,它再不可能恢复从前那种一家独大的地位。"② 他还指出,在美国霸权的主要支柱彻底动摇的同时,"核心地缘政治大国开始尝试相互达成协议以确定哪一种解决办法最理想。这是一个纷乱的时期,人们将尝试各种可能性来判断他们能做什么。在这样一个缺乏透明度的时期,可能会形成东亚和美国的联合,欧洲和俄罗斯的联合,而印度还不能确定其走向""我们处于一个非常复杂、混乱的多极格局之中"。③

(2) 新自由主义全球化将走向终结。许多西方学者都注意到,金融危

---

① 转引自《一些专家对后危机时代国际关系看法》,《人民日报》2010 年 9 月 20 日第 23 版。
② 〔美〕伊曼纽尔·沃勒斯坦:《资本主义即将终结》,李慎明主编《世界在反思:国际金融危机与新自由主义全球观点扫描》,社会科学文献出版社,2010,第 194 页。
③ 刘海霞译《伊曼纽尔·沃勒斯坦谈国际金融危机与美国霸权危机》,《国外理论动态》2010 年第 6 期。

机后，许多国家越来越有强力地干预市场进程，凯恩斯主义的应对危机措施似乎"顺应历史新潮流"般地大行其道，倾向社会福利再分配的政策的一个个则如同时代的新宠儿，全球贸易、资本流动和移民人数与金融和贸易保护主义则都呈抬头之势。他们因此大多认为，尽管这场金融危机尚不会造成资本主义的彻底崩溃，但危机无疑是经济全球化的一个转折点，将终结20世纪80年代开始的新自由主义全球化时代，英美的自由市场模式将会丧失其部分吸引力和影响力。

鉴于"全球化政治平衡正在往回摆动"的事实，伊曼纽尔·沃勒斯坦认为，新自由主义全球化将被作为资本主义世界经济历史的一次周期性摆动记录在案。不过，在他看来，真正的问题不是这个阶段是否结束，而是正如从前一样，回摆是否能够恢复世界体系的相对均衡状态。或者，造成的破坏已经太大了？我们现在是否已经进入世界经济以及作为整体的世界体系的更加暴力的混乱之中？①

（3）左翼将迎来自己发展的新的巨大契机。这场国际金融、经济危机无疑使西方左翼学者和共产党人更加坚信资本主义难以克服的痼疾，并对在一个缺乏左翼政治运动的环境下复兴社会主义、马克思主义的前景生出期许。美国社会主义工人党（SWP）编辑乔尔·戈伊尔（Joel Geier）就认为，因为"这场自由市场的灾难，使我们更有论据来争论资本主义的必然失败以及基于人类需求的制度更替"，金融危机无疑意味着"已被边缘化了几十年的左翼终于获得巨大的发展契机"。② 美共主席萨姆·韦伯也认为，虽然在过去半个多世纪里，尽管包括美国共产党在内的美国左翼力量进行了艰苦卓绝的斗争并做出了不朽的贡献，但由于麦卡锡主义、冷战思维、拒绝革新等原因，左翼力量处于美国政治的"边缘地带"，不是美国政治的一个决策者，不能像20世纪30年代那样影响美国的政治进程，也无法像其他国家的许多左翼政党那样发挥作用，但是，他相信，在这场金融危机面前，"过去不会重演。在新的政治图景中，左翼力量有机会从美国政治的边缘步入主流，从而有机会在决定国家前途命运的争论中获得话语权；有机会调动和影响千百万美国人的思想和行为。"③

法国著名左翼理论家阿兰·巴迪乌（Alain Badiou）也指出，这场世界

---

① 〔美〕伊曼纽尔·沃勒斯坦：《资本主义的新自由主义全球化阶段正走向终结》，《国外理论动态》2008年第5期。
② 张寒译《金融危机：一场全球性的资本主义系统性危机》，http：//theory.people.com.cn/GB/49154/49155/9389015.html。
③ 〔美〕萨姆·韦伯：《美共：在变化的世界中求进步》，《国外理论动态》2010年第1期。

第十二章 西方左翼学者、共产党人关于金融危机的反思

金融危机使广大民众认识到,"人类解放的主题从来没有失去它的效应,毫无疑问,'共产主义'一词正体现了这一主题。"他认为,不能任由共产主义被"贬低和侮辱",现在应该"重新提倡共产主义,并使它更为明晰。这种明晰也是它一直以来的特征,就好像马克思在创立共产主义理论时说过的,共产主义用最激进的方式打破了传统观念,提出了社会中每个人的自由发展是所有人自由发展的条件"。[①] 的确,在法国,因为全球经济危机的威胁、右翼政府的强权攻势以及对改良派社会党的极度不满,法国群众的"左倾"趋势愈来愈明显,这使一个以法国激进左派政党"革命共产主义同盟"为基础,同时集合了其他激进左翼力量成分的"新反资本主义党"于2009年2月在巴黎市郊应势而生。在短短几个月内,"新反资本主义党"在法国各地就成立了460个地方性委员会,吸引了9000多人参加。该党提出了"要对整个社会进行结构调整"的政治目标,还主张对主要的行业实行国有化,关闭证券交易所和利用本次资本主义危机来建立一种可以捍卫社会革命性变革的力量,以反对私有制,重建"更加民主"的社会主义未来。马来西亚大马社会主义党的朱进佳认为,"这是法国左翼力量在野蛮与革命时代的重新出发,也将有助于欧洲以至世界各地激进左翼的发展。"[②]

关于拉丁美洲左翼的发展情况,西班牙《起义报》的一篇文章指出,"委内瑞拉诞生了一位民族主义的军人、玻利维亚的土著总统、巴西的前冶金工人、智利和阿根廷的女人当政、巴拉圭穿着凉鞋就职的前主教、厄瓜多尔的支持凯恩斯学说的经济学家,这些都构成了南美洲一张正在拼凑当中的左派版图。"[③] 该文还认为,尽管出现了目前的"全球资本主义"危机,但是拉丁美洲的大批左派政府却为"乐观主义情绪"的产生提供了土壤。

(4)可能出现新的战争和革命的浪潮。美国左翼学者洛仁·戈尔德纳认为,国际金融危机后,因为没有一个国家能继续扮演美国"老大"的这一角色,未来将在两种前途的斗争中展开:或者是一个世界资本的政府,或者是一个可能的新的工人阶级的"天堂风暴"。在他看来,这场自1929年以来最大的资本主义危机可能在为1919年以来规模最大的工人起义准备条件,革命可能会出现突破,正如他所说:"历史给我们提供了难得的机遇,

---

[①] 肖辉、张春颖:《巴迪乌论当前的金融危机》,《国外理论动态》2009年第8期。
[②] 朱进佳:《法国左翼力量的重新出发》,http://www.wyzxsx.com/Article/Class20/200902/69731.html。
[③] 布鲁诺·福尔尼奥、巴勃罗·斯特凡诺尼:《南美的左派:正在拼凑的一张版图》,李慎明主编《世界在反思:国际金融危机与新自由主义全球观点扫描》,社会科学文献出版社,2010,第142页。

如果我们不能抓住这一机遇，我们这一生就再也碰不到这样的机会了。"他还援引90年前罗莎·卢森堡的话说："革命这样说道：我曾经在，我现在在，我将来还在。"① 他认为可以预见的是，除了中左翼准备出来重组世界资本主义外，威权主义的右翼将会再现，不过，通常右翼"这一派将会采取一些与温和左翼相同的措施（如法西斯主义者在两次世界大战之间所做的那样），并将威吓潜在的起义，迫使其转变为'为保卫（资产阶级）民主而战'"。

萨米尔·阿明也认为，金融危机后"意味着可能出现新的战争和革命的浪潮。这种可能性很大，因为占据支配地位的国家除了想把体系恢复到金融崩溃之前的状态之外，没有任何其他想法"。不过，他也指出，在当前形势下，虽然人们能够看到社会抗议运动的发展，但从总体上说，在缺失一种连贯的、与挑战相匹配的政治计划的情况下，社会抗议运动无力挑战与寡头资本主义联系在一起的社会秩序。

四　对西方左翼学者、共产党人关于金融危机反思的简要评价

从马克思主义的立场、观点和方法出发，我们应该可以对西方左翼学者和共产党人关于国际金融危机反思的林林总总的观点，做如下几点简要的评价。

第一，西方左翼学者和共产党人从不同视角对金融危机所做的深刻反思是我们当代需要的觉悟，对我们正确和全面认识国际金融危机的原因、影响与西方国家应对金融危机举措的实质，对我们全面正确判断后危机时代的国际国内形势，更有针对性地加强和改善宏观调控，进一步巩固和发展应对国际金融危机冲击的成效，对我们加快转变经济发展方式，更加自觉坚持扩大内需战略，保持经济平稳较快发展，对我们更加注重保障和改善民生，对我们更加充满信心地建设世界政治经济新秩序，更加积极主动参加国际合作，维护我国主权、安全和发展利益，等等，无疑都具有十分重要的意义。

第二，虽然有一些西方进步左翼人士敏锐地意识到"马克思的观点对于理解和讨论当前的金融危机是有重要指导意义的"，并把反思的目光开始"投向马克思对资本主义进行的批判"，而且还正确地把这次国际金融危机

---

① 转引自〔美〕洛仁·戈尔德纳《当前金融危机与资本主义生产方式的历史性衰落》（下），《国外理论动态》2009年第10期。

第十二章 西方左翼学者、共产党人关于金融危机的反思

的基本原因归结为马克思主义创始人揭示的资本主义基本矛盾激化的产物的观点,但是,必须指出,也有更多的左翼人士尤其是温和左翼人士回避资本—劳动的普遍矛盾,有意抛弃马克思主义阶级理论和剩余价值理论的基本概念,他们更倾向于使用"人道主义""全球的货币""市场经济""不发达""第三世界""东方—西方""北方"和"南方"等西方资产阶级的语言,更侧重于和西方资产阶级的右翼一样把这场金融危机看作人性"贪婪"的结果,因此,应该可以说,他们虽然在反思金融危机的原因时也批判资本主义,但他们的阶级立场并不是马克思主义的,甚至是反马克思主义的。

而且,鉴于当代资本主义从20世纪70年代已经开始了"从国家垄断向国际金融资本垄断转变",鉴于各发达资本主义国家尤其是美国最全面、最典型地体现了资本主义国际金融资本垄断阶段"经济加速金融化""金融虚拟化、泡沫化""金融资本流动、金融运作自由化""实体经济逐步空心化""劳动大众日益贫困化""经济乃至国家运行的基础债务化"这样几个根本特点,以及鉴于在资本主义的国际金融资本垄断阶段,生产社会化同生产资料私人占有之间的矛盾仍在进一步发展,企业内部尤其是金融企业内部的有组织性、计划性同超越国界的全球性无政府状态间的矛盾空前尖锐,生产无限制扩大的趋势同劳动大众相对贫困导致有支付能力的社会购买力不足的矛盾在进一步激化,我们也认为,深入分析金融危机和经济危机的原因,有必要使"马克思主义关于资本主义金融、经济危机的基本观点"更为"贴近"资本主义国际金融资本垄断阶段的这一新的实际,因此,我们有理由认为,把这次国际金融危机爆发的原因归结为"国际金融垄断资本主义基本矛盾日益激化的必然结果"[①]的观点,可以说是"马克思主义关于资本主义金融、经济危机的基本观点"的与时俱进或者说进一步地深化,因为它不仅坚持了马克思主义关于资本主义金融、经济危机的基本观点,也给马克思主义关于资本主义金融、经济危机的基本观点充实了新的时代内容。

第三,西方一些左翼学者对西方国家应对危机举措的批评,提出旨在促进社会公平与民生改善的政策主张,不能说丝毫不会影响欧美国家的决策,但从根本上说它们是为缓解资本主义制度的危机或者说"改良"资本主义制度及其主导下的世界政治经济秩序服务的。因此,应该可以说,西方许多左翼人士和共产党人虽然挣脱了资产阶级的新自由主义"意识形态网",但是又自觉不自觉地深陷进资产阶级的其他"意识形态网",尤其是民主社

[①] 参见何秉孟《当代资本主义的新发展:由国家垄断向国际金融资本垄断过渡》,《红旗文稿》2010年第3期。

主义的"意识形态网"之中。在金融危机使欧洲经济发展模式同样受到质疑、欧盟各国普遍陷入经济衰退的深渊的情况下,左翼人士的"福利模式"对策就多少显得不太现实了。而且,即便如俄共等提出了社会主义的"必要性",即便一些左翼学者提出了"反资本主义"的要求和战略并宣称"革命可能发生"和"革命现在在",但是,因为他们并没有将自己的对策诉诸广大的劳工群众,也没有积极塑造马克思主义意义上的社会力量并取得这种社会力量的支持,因此,应该可以断定,他们的主张、对策将更多的只是停留在"讲坛"和"学术会议"的意义上,换言之,他们仍然"可能"再一次丧失历史提供给他们的极好机遇。正如古巴全国人大经济事务委员会主任、著名经济学家奥斯瓦尔多·马丁内斯(Osvaldo Martinez)深刻指出的,"资本主义体系重大的经济危机并不会造成一种预先确定好的政治走向。从这些危机中,可以产生走向左翼的运动,同样也可以出现走向右翼的运动。所有这一切并不取决于经济危机,而取决于在特定的环境中各种政治力量的行动,取决于这些力量的成熟状况,以及它们循序引导政治走向的能力。因此,未来将要发生什么事情,这只能根据目前处于冲突中的各种政治力量的灵活性、娴熟的斗争艺术、正确的战略和领导能力来加以回答"。[1]

第四,对于西方左翼学者关于金融危机影响的观点,我们需要一分为二地对它们进行分析。一方面,应该说,他们很好地把握了金融危机后世界格局多极化和世界资本主义面临大调整的新的历史趋势,以及左翼面临的新的难得的历史机遇,但是,必须指出,他们关于金融危机的上述影响有一个"度"的问题。例如,在如何认识国际政治格局调整变化的问题上,一方面要承认世界多极化的趋势和美国霸权地位因为其经济基础被严重削弱、其软实力和全球影响力被大打折扣而受到严重冲击的事实;另一方面也要看到国际金融危机对于改变国际政治格局来说,其影响还只停留在量的层面,并没有从质上动摇现有格局的基础,总之,目前尚没有给一超多强的国际政治格局带来"飞跃"式的变化。正如瑞典安全与发展政策研究所研究员约根·斯特罗姆先生所指出的,在安全结构上,美国作为世界上军事力量最强大的国家,对于地区乃至全球的安全仍起着至关重要的作用;在生产结构上,美国仍处于产业链的高端并居于主导地位;在金融结构上,美元还是世界上最主要的储备和结算货币之一;在知识结构上,美国的软实力依旧不可小视,并且创新能力继续领先世界其他国家。因此,尽管美国在这次危机中"很

---

[1] 转引自宋晓平《当前国际金融危机、全球化和发展问题——第十一届全球化与发展问题大会综述》,《世界社会主义研究》2009年第5期。

第十二章　西方左翼学者、共产党人关于金融危机的反思

受伤",但其维持霸权的能力和意愿并未丧失。①

第五,在如何认识新自由主义走向终结的问题上,一方面完全有理由认为,曾经在过去30多年的时间里,"被吹嘘成一种世界观,渗透到所有生活领域"的新自由主义经济政策学说,即所谓"自由放任"的、"自由市场"的西方资本主义思想体系已经在全世界面前声誉扫地了,但是,也应该看到,作为曾经肆虐全球的所谓"最成功的意识形态"或者说"意识形态霸权",与资本主义及其私有制,尤其与大资本家、大垄断资本集团紧密相连的新自由主义不会被埋入泥土之中,它仍然存在深厚的世界政治经济和社会根源,"将来有一天经济形势一旦变暖,它还会东山再起。大概只要有大垄断资本集团存在,特别是大金融资本存在,社会就有新自由主义之类的理论观点泛滥。"②

第六,关于金融危机对左翼的影响问题,一方面应该意识到左翼面临巨大的发展契机有众多事实可以检验和验证,它的客观性不能否认,不能把它只看成一种所谓"纯粹的"主观愿望;但另一方面也不能否认,这场危机也对左翼带来了艰巨的挑战,尤其是拉美新左翼政府的改良主义就面临这次金融危机的严峻挑战。正如美国著名左翼学者詹姆斯·彼得拉斯指出的,拉美新左翼政权(或称后新自由主义政权)虽然采取了一些反贫困措施和稍微扩大了一些社会开支,但是它们都没有根本性地改变它们继承下来的新自由主义基本经济结构:近几年的经济复苏高度依赖初级农矿产品的出口以及国际热钱的流入、资本相对于劳动的巨大优势仍然如旧,因此当如今的世界经济危机来临时,这些政权日益暴露出其脆弱性。它们可能利用凯恩斯主义来赢得短暂稳定,但凯恩斯主义几年后的失败将使它们被更激进的左翼即社会主义或更极端的右翼即法西斯主义代替。③ 而且,还应该看到,西方左翼人士和共产党人并没有真正做好资本主义制度"取代"意义上的阶级组织及其替代实践和理论的深入思考,他们迄今为止也都没有提出"雄心勃勃要实现变革的观点"。④ 正是鉴于此,美共主席萨姆·韦伯认为,尽管金融危机后的民意调查一再显示,社会主义对美国人民的吸引力在增强,但"显然社会主义还不会立刻被提上政治日程。目前的力量对比和千百万美国

---

① 参见约根·斯特罗姆《影响刚刚发酵》,http://theory.people.com.cn/GB/12772954.html。
② 刘国光、杨承训:《关于新自由主义思潮与金融危机的对话》,《红旗文稿》2009年第4期。
③ 〔美〕詹姆斯·彼得拉斯:《世界经济危机挑战拉美新左翼政府的改良主义》,《国外理论动态》2009年第2期。
④ 《加拿大学者:现代社会印证了马克思的预见》,http://news.xinhuanet.com/world/2009-05/26/content_11439293.htm。

人的思想观念还没有达到拥护社会主义的程度——这是我们进行任何严肃的战略战术探讨的起点"。[1] 西方国家的共产党和世界左翼政党现在面临的这种情况,使我们不禁想起邓小平1988年10月17日在会见罗马尼亚共产党总书记、罗马尼亚总统尼古拉·齐奥塞斯库时说的那段极其精辟的话:"现在的情况和过去大不一样。我们走的是十月革命的道路,其他国家再走十月革命的道路就难了,因为条件不一样。没有执政的共产党正在寻找其他的、新的途径,但还没有找到一个成熟的观点、成功的办法。总的来看,没有执政的共产党正在衰弱,它们的影响也在缩小。"[2] 当然,我们也认为,如果资本主义世界金融、经济危机反复出现、不断加深并导致社会阶级矛盾不断激化,如果中国特色社会主义道路越走越宽广,如果其他社会主义国家不断开拓创新和谱写新进步新发展的新篇章,我们并非不可以做出这样的预见:西方国家的共产党和世界左翼政党将日益活跃在各自国家政治生活的前台和世界政治格局的中心舞台,世界社会主义运动将成功走出苏东剧变以来的低谷,等等。

---

[1] 〔美〕萨姆·韦伯:《美共:在变化的世界中求进步》,《国外理论动态》2010年第1期。
[2] 中共中央文献研究室编《邓小平年谱(1975 - 1997)》(下),中央文献出版社,2007,第1254页。

第三篇

资本主义经济金融化与国际金融危机的背景下，切实维护中国国家经济安全

第十三章
人民币国际化与美元霸权地位

李长久[*]

摘　要　美元、科技创新和军事实力是美国维护"全球特权"地位的三大支柱,三者的关系是,炒作美元从全球获取的超额利润,有力地支持科技创新和增强军事力量。因此,美国采取各种手段,打压可能削弱美元作用的其他国家货币,维护美元霸权地位。我们要吸取货币战争的经验教训,深化金融管理体制改革,建立良好国内金融秩序,为实体经济提供更好的金融服务,保障经济社会健康持续发展;不断提高人民币信誉和影响,推动人民币的跨境使用,审慎稳健实现人民币国际化,为全球金融市场稳定和各国共同繁荣,做出更大贡献。

关键词　美元霸权　人民币国际化　货币战争　金融危机

一　美元霸权为美国带来巨额垄断利润

1944 年 7 月,44 个国家代表在美国布雷顿森林举行联合国货币金融会议,制定了《国际货币基金协定》,规定美元与黄金挂钩,其他国家货币与美元挂钩,同时实行固定汇率制。布雷顿森林体系实为美元—黄金本位制,

---

[*] 李长久,新华社世界问题研究中心研究员。

美元成为黄金等价物、国际清算货币和各国主要储备货币。70年来，美元逐步成为国际主导货币，为美国带来难以统计的超额利润。

（一）美国大量印发美元廉价购买全球产品

自1971年8月15日美元与黄金脱钩以来，美国贸易逆差不再受黄金储备的约束，全球进入完全信用货币时代。由于美元是世界贸易的主要结算货币，这意味着美国对外贸易逆差可以由美联储发行美元加以弥补。

里根政府行政和预算局局长戴维·斯托克曼2013年3月31日在《纽约时报》发表题为"国家崩溃：美国资本主义的腐败"的文章指出，自2000年3月以来，美联储疯狂印钞已把资产负债表规模从5000亿美元增加到3.2万亿美元，即"以每小时6亿美元的惊人速度增发钞票"。文章认为："美国在财政、道德和才智上已经崩溃，美联储挑起了一场全球货币战争，日本已经参与进来，巴西和中国感到恼火，德国主导的欧元摇摇欲坠，很快将被这场战争打垮。"

据统计，从2009年3月18日美联储第一次实行量化宽松货币政策到2013年底，美联储共印发3万亿美元。美国印发美元的数量大大超过美国外贸逆差额。美国著名历史学家弗朗西斯·加文在《黄金、美元与权利》一书中指出，美元与黄金脱钩后，美元对世界市场的控制力反而加强了，由于摆脱了黄金的束缚，美元得以自由地吹涨。几十年来，世界纸面财富总量增加速度高于实际财富增长的数十倍，而两者的落差，基本上被美国所收获。英国《金融时报》评论员马丁·沃尔夫发表《新资本主义》一文认为："20年前的经济体制在很大程度上正在成为历史。如今我们看见全球化击败了地方主义、投机商战胜了企业管理者、金融家征服了生产者。我们正目睹20世纪中期的管理资本主义向全球金融资本主义转变。"①

诺贝尔经济学奖获得者米尔顿·弗里德曼认为："美国的国际收支经常项目逆差从根本上说不是逆差，而是盈余。为什么这样说呢？因为来自世界的投资者都愿意持有美元，这是美国经济成功的信号。"② 美国外交学会国际经济学部负责人、《布雷顿森林体系之争》一书的作者本·斯泰尔2013年2月26日在《华尔街日报》网站发表题为"为何不会产生新的布雷顿森林体系"的文章指出："美国仍在使用自己印制的货币偿还债务。美元仍占全球外汇储备的60%，与10年前的70%相比有所下降。今天，除美国外其

---

① 马丁·沃尔夫：《新资本主义》，英国《金融时报》2007年6月19日。
② 米尔顿·弗里德曼访谈，《永远保持清醒》，德国《经济周刊》2002年7月25日。

他国家 75% 的全球进口产品仍以美元计价。只有中美充分认识到贸易不平衡带来的严重问题，组建新的货币合作体系才有希望。"

（二）美国通过汇率战从全球获得超额垄断利润

早在 1971 年，时任尼克松政府财政部长的约翰·康纳利就坦言："美元是我们的货币，却是你们（世界）的问题。"美国采取美元阶段性贬值或升值的政策，即利用汇率战从全球获得超额利润。

基于国内经济形势变化调整利率和汇率，在经济增速加快和经济繁荣期，美联储提高利率，美元升值，吸引全球大量储蓄流入美国，满足美国政府和企业的资金需求；在经济增速放慢和经济衰退期，美联储降低利率，美元贬值，转嫁金融和经济危机。无论美元升值还是贬值，对美国都是利大于弊，特别是美元贬值给美国带来大量超额利润。据统计，自 20 世纪 70 年代初以来，美元已经三轮大幅度贬值。通过操纵汇率，美国获得多少超额利润呢？中国人民大学国际货币研究所副所长向松祚指出，2001~2006 年，美国累计对外借款 32090 亿美元，然而在此期间美国净负债却减少了 1990 亿美元，等于美国净赚了 34080 亿美元，其中仅美元贬值就赚取 8920 亿美元，资产负债收益差距让美国赚了 16940 亿美元，其他手段赚取 14690 亿美元。34080 亿美元相当于美国这 6 年的军费开支。[1] 这就意味着，美元霸权创造的超额利益，等于世界各国为美国庞大的军费开支"买单"！

西班牙《起义报》2011 年 8 月 4 日发表题为"为何美国和美元都不能倒下"的文章指出，控制和操纵资本主义世界"美元化"经济的是金融集团和跨国公司，而它们以美联储和华尔街为基础。美国《华尔街日报》网站 2013 年 1 月 8 日发表文章评论 2008 年美国实行量化宽松政策引起美元汇率波动时指出，不管出现什么情况，美元都会是最后的赢家。

（三）美国利用收益差从全球获得超额垄断利润

专家统计显示，发展中国家向美国提供廉价商品换取美元的大部分又购买了美国国债或其他债券，回报率为 3%~4%，美国利用流入美元和国内资金，再以直接投资方式回流发展中国家，回报率达到 10% 甚至高达 30%。美国利用回益差从全球获得超额利润。

美国对外欠下巨额债务，却是正收益；中国对外拥有大量净资产，反而

---

[1] 参见向松祚《美国的资产负债表》，英才杂志网，2012 年 3 月 30 日。

是负收益。据统计，截至2013年底，中国对外金融资产总额达59300亿美元，对外金融负债为39600亿美元，拥有19700亿美元的对外净债权，但投资收益却是逆差599亿美元，主要原因是：中国对外金融债权的65.3%体现为庞大的储备资产，平均收益率只有2.8%，而海外流入中国的金融资产中60%是直接投资，平均投资收益率达5.74%。国家外汇局国际收支司司长管涛2014年6月12日在中国政府网接受访谈时介绍，经测算，2005～2013年，中国平均对外投资收益率是3.3%，和主要发达国家回报水平差不多。外国对中国投资的收益减去中国对外投资的收益即投资差额为逆差，2013年中国资本对外输出所得（涵盖外汇储备对外投资和对外直接投资）与外商在华直接投资（FDI）在中国投资所得利润的逆差为599亿美元，仅次于2011年853亿美元的创纪录逆差。管涛认为，这反映了中国对外开放中的结构性问题。

所谓"对外开放中的结构性问题"，主要是中国和美国对外投资特别是中美相互投资结构不同，收益率差距甚大。截至2013年底，美国对外投资累计额达53000亿美元，其中在中国直接投资累计额超过700亿美元，外资企业在美国直接投资累计额为32000亿美元；中国引进外商直接投资累计额达23000亿美元，中国对外直接投资累计额为6000亿美元，其中在美国直接投资累计额不到100亿美元。但是，中国购买美国国债累计额达12700亿美元，占中国外汇储备余额38200亿美元的33.2%。据统计，美国跨国公司海外投资利润占美国全部公司利润之比从1950年的5%升至2008年的40%，1999～2008年，美国跨国公司海外投资利润从1819亿美元增至9563亿美元，增长了4倍多，是美国国内企业盈利的1.8倍，年均增长率达18%。中国购买美国国债收益率不到4%，而美国跨国公司在华投资收益率超过20%。

美国跨国公司全球销售收入相当于美国进出口贸易总额的两倍以上，如果包括跨国公司全球销售收入，美国一直是经济全球化受益最多的国家。美国前贸易代表希尔斯2008年6月26日在美国国会作证时指出，美国很少人知道，全球市场的开放每年为美国增加1万亿美元的收入，相当于每个美国家庭每年增加9000美元。

利用对外投资和引进外资收益之差，为美国源源不断地增加财富，经济史学家尼尔·弗格森评论说，这看上去就像"现代经济史上最大的免费午餐"。[①]

[①] 加里·邓肯：《经济议题：最后的午餐账单可能宣告美元统治地位的结束》，英国《泰晤士报》2004年10月11日。

二 打压竞争对手，维护美元霸权地位

早在20世纪70年代，时任美国国务卿的基辛格在展望美国地缘政治的长期目标时宣称："谁控制了石油，谁就控制了所有国家；谁控制了粮食，谁就控制了所有的人；谁控制了货币，谁就控制了整个世界。"

1774年，北美13个殖民地决定发行自己的货币，并定为"dollar"。1792年，美国颁布《铸币法》，规定美元为美国货币单位，并确立了双本位制，即黄金、白银均为法偿货币，由立法规定其兑换比率。1900年，美国颁布《金本位制法》，黄金成为美元唯一标值，允许美元纸币兑换黄金。1909年，时任美国总统的塔夫脱实行金元外交政策，鼓励银行家扩大海外投资，通过资本渗透获取海外市场和殖民地特权，美元成为美国对外扩张的金融"利器"。2013年12月16日，美联储举办了该机构成立100周年纪念活动。100多年来，美国不断打压竞争对手，实现了美元从一国货币到国际主导货币并维护其霸权地位。

美国在1890年成为世界第一经济大国，1900年美国人均收入超过欧洲，1913年美国黄金储备占世界黄金储备的70%。经过第一和第二次世界大战，"日不落"大英帝国日趋衰落。但是，英国仍奋力维持英镑的国际主导货币地位。1931年英国组成"英镑集团"，1939年9月成立英镑区，这是由英国控制的排他性货币联盟，旨在与美元对抗和争夺世界市场。因此，英国和英镑成为美国打压的首要对象。

中东石油对英国经济和军事都极为重要，而沙特阿拉伯是中东地区探明石油蕴藏量最多的国家。根据1933年协议的秘密附件，加利福尼亚—阿拉伯的美孚石油公司在沙特阿拉伯的领土上已取得优先开发权，并于1939年5月31日成功行使这一权利，将其专有的特许权区域扩大到44万平方英里。1944年2月18日深夜，时任美国总统的罗斯福接见英国驻华盛顿大使哈利法克斯时，他们讨论焦点集中在中东问题上。罗斯福给这位大使看了他画的一张中东草图。罗斯福对英国大使说，波斯湾（伊朗）的石油是你们的，伊拉克和科威特的石油由我们分享，至于沙特阿拉伯的石油则是属于我们的。2月20日，仅在看到哈利法克斯关于会见罗斯福的报告几小时之后，英国首相丘吉尔就给罗斯福发了一封电报说，他"怀着日益增长的忧虑"正在关注着石油问题。他声称："关于石油的争论对于我们伟大的共同事业和奉献来说将是一个不幸的序幕。就这里的一些消息来源所见，美国企图夺去我们中东的石油资产，而我们海军的全部供应依靠

中东石油。"①

1945年2月中旬，苏联、美国和英国首脑参加雅尔塔会议之后，罗斯福和他的顾问们乘"神牛"号总统座机到达埃及苏伊士运河区，然后上了美国军舰"昆西"号，另一艘美国军舰"墨菲"号载着沙特国王伊本·沙特。伊本·沙特见到罗斯福时说，他是总统的"难兄难弟"——罗斯福由于脊髓灰质炎而坐在轮椅上，伊本·沙特因在战争中腿部受伤而行走困难。《纽约时报》外事记者苏兹贝格在总统和国王会晤后立即写道："单是沙特阿拉伯巨大的石油蕴藏就使得这个国家对美国外交的重要性比几乎任何其他的较小国家都要大。"② 虽然丘吉尔做了种种努力，美国还是取代了英国在中东地区的主导地位。

直到1914年爆发第一次世界大战前夕，在世界外汇储备中英镑还占64%，英镑仍是国际主导货币。经过两次世界大战的沉重打击，英国从债权国变为债务国，无可奈何地走向衰落；美国却从债务国变成债权国，到1944年布雷顿森林会议制定《国际货币基金协定》，美元取代英镑成为国际主导货币。

俄罗斯总统普京认为，1991年苏联解体是"20世纪最大的地缘政治灾难"。原苏联部长会议主席雷日科夫在《大国悲剧》一书中深刻指出，苏联解体主要原因是内部问题。在苏联综合国力与美国相比仍有较大差距、社会主义阵营矛盾增加的形势下，1961年苏共领导人赫鲁晓夫提出"在20年内（到1980年）基本上建成共产主义社会"。1971年苏共领导人勃列日涅夫声称世界革命的条件已经成熟，已"出现社会主义在全世界取得胜利的前景"，对国内已经积累的体制、结构和发展方式等深层次问题和矛盾却不进行有效改革。美国历届总统不约而同地利用苏联的内部问题和矛盾，主要也是采取金融政策，推动苏联走向解体。美国中央情报局雇员、曾参与策划瓦解其他国家的施魏尔在《里根政府是怎样搞垮苏联的》一书中介绍，1981年初里根入主白宫后立即与美国安全委员会和内阁中少数要员制定了搞垮苏联的战略和政策。

美国搞垮苏联的主要战略和政策有，第一，实施"星球大战"计划，与苏联展开大规模军备竞赛，使苏联陷入财政困难。里根政府从1983年3月23日起实施"星球大战"计划，苏联大力应战。1986~1990年，苏联军费开支几乎是国民收入增长的两倍，曾达到苏联GDP的1/4。曾任苏联外长的别斯梅尔特内赫指出，美苏军备竞赛加速了苏联衰落。苏联将军卡卢金认为，美国实施搞垮苏联的诸多政策和措施成为苏联解体的催化剂。第二，在

---

① 〔美〕丹尼尔·耶金：《石油、金钱、权力》，新华出版社，1992，第410页。
② 〔美〕丹尼尔·耶金：《石油、金钱、权力》，新华出版社，1992，第415页。

第十三章 人民币国际化与美元霸权地位

苏联陷入财政困难之际，美国策划引导国际油价下跌。苏联经济和财政收入都严重依赖石油出口。由于油价上涨，1973~1982年，苏联石油出口量增加不到一倍，而石油出口收入却增加了14倍。1984年4月，美国中央情报局局长凯西到中东产油国，以供应武器为条件说服这些国家增加石油产量和扩大出口，压低油价。到1986年8月，国际市场油价从1980年11月的每桶57.17美元降至每桶7.9美元，此后几年内国际油价一直较低，油价下跌大大加剧了苏联的财政和经济困难。第三，控制贷款和高新技术。1981年3月26日，里根总统在日记中写道："苏联经济汇报会。他们的境况极其糟糕，如果我们能够切断对他们的信贷，他们就不得不呼喊'大叔'，不然就得挨饿。"从1947年冷战开始，美国两党执政都实行"推回共产主义"、"遏制"苏联的政策。1981年初里根担任总统后对苏推行"全面对抗"战略，从各方面加强对苏联的打压，特别是通过军备竞赛和压低油价，导致苏联陷入严重财政和经济困境。1985年苏联几乎没有外债，到1989年，苏联外债达到近900亿美元，时任苏联部长会议主席雷日科夫发出警告：苏联外债"已超过国际警戒线"。苏联211种食品中只有23种可自由购买，1990年底，苏联许多地区发生"非常严重的"抢购风潮。1990年和1991年，苏联领导人频繁出访西欧并同美国领导人会晤，一再恳求西方拉苏联一把，向苏联提供贷款和食品援助。1991年10月12日时任苏联总统的戈尔巴乔夫在莫斯科电视台发表谈话在谈到食品问题的"严重性和尖锐形势"时说："在目前条件下，我们不得不指望西方伙伴的支持，没有这种支持我们简直就过不下去。"[1] 同年12月25日，苏联国旗在飘扬了只有69个春秋后在沉沉夜幕中从克里姆林宫屋顶上降下了，一个伟大的社会主义大家庭正式解体。

日本发动对中国和亚洲其他国家的侵略战争后偷袭珍珠港，使美国海军基地遭受巨大损失。第二次世界大战结束后，美国曾表示要"肢解"日本，防止日本"东山再起"。但出于全球战略需要，二战后美国大力扶植甚至武装日本，在"战争废墟"上日本又奇迹般崛起。日本国民生产总值（GNP）相当于美国GNP的比重曾从1956年的6%增至70%以上。1985年，日本成为世界最大债权国，对外净债权高达1298亿美元，而美国却成为世界最大债务国，对外净债务高达1000亿美元，从而结束了长达70年的债权国的辉煌历史。1983~1987年，日本对外贸易盈余达2626亿美元，其中对美国贸易盈余为1943亿美元，占74%。美国为减少对日本贸易逆差，于1985年9月22日在纽约广场饭店举行西方五国财长会议，迫使日元升值。从1985年

---

[1] 景勿吾等：《战后苏联：改革的历史透视与思考》，民主与建设出版社，2013，第389页。

9月到1987年12月，日元兑换美元从240∶1升至120.9∶1，即在两年多时间里日元升值近一倍。

日元大幅度升值后，在日本国内大炒股票和房地产的同时，日本掀起了"全球出击"和"购买美国"的狂热。日本股市曾在三年内暴涨了300%，以美元计价，东京房地产价值超过美国房地产总值。1988～1991年，日本对外直接投资累计达4000亿美元，成为全球对外直接投资最多的国家。日本代一保险公司买下了花旗银行在纽约总部的大部分资产，索尼公司在1989年以数十亿美元收购了美国影业巨头哥伦比亚电影公司。到20世纪80年代末，日本投资者在美国购买的不动产已占美国不动产总量的10%。1991年出版的《即将与日本发生战争》一书作者认为，冷战结束后美国的头号敌人已是日本。与此相呼应，美国媒体大量刊登有关"日本威胁论"的文章。时任美国总统的克林顿曾交给《日本第一》一书作者、哈佛大学教授艾兹拉·伯肯鲁一个任务，让他研究如何不让日本成为"世界第一"。美国前国务卿詹姆斯·贝克表示，绝不能让日本成为冷战后的赢家。

日元大幅度升值，导致日本产品生产成本上升，出口商品的国际竞争力大为削弱，特别是日本股市和房地产由暴涨到暴跌，1990年日本社会上广泛流传"泡沫经济"（Bubble Economic）一词。到20世纪90年代初日本泡沫经济破灭，日本经济经历"失去的20年"后，日本竞争力已从1993年的世界第一位降至21位，日本GDP占世界GDP的比重已从1995年的17.7%降至2013年的6.6%。如今，日本已经不再争世界第一，与美国整体经济实力差距重新拉大。

三 稳健推进人民币国际化

2013年中国GDP已占世界GDP的12.4%，中国对外贸易额已占世界贸易总额的11.4%，其中进口用人民币结算比例达17.5%，人民币已成为全球第七大支付货币和全球第九大交易货币。然而，人民币国际化进程仍处于起步阶段，人民币在全球支付清算的使用份额仅为1.4%，在世界贸易中采用人民币计价及结算的比例不到9%，人民币外汇交易占全球外汇日均交易量的比重仅为2.2%。

2014年5月22日，英国皇家国际问题研究所主办题为"美元霸权地位终结了吗"的研讨会，康奈尔大学的贸易政策教授Eswar S. Prasad和该所国际经济研究主任Paola Subacchi等与会。会议讨论了美国金融危机和人民币崛起对国际货币体系的影响，并分析了全球金融与国际货币结构，包括美元相对其他储备货币的重要性。

2014年5月,彼得森国际经济研究所发表由该所高级研究员Joseph E. Gagnon和研究分析师Kent Troutman等撰写的题为"人民币国际化:贸易安排的角色"的报告。报告认为,人民币还没有成为可能挑战美元或欧元地位的国际货币,但它正朝着这个方向努力。让人民币在国际上使用是中国改革议程的一个重要组成部分。中国进出口商使用和接受人民币付款的能力有助于推动离岸人民币市场的发展。然而,如果中国当局不放弃资本流动的严格限制,人民币不能成为一个真正的国际货币。

中国经济规模有可能率先超过美国,中国正在成为世界最大的投资和贸易市场,人民币跨境使用将对美元和欧元产生多大影响,已引起美欧的关注。我们要吸取货币战的经验教训,深化金融管理体制改革,建立良好的国内金融秩序。中国金融业,不仅要保障国内经济社会健康持续发展,而且要为国际金融市场稳定和各国经济共同繁荣做出更大贡献。

(一) 逐步扩大双边货币直接兑换

2012年6月1日,日元与人民币可直接兑换,而不再以美元为锚货币;2013年4月9日,人民币与澳元实现直接兑换;2014年3月19日,人民币与新西兰元实现直接兑换。

2014年6月中旬,国务院总理李克强访问英国期间,两国签署了一系列互利合作协议,建立起更加深入的经贸关系。一是加强在核电、高铁等领域的合作,将中国的庞大市场、优势装备同英国的先进技术、创新创意理念相结合,实现中英共同创造,并可合作开拓第三方市场。二是加强金融合作,双方宣布设立伦敦人民币清算行,实现人民币和英镑的直接交易,这不仅使伦敦国际金融中心的地位更加巩固,也有利于人民币实现国际化,促进贸易、投资的自由化和便利化。经中国人民银行授权,中国外汇交易中心6月18日宣布在银行间外汇市场开展人民币对英镑直接交易。央行表示,开展人民币对英镑直接交易带来多重利好:一是有利于形成人民币对英镑直接汇率;二是降低经济主体汇兑成本;三是促进人民币与英镑在双边贸易和投资中的使用;四是有利于加强两国金融合作,支持中英之间不断发展的经济金融关系。分析人士认为,继人民币对日元、澳元、新西兰元开展直接交易后,人民币对英镑直接交易在银行间外汇市场正式开启,这是人民币国际化又迈出的一大步。安邦咨询首席研究员陈功认为:"建立在产业、金融等领域多元合作基础上的货币直接交易,将有利于奠定双边关系的稳固框架,也可以为中国与其他发达经济体的合作模式树立典范。"

（二）逐步扩大跨境贸易和投资使用人民币结算

中国政府决定在跨境贸易中开始人民币结算试点，并于 2009 年 7 月 2 日付诸实施。迄今已在 160 多个国家和地区使用人民币，逐步扩大跨境贸易用人民币结算。

人民币的国际使用，是中国国际收支资本项目尚未开放的条件下，为满足国际贸易需求，而在经常项目使用的特殊安排。2011 年 8 月，中国政府宣布在资本项目上开放人民币外商直接投资（FDI），允许中国企业在海外筹措 700 亿元人民币债券，同时允许外资以人民币形式投资大陆资本市场，额度为 500 亿元人民币。2012 年 6 月，中国政府颁布新措施，鼓励内资和外资企业以人民币形式相互投资，允许外资企业在中国境内以人民币形式上市和发债。据人民银行货币政策二司副巡视员王丹介绍，2013 年人民币在货物贸易中所占比例达到 11.7%，但其中一半以上不是以人民币计价。目前资本市场的深度和广度还不够，人民币资本还没有完全可兑换。2013 年 QD11 投资人民币比重是 5.2%，直接投资是 21.6%。许多中央银行在岸和离岸市场买入人民币计价产品。目前的境外机构投资境内银行间市场的投资额度，已经超过 6600 亿元人民币。引人关注的是，人民币结算在"美元老巢"激增。随着更多的美国企业转而使用人民币支付来自中国的产品，与 2013 年同期相比，2014 年 4 月美国与世界其他国家之间的人民币支付额增长了 327%。汇丰银行驻纽约常务董事德布拉·洛奇认为，促使人民币使用额增长的原因是结构性和长期性的。他预测，到 2015 年，（中国的）全球贸易中使用人民币结算将从现在的 13% ~ 15% 升至 30%。[①]

俄罗斯总统普京访华期间，2014 年 5 月 21 日双方签署了中俄东线供气购销合同。根据这一合同，从 2018 年起，俄罗斯开始通过中俄天然气管道东线向中国供应天然气，输气量逐年增加，最终达到每年 380 亿立方米，累计合同期 30 年，合同总金额达 4000 亿美元。由于担心西方制裁可能将俄企业挤出美元市场，俄罗斯公司准备将合同改用人民币或其他亚洲货币交易。俄罗斯天然气工业股份公司石油部门负责人亚历山大·久科夫表示，该公司已与客户讨论过改用美元以外货币结算合同的可能性。诺里尔斯克镍业公司称，它正在与中国客户讨论订立用人民币结算长期合同的事宜。德意志银行的特普卢欣认为，看起来这不是一时兴趣，而是一种趋势。[②]

---

① 金奇：《人民币的使用在美元老巢激增》，英国《金融时报》2014 年 6 月 4 日。
② 英国《金融时报》2014 年 6 月 8 日。

(三) 推动人民币向多边使用延伸

人民币国际化实质上是人民币在第三方使用,即多边使用。

2009年,包括东盟十国和中日韩(10+3)在内的东亚国家决定在"清迈机制"的基础上整合亚洲债务市场和推动共同外汇储备基金的发展。2000年5月6日,"10+3"财长就东亚地区财政金融合作,特别是在"10+3"的机制下建立"双边货币机制"达成共识,也称"清迈协议"。起初,这一互换机制以美元为基础。自2008年12月,中国与韩国签订了首个本币互换协议后,"清迈机制"由以美元外汇为基础扩展到本币互换阶段,为人民币的官方认可创造了条件。截至2013年底,中国与23个国家和地区签订了双边本币互换协议,有效协议金额超过2.5万亿元人民币。目前,已有13个国家宣布将人民币纳入其外汇储备的篮子,其中多数为东亚国家。[1] 2014年6月18日,根据《中国人民银行与英格兰银行备忘录》的相关内容,中国建设银行(伦敦)有限公司担任伦敦人民币清算中心,中国农业银行和中国银行与伦敦证券交易所签署了战略合作协议。在伦敦设立人民币清算中心,标志着人民币国际化又迈出实质性一步,而且有着产业国际化的坚实基础。除伦敦外,法兰克福、卢森堡、巴黎等欧洲金融中心和成熟市场也竞相角逐人民币国际化的欧洲交易中心。评论家们认为,人民币国际化将以伦敦离岸人民币市场为新起点,带动中欧金融合作向纵深发展。[2]

(四) 与发展中国家共建金融和评级机构

中国与有关国家提出,建立上海合作组织投资银行和亚洲基础设施投资银行,以及金砖国家设立开发银行和储备基金,在国际货币基金组织和世界银行改革进展缓慢和作用下降的情况下,上合组织、金砖国家和亚洲发展中国家加强金融领域合作,有助于减轻受全球金融危机或发达国家调整利率、汇率政策的冲击。

俄罗斯财政部长安东·西卢安诺夫2014年6月3日表示,俄罗斯和中国已就联合创立一家评级机构达成协议。他表示:"一开始,这家评级机构将评估俄中投资项目,以吸引一些亚洲国家的投资者。逐渐地,随着这家机构进一步发展,树立权威,我们相信它将上一个台阶,其评级意见将能够吸

---

[1] 曹远征:《人民币国际化将重构亚太经济格局》,《经济参考报》2014年5月30日。
[2] 王宗凯:《金融热域:"挺进伦敦"》,新华每日电讯,2014年6月20日。

引其他国家。"

美国的标普、惠誉和穆迪三大评级机构掌管着96%的信用评级市场额度。2013年6月,中国大公国际资信评估有限公司联合美国伊根-琼斯评级机构和俄罗斯信用评级公司建立非主权评级机构世界信用评级集团,旨在改革现有国际评级体系,为维护全球金融市场稳定和世界经济持续健康发展做出贡献。

第十四章
后危机时代金融安全问题的思考

祁敬宇[*]

摘　要　本文通过对当前金融危机进展的分析，指出金融风险、金融危机与金融安全的关系，分析金融危机以来全球各主要经济体在金融监管与金融安全领域进行的金融变革。同时，本文还就国家经济金融安全等问题提出了作者的观点。

关键词　金融危机　金融监管　金融安全

近年来全球金融危机给我们的教训是深刻的，这场经济危机绝不是一夜之间发生的，它们是全球经济结构变化、经济金融政策失误和金融监管的缺失等多种问题造成的。金融危机对国家经济、社会稳定的冲击有目共睹，对此，一些学者已经从不同的角度进行了反思和总结。金融危机的形成和发展对金融安全同样也存在巨大影响。这里，笔者想从金融危机与国家经济金融安全的视角谈点粗浅的认识，不足之处欢迎批评。

一　从金融风险、金融危机到金融监管

2008 年全球金融危机的爆发，在一定程度上反映了之前一直信奉的

---

[*] 祁敬宇，首都经济贸易大学金融学院教授。

"微观金融审慎监管"体制的弊端。危机使人们意识到,要维持金融市场的稳健发展,仅靠对微观经济主体进行监管,远远不能应付现今创新活动日益层出不穷的金融市场,特别是难以应对国家金融稳定、金融安全这样宏观层面的深层次监管问题。

金融危机和金融安全都是相对于一定的金融风险积聚程度而言的。虽然金融风险的存在并不必然爆发金融危机,但金融危机的爆发却必然会危及金融安全。当前,在实现中国梦的进程中,能够在国内外经济金融运行形势复杂的环境中,确保我国金融安全意义重大。

金融安全的最低层次应当是指国家金融体系以及金融活动处于一种不受威胁(内外冲击)的状态。要保持这样一种状态,必须未雨绸缪,居安思危,提前准备各种应对措施,积极防范各种金融风险。关于金融风险、金融危机和金融安全的相关情况如图1所示。

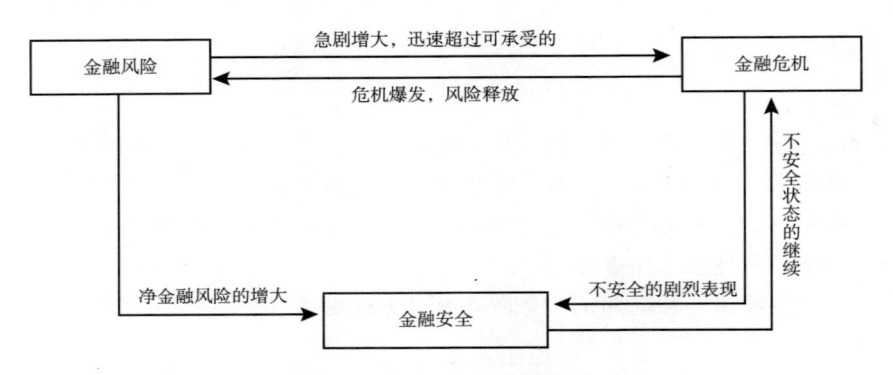

图1 金融风险、金融危机、金融安全三者关系

在图1中,金融风险、金融危机之间的转化环节,依赖于金融传播或称金融传染。金融传染有很多渠道,银行是金融传染的一个关键渠道,它不是传染的始作俑者,却是危机能够促成(caused)或自我实现(self-fulfilling)的重要载体。金融危机的国际传导(传递)机制,是指金融危机在多国之间扩散、蔓延的内在机理。危机跨越国界传染,形成多国同时或先后发生危机的现象,可以有多种原因,但无论何种原因或形式,都将对传入国的金融安全产生重要影响。要防范金融风险,提高应对金融危机的能力,就必须加强和提高金融监管的水平。

此次金融危机给人们带来的影响,除了对现有金融监管制度的改革外,留下的还有对整个监管模式的思考。什么样的金融监管模式才能符合未来的监管需求,才能提升国家金融安全,才是较为理想的监管模式呢?回顾最近

100多年来全球金融监管的历史变迁，可以看到金融监管从机构监管到功能监管再到原则性监管，从微观审慎监管到宏观审慎监管，人们的认识在不断提高和深入。（如图2所示）

机构监管 → 功能监管 → 原则性监管（或目的监管）

图2　全球金融监管模式的演变

二　各国应对金融危机、加强金融安全及其金融监管变革的概况

反思各国金融监管，可以发现，金融监管漏洞存在很多方面，与此同时，一些国家也根据各国国情提出了金融监管变革的方向和措施，以图完善监管体制，恢复消费者、投资者信心，确保在国家金融安全的前提下重振市场，尽快走出金融危机的阴影。

纵观美国、欧盟、英国和日本的金融监管变革，一个突出表现是金融监管体制已从单纯的微观审慎监管转到微观审慎监管与宏观审慎监管有机结合的方向上来，对国家金融稳定和金融安全的重视程度日益提高。这是一个很值得关注的现象。各国政府更加重视系统性重要金融机构对本国经济和金融稳定、安全的影响，普遍加强了对系统性金融风险的监测和控制。

由于2008年以来的此次金融危机暴露了金融机构盲目过度追求利益而导致的流动性不足、杠杆率过高、薪酬激励机制扭曲、信用评级机构管理漏洞、金融安全网建设不足等方面的问题，因此，对金融风险、金融监管与金融安全等方面的关系进行一番思考是很有必要的。

（一）美国金融监管的改革

此番金融危机的爆发，一定程度上与美国宽松的监管环境、过度自由化的金融创新和盲目崇尚自由的经济活动不无关系。纵观美国金融监管的历程，宽松自由与趋紧谨慎的监管体制交相更替，其根本出发点在于是否有利于美国经济的发展及其全球经济地位。

20世纪30年代的金融危机，使美国遭遇了建国以来最为严重的经济大萧条。为防止危机的再次发生和促进经济恢复，美国政府出台了《格拉斯－斯蒂格尔法案》，严格限制金融机构混业经营。该法案的出台标志着美国进入了分业经营、分业监管的时代,同时也是美国微观金融审慎监管的开始。在这样的微观金融谨慎监管体制下,美国经济大体保持了此后数十年的发展。1999 年克林顿政府签署了《金融服务现代化法案》,允许商业银行进行混业经营。随着《格拉斯－斯蒂格尔法案》的废除,金融监管日渐走向宽松和自由放任。

然而,不幸的是,在签署《金融服务现代化法案》9 年后,美国再次陷入金融危机,而这次危机的根源恰恰就是放任自由的监管态度下金融创新的过度发展。危机爆发后,针对监管领域存在的不足,美国政府于 2010 年 7 月 21 日签署了《金融监管改革法案》,该法案被认为是签署《格拉斯－斯蒂格尔法案》以来,对美国金融业影响最深远、最全面的金融监管改革法案。

《金融监管改革法案》的内容主要是针对金融危机爆发中显露出来的各种问题,提出解决办法,试图弥补现有监管体系的漏洞。主要涵盖以下几方面的内容:针对此次危机中暴露出来的系统性风险,主张建立跨部门的金融稳定监督委员会(FSOC),负责识别和控制金融系统中的系统性风险,这是最主要,也是最明显的改革之处;针对金融机构的高杠杆率和流动性不足等隐患,提出增加金融机构的资本金、限制银行从事高风险性业务和逐步降低杠杆率的要求,以增强金融体系整体安全;针对信用评级机构在此次金融危机中所起到的重要作用,提出加强对信用评级机构的监管。另外该法案还针对此前多头监管模式中存在的监管真空、危机中普通消费者和投资者利益最易受损等问题提出了各种解决策略。总体而言,该法案在稳定金融发展、增强信息透明度、保护弱势群体等方面做出了诸多尝试,并且试图在金融市场稳定、金融创新适度、保持国家金融安全与金融机构活力等方面努力寻找再平衡点。

(二) 欧盟金融监管的改革

总体说来,欧盟的金融监管以德国为楷模,秉持着谨慎监管的态度,在金融创新方面一直逊色于美国,且发展规模也远不及美国,尽管在次贷危机爆发后欧盟未能独善其身,受到了不小的冲击,但相对而言,德国的金融安全与金融监管相对他国而言,仍属做得比较好的。

危机后,针对危机前的缺陷,欧盟于 2009 年 6 月 19 日通过了《欧盟金融监管体系改造》改革法案,这是金融危机爆发以来,欧盟最为重要的改革法案。该法案的内容主要是:针对金融创新的复杂性、跨部门的金融活动增多等提出了组建欧盟系统性风险理事会(ESRC),以期加强对系统性金融机构的监管,实时监控系统性风险;针对区域内和国际资本流动日益活跃、风险传递的跨区域性等提出了加强欧盟区域内各国和国际的信息交流和金融监管合作。此外,还针对金融系统的亲周期性、会计准则等问题提出了增加逆周期储备等各项措施。

简言之,《欧盟金融监管体系改造》改革法案得到了德国和法国的极力支持,但它并没有涉及欧盟各国的财政权力,在如何加强各国国内的监管体系交流方面缺少具体措施,因此该法案的实施效果并未完全如愿。

(三) 英国金融监管的改革

英国作为世界最重要的金融中心之一,虽然其金融监管体系以及金融监管文化有许多可圈可点之处,但在本轮金融危机中也付出了惨重代价。与美国的多头监管和伞式监管不同,英国实行的是综合监管体制,早在2000年英国就颁布了《2000年金融市场与服务法案》,通过组建相对完备的监管体系和实行综合监管体制对金融市场实行全面监管,并且在金融危机爆发前,英国监管当局就已经不局限于机构监管或功能监管,而是在一定程度上推行了原则性监管。在相对完善的监管体制下,针对此次外源性的金融危机,英国的监管改革更多的是对现有监管体制的细节性的修改和对监管漏洞的填补。

2009年的2月和7月,英国相继通过了《2009年银行法案》和《金融市场改革》两部法案,通过筹建英国金融稳定委员会(CFS),给予其搜集金融机构各种交易信息和数据的权限,让其主要负责监管金融体系的系统性风险;明确了监管机构处理危机金融机构的权限和程序,制定了银行破产程序;加强监管部门间的信息交流和国际监管的合作交流;加强了对普通消费者权益保护等的立法。

各界对此次的监管改革褒贬不一。支持者认为,此次监管改革一方面完善了现有的监管体系,能够有效地维护市场稳定;另一方面,它保持了国内金融市场的活力,有利于增强英国在国际金融市场上的竞争力;批评者认为,当局此次的改革力度过于温和,仅是浅层的改革措施,使英国丧失了一次难得的结构性改革机会,不利于金融体系的长期发展。

(四) 日本金融监管的改革

此次金融危机对日本的冲击主要体现在宏观经济层面。由于日本的外贸依存度较高,所以其宏观经济在金融危机中下滑趋势明显,但其微观金融体系所受冲击却相对有限,这主要归功于自1998年亚洲金融危机之后,日本国内就一直专注于处理银行的不良资产,在金融体系内形成了稳健经营而非盈利向导的理念。

在此次危机中,日本的金融机构除了一家小型的保险公司(大和生命保险公司)倒闭外,再无其他重大险情。但稳健的日本金融体系仍在金融危机中遭受了来自资产缩水、核心业务低迷、资产负债率上升等方面的压力。日本当局对此次金融危机的普遍看法是积极的,认为金融危机为日本的金融业发展提供了难得的机会,更有利于提升其金融市场在全球范围内的竞争力,因此,日本的金融改革偏重于增加日本金融市场的竞争力。具体表现在:增加市场透明度和提高市场效率,确保市场的吸引力,如设立一个为专业投资者服务、简化信息披露的市场,允许国外上市公司仅采用英文进行信息披露等;改善经营和监管环境,如取消银行、证券和保险的分业经营限制,加强与金融机构的对话与沟通,提高监管政策的透明度和可测性等;改善金融市场的外部环境,如加快金融、法律、会计等人才培养等。

整体而言,日本正朝着全面监管、增加市场透明度、加强国际合作、调整市场激励机制等方面做出调整。

从以上对美国、欧盟、英国和日本的金融监管改革的概述中,可以发现目前世界的监管趋势正向着全面、宏观审慎、加强世界交流和完善激励机制等方面改进。有关上述国家、地区金融监管变革的情况如表 1 所示:

表 1 全球主要经济体在金融安全、金融监管方面的情况比较

名称	美国金融服务监督委员会(FSOC)	欧盟系统性风险理事会(ESRC)	英国金融稳定委员会(CFS)
成员	财政部、美联储、国民银行监管局、消费者金融保护局、证券交易委员会、商品期货交易委员会、联邦存款保险公司、联邦住房金融管理局等机构的负责人。财政部部长任主席。	欧洲央行行长、副行长、欧盟27 国央行行长、3 家新的欧盟监管机构*主席和欧盟委员会成员。成员国监管机构代表与经济和金融委员会主席为理事会观察员。主席由欧洲央行总理事会选举产生。	由财政部、英格兰银行和英国金融服务局的人员组成。财政大臣任主席。
权限	部门之间的联席会议平台,取代原有的美国总统金融市场工作组。将通过立法授予委员会从任何金融机构搜集信息的权利。	欧盟和各成员国的央行、监管机构共同组成的联席委员会。只有建议和监督权,没有执行权,但对于理事会提出的预警和政策建议,相关国家的相关部门应采取行动,否则应做出说明。	一个新的立法委员会,取代原有的常务委员会,政府将明确委员会的有关职责范围,以取代现有的谅解备忘录。

续表

名称	美国金融服务监督委员会 （FSOC）	欧盟系统性风险理事会 （ESRC）	英国金融稳定委员会 （CFS）
职责	辨别一级金融控股公司，监测系统性风险，向有关监管部门进行风险预警和提示，并负责部门间协调。	收集、分析宏观经济和金融体系运行中可能影响金融稳定的信息，识别金融风险并确定优先顺序，发布风险预警，提出政策建议，保持与国际货币基金组织、金融稳定委员会和其他国家的密切联系等。	负责分析和监测影响英国经济和金融稳定的风险因素，发布风险预警和提出政策建议，协调有关行动。
工作机制	由来自财政部的专家组提供信息和资源支持，在财政部内设秘书处和办公室，向国会提交年度报告。	采取定期报告形式履职，对欧盟理事会和欧盟议会负责。至少每季度召开一次会议，危机时可提高频率。所有理事会成员和观察员均有权出席会议并发言，但只有成员有投票权。	通过定期会议，讨论可能威胁金融稳定的特定风险和监管当局对系统性风险的评估，如英格兰银行的金融稳定报告、FSA的金融风险展望。

*3家新增欧盟监管机构为欧洲银行管理局、欧洲证券和市场管理局、欧洲保险和职业年金管理局。

三 宏观金融审慎监管与金融安全在金融监管中的重要性

纵观以上各国的金融改革，不难发现虽然各自具体的改革措施不同，但改革的趋势都立足于对现有金融监管体制的变革与完善，以期达到保护市场发展、强化市场活力、加强市场监管和降低市场风险的目标，确保国家金融安全。毕竟，一国的金融改革，其实质在于特定时期对以货币政策、金融监管、微观金融行动和金融开放四大要素中的某一项与其他三项不平衡时进行自我平衡和协调，是对四要素中不平稳发展的"短板"因素进行的变革，而在这些"短板"中，金融安全无疑是最重要的。

要确保国家金融安全网的建立和完善。金融安全网是政府用以预防和应对金融业遭受不利冲击导致的传染性挤兑破坏的一组政策制度设计。从流程角度划分，它包括预防性管理、应急管理和市场退出管理三部分，其中，预防性管理主要是指对金融机构的市场准入、经营行为的监督管理以及公众信心稳定机制和安全预警机制；应急管理主要是指如何对困境中的金融机构进行救助，以稳定金融系统；市场退出管理主要是指失败金融机构的处理，即市场退出政策。金融安全网所使用的制度工具有审慎监管、存款保险制度、最后贷款人制度、市场退出政策等，其涉及的制度执行主体包括金融监管当局、存款保险机构、中央银行等。

金融安全网的各组成部分构成一个紧密衔接、有机结合的整体。一方面，无论是否存在存款保险和最后贷款人制度，审慎监管都承担着对金融业的监督管理职能，因而是金融安全网的第一道防线，它主要承担"预防"功能，并有助于弥补存款保险和最后贷款人制度中存在的缺陷，如道德风险和市场纪律放松，从而成为防止滥用金融安全网的重要屏障。另一方面，存款保险与最后贷款人制度在金融机构救助中发挥互补作用，二者都有保护存款人利益、维护金融稳定的作用。但前者是直接的，后者是间接的；前者是法定的，后者多取决于央行自由裁量，是随意的；前者通过防止挤兑来保护存款，后者通过保护存款来防止挤兑。最后，市场退出机制是金融安全网最后一道防线，其作用在于对不可救助的金融机构，以法定程序妥善处理债权债务关系，降低经营失败对社会的影响，保持金融体系稳定。

反思本次金融危机，发现宏观监管视角的缺失，是导致此次危机爆发的主要原因。因此，建立宏观金融审慎监管体系已经达成共识，各国均强调建立宏观审慎监管体系，强调在多部门监管体制下，通过组建跨部门的宏观监管机构来加强金融监管。如美国金融服务监督委员会（FSOC）、欧盟系统性风险理事会（ESRC）和英国金融稳定委员会（CFS），由它们负责监控整个金融市场上的系统性风险和保证国家金融安全。目前，在构建宏观审慎监管体制中，所涉及的工具主要是要求各金融机构进行逆周期资本储备、降低杠杆率和提高流动性要求、加强对信用证券化、衍生产品的监管等，以加强金融机构对风险的承受能力和防止风险在金融系统间的传播。

跨境监管的主要挑战是：全球性银行的生命是无国界的，但死亡是有国界的。[①] 本次危机也反映了金融活动全球化与金融监管属地化之间的矛盾，加强国际监管协调成为共识。在全球金融高度一体化的当今，仅靠一国通过提高其监管水平来维护本国金融市场的稳定是不现实，也是不可能的。如果全球的监管水平不是同步提升，那么就会出现监管套利等行为，从而减低监管改革的效果。因此，各国在监管改革中都强调了促进国际信息交流和合作的重要性，以便同步提升国际监管水平。

加之，美国和英国在监管改革中还强调要加强对普通消费者和投资者

---

① 李文泓：《美国、欧盟和英国金融监管改革方案比较、措施、展望与启示》，《中国金融》2009年第20期。

的保护，完善相应的保护机制。美国还增加了对问题金融机构的处置办法，在危机出现前就要求美国重要的金融机构做好"死前遗书"，要求详细列出应对危机的办法和破产程序等，以防止因"大而不倒"而引发的道德风险。

Edward J. Kane 认为每个安全网都是一种寻求平衡由下列情形产生的成本和收益的多维政策框架。这些情形是：

(1) 保护客户免受金融机构破产的危害；
(2) 限制金融机构的过度承担风险；
(3) 预防和控制银行挤兑的破坏性后果；
(4) 发现和处理破产金融机构；
(5) 当破产金融机构关闭时，在全社会范围内分配损失。

金融安全网涵盖了金融机构风险管理的全过程，从事前预防到事中管理，最后是事后处理，其直接目标是防范应对金融危机，维护金融稳定；最终目标是促进金融体系效率提升，推动金融业可持续发展。其功能主要包括以下几方面。

1. 危机防范功能

维持公众对金融体系的信心对金融稳定有重要意义，金融安全网的首要功能即建立事前的风险预警、防范机制，稳定公众信心，并以此稳定整个金融体系。监管当局通过对金融机构市场准入、经营合规性和风险性实施监督管理，控制风险的形成、集聚和外化，有较强的事前安全屏障作用。存款保险制度一般具有明确的补偿和拯救标准，在消除金融机构和存款人之间信息不对称、防止公众心理恐慌和挤兑、维持公众信心等方面具有特殊作用。最后贷款人制度通过对危机机构提供流动性援助，避免流动性危机向清偿性危机转化，也有一定的事前危机预防功能。

2. 风险分摊补偿功能

很多情况下，金融危机是一种流动性危机，流动性缺失使损失无法通过合理渠道弥补，而损失能否迅速弥补和合理分摊正是危机处理能否顺利进行的重要前提，是稳定公众信心的关键。存款保险的实质就是一种将个别机构的风险在整个金融业内部进行分摊和补偿的机制，其宗旨是借助"共同保险"机制将危机经由保险公司分摊、转嫁到整个金融系统，维护金融安全和稳定。

3. 危机救助功能

危机发生后，及时采取适当救助措施，使危机机构早日走出困境，尽可能减少负外部性，有助于维持金融稳定。存款保险制度和最后贷款人制度是危机拯救处理的核心机制。

4. 退出管理功能

责令经营失败的金融机构及早退市,可有效降低金融体系道德风险,减少重组成本,恢复金融体系稳健性及公众信心,也可增强市场主体风险意识,提高资源配置效率。

当前我国的金融安全网由分业经营、分业监管的金融监管体系,政府"兜底"的隐性存款保险制度,以央行再贷款为主要手段的最后贷款人制度以及政府行政主导下的金融机构接管、撤销等退市制度组成。其主要缺欠包括:一是政府介入过深,市场约束严重不足,政府监管与市场纪律的关系失衡,在保持金融稳定与金融安全方面还需要继续减少政府行为,多发挥市场的监管作用;二是在金融稳定与金融效率的关系上,如何在金融创新、金融稳定与金融安全之间保持协调和平稳运行还是一个极为重要的课题;三是立法层面的制度设计粗糙,可操作性差,一方面导致行政机关自由裁量权过大,另一方面相关主体责权利不明,机会主义泛滥;四是风险处置效率低下,效果不佳,大量风险因素只是在金融体系内跨越时空转移而未能从根本上消除,导致我国金融体系包含大量潜在风险。

笔者认为,理想的监管模式应是原则性监管模式,既以金融机构开展业务原则(如诚信、必要的技能、勤勉、审慎、内部管理和控制、市场行为等),对金融消费者的保护(如公平待客、与客户沟通、防止利益冲突、保护客户资产等)以及监管者监管原则(如维护市场稳定、维护市场公平等)等为基本原则,对金融市场实行监管,其核心思想是重视诚实信用精神、善良管理人注意义务、公正公平公开,并以金融消费者权益保障为最终依归。原则性监管模式既能够确保监管的有效性,又能够合理配置监管资源并培育监管对象的创新能力。它能克服机构监管和功能监管模式中对金融创新监管的不足,弥补金融创新后的被动监管形势,避免一味地弥补监管漏洞的恶性循环。

作为理想的监管模式,原则性监管的实施需要一定的基础,它需要综合考虑特定的社会经济、政治、文化甚至法律等因素,而且制定原则性监管措施还要充分考虑监管背后的利益博弈等,盲目实施原则性监管不仅不会提升监管的质量,反而会降低监管效率,有可能变相成为另一种形式的机构监管。

监管与文化存在相辅相成的关联。文化是历史的沉淀,而在沉淀的过程中,监管担负着确认、强化和传播的功能。监管制度不论如何完善,终究也是低层次的要求(考虑金融市场的活跃性,如果没有活跃性的金融市场,监管也没有意义),是被动的要求。而良好的文化底蕴则能以下意识的方式促使人们朝着监管目标行动，是主动的作为。这对于监管创新行为层出不穷的金融市场来说尤为重要，良好的文化底蕴能自动地促使人们在不断创新中避免过度的风险积累，能克制人们盲目的利益追求，保持谨慎朴实的态度。

对于原则性监管，良好的文化底蕴更是不可或缺。由于原则性监管更注重监管的目标设计，因此在监管细节上没有过多要求，这就给了微观金融主体更多的选择权。当面临实际操作时，如果没有良好的文化底蕴，人们一味地追逐利益而不顾风险，那么原则性监管的目标肯定不能实现；而如果有良好的文化底蕴，人们在面临风险时会适度选择，兼顾风险与收益，从而能够有效避免风险的积累。英国正是因为有良好的自律性底蕴，才能在较早的时候实行原则性监管。我国自古就有崇尚诚信、秉持仁义礼仪等诸多优秀的文化底蕴，但近年来我国的监管体制较为落后，究其原因一句话，就是落后的经济基础。因为文化的先进与落后其实是一个相对的概念，其决定的标准在于经济基础。

过去100年落后的经济状况，严重制约了我国的文化发展，而当今浮躁的社会又影响了人们对过去优秀文化的吸取。只靠各种法规对金融机构的监管是远远不够的，法律的约束作用勉强满足最低程度的监管要求，它无法取代因人们内心的认同而自发遵守。在没有具体规则约束的原则性监管下，要想达到最后的监管目标，就要求社会拥有良好的文化底蕴，这样才能使金融机构遇到各种法律没有明文规定的问题时，能够自觉按照原则行事，才能发挥原则性监管的作用，因此良好的文化底蕴是实施原则性监管不可或缺的因素。

原则性监管是各国转变监管模式的努力方向，但它是一个漫长的过程，没有良好文化底蕴支撑的原则性监管，只会成为一些不法分子钻制度漏洞的借口，一味完善监管细节也只是走规则监管的老路，事后弥补不是理想监管模式的形式。因此要想构建高效稳定的原则性监管体系，还必须努力处理好监管文化的同步建设，在文化上有了高度的认同后，原则性监管才能发挥有效的作用。

当前，我国金融安全的重点领域应是财政政策和金融政策的施政领域。研究金融安全就是要保证国家金融体系在承担若干潜在风险的同时，能够有效地回避金融危机的发生，特别是当前我国在房地产金融、地方政府债务、国民收入分配、通货膨胀等影响金融安全的一系列问题领域，能够做到未雨绸缪、居安思危，这对于确保国家金融体系的安全是很重要的。

参考文献

[1] 巴曙松：《美国金融监管改革法案内容评析》，《资本与金融》2010 年第 8 期。
[2] 谢平：《金融危机后有关金融监管改革的理论综述》，《金融研究》2010 年第 2 期。
[3] 王爱俭：《次贷危机与日本金融监管改革、实践与启示》，《国际金融研究》2010 年第 1 期。
[4] 夏斌、陈道富：《中国金融战略 2020》，人民出版社，2011。
[5] 曹凤岐：《改革和完善中国金融监管体系》，《北京大学学报》2009 年第 4 期。
[6] 黄毅：《银行监管的法律与文化》，《中国金融家》2012 年第 4 期。
[7] 宋玉华：《美国金融监管改革及其面临的挑战》，《世界经济研究》2010 年第 3 期。
[8] 汤柳：《欧盟的金融监管改革》，《中国金融》2009 年第 17 期。

第十五章
中国应在 G20 框架下倡导建立全球金融规则

张 斌[*]

摘 要 我国应在 G20 框架下倡导建立全球金融规则，在全球资本流动、跨境经营金融机构监管、汇率制度、最终贷款人机制等方面设立统一规则。这些规则将对我国和全球宏观经济与金融市场稳定形成强大、系统的制度保障发挥重要作用。这些建议在全球学术界得到了广泛支持，我国也将因为提议和支持全球金融规则，处于全球治理规则的制高点。

关键词 G20 框架 金融规则

一 为什么需要全球金融规则

20 世纪 90 年代以后全球短期资本流动盛行，新兴市场经济体快速融入国际生产网络，全球金融和贸易一体化程度又上了一个新的台阶。与此相对应，以 WTO 为代表的全球贸易体系运转良好，但是全球金融体系基本处于无政府状态，迄今为止没有全球金融领域的公共产品和有效的中间管理机构。近 30 年来频繁爆发的金融危机足以说明，单靠一个国家的局部努力远不足以维系自身的金融安全。只有全球范围的统一金融规则，才能维护全球

---

[*] 张斌，中国社会科学院世界经济与政治研究所研究员。

金融市场的稳定运行。

（1）全球金融体系的稳定运行需要全球金融规则提供秩序。正如每个现代国家需要政府提供公共产品，现代国际贸易体系需要 WTO 之类的公共产品一样，联系日益紧密的全球金融体系同样需要公共产品。这些全球金融体系公共产品的作用，在于为每个经济体的金融活动提供外部的强制性纪律和规则，在于消除经济体之间的囚徒博弈困境，这些公共产品无论是在全球范围还是在局部经济体，都是纠正资源配置失衡和降低金融市场风险的必要制度保障。

全球经济反复目睹了缺乏这些公共产品的悲剧。如果能基于宏观审慎原则对东亚经济体的跨国借贷、货币错配和短期资本流动有所限制，1997 年的东亚金融危机可能就不会爆发。如果对储备货币发行国的私人部门债务及其经常项目不断扩大的逆差有外部约束，2008 年的金融危机可能不会爆发。如果能在最终贷款人机制设计方面更加完善，即便爆发危机，危机的破坏程度也会大大减轻。每一次危机都可以归咎为危机经济体自身的内部问题，反映了该经济体内部在制度和规则设计上的缺陷。借助于国际通用的外部制度和规则约束，能够弥补经济体内部的制度和规则缺陷。

（2）全球金融规则可以让好的政策走出国内政治泥潭。诸多有助于改善资源配置、降低风险的规则难以实施，主要是因为国内纷繁复杂的利益集团阻挠。通过引入国际通用的外部规则，改变引入这些规则的决策机制和决策人群，有时可能会让错综复杂的国内问题简单化。WTO 在这方面就是很成功的例子。如果在一个经济体内部，一个部门挨着一个部门、一项产品挨着一项产品地去谈削减关税和修改行业规则，复杂的国内政治会拖垮任何一个伟大的政治家，而且成果不会显著。但是借助于 WTO，新规则的建立得到极大简化，而且更容易被接受。

（3）金融危机以后，全球经济复苏更加迫切地需要建立全球金融规则。2008 年金融危机以后，全球经济复苏并不顺利，欧美主权债务危机接踵而来，一些国家面临二次衰退。究其原因，在于金融危机并没能彻底解决促成危机的经济结构失衡问题。入不敷出的南欧经济得不到市场信任，美国用公共财政赤字掩盖家庭部门赤字的做法也饱受诟病。缓解经济结构失衡和稳定金融市场依然是当前全球经济面临的主要挑战。金融危机之后三年的历程表明，仅仅依靠国内力量并不能很好应对以上两项挑战，国内的政治纷争和国家间的囚徒博弈困境让解决问题的好政策落实。引起恰当的全球金融规则也许是走出泥潭的出路。

二 需要建立什么样的全球金融规则

全球金融规则应该包括以下六个方面内容：对汇率形成机制的统一规则；对经常项目失衡的强制性调节；对系统性重要国家的关键宏观经济指标约束；对短期资本流动的统一监管；最终贷款人和全球金融市场稳定机制；对重要跨国金融机构的监管。这六个方面的内容相互促进，是一个整体，其目的在于纠正资源配置扭曲，降低系统性风险和减少负面的外溢效应。

（1）全球统一的有管理浮动汇率体制。对固定汇率体制的各种批评，甚至是汇率操纵的指责其实是搞错了对象，问题不在于固定汇率体制，而在于固定汇率体制和浮动汇率体制并存之间的冲突。一个处于中间状态的、有管理的浮动汇率体制如果能够被普遍接受，将会是最好的选择。有管理的浮动汇率体制下，成员国家的外汇市场干预都必须遵循统一的规则，参与全球金融规则的各国不能各行其是。

（2）对经常项目失衡的强制性调节。合理的资源配置并不一定对应着经常项目平衡，但是一旦经常项目余额在 GDP 中的占比过大，资源配置扭曲和金融市场风险放大的概率就会迅速增加。出于宏观审慎的原则，有必要对经常项目余额在 GDP 中的占比上限施加限制。此前 G20 框架下曾经提出 4% 是一个参考标准。对于超过 4% 的经常项目顺差国和逆差国，应该同时惩罚，罚没收入由类似 IMF 的国际金融组织支配，可用于减缓顺差国和逆差国经常项目失衡的专项开支，也可用于受到负面外溢效应影响国家的补偿。

（3）对系统性重要国家的关键宏观经济指标进行约束。排在首位的系统性重要国家是国际储备货币发行国，目前是美国。确保国际储备货币的价值稳定至关重要。现有国际货币体系下，国际储备货币同时也是主权国家货币，国际储备货币价值稳定的基础是该主权国家公共财政的可持续性，国际储备货币发行国家的公共部门债务存量和流量余额与 GDP 之比应该在约束范围以内。由于私人部门难以维系的债务负担最终会由政府承担，国际储备货币国家的私人部门净债务与 GDP 之比也应该在约束范围以内。除美国以外，对其他系统重要性国家的公共部门债务与 GDP 之比也应该设置上限。

对于储备货币发行国施加外部规则可能难以奏效。如果储备货币发行国拒绝接受，可以考虑引入制度性的国际储备货币多元化安排，通过引入国际储备货币之间的竞争，对储备货币发行国形成外部纪律约束。

（4）对短期资本流动的监管。不可否认短期资本流动对于分散风险和优化资源配置有着积极的作用，但是由于全球范围内存在着大量的监管套利和政策套利机会（新兴市场经济体正处于快速的市场化与国际化制度建设进程当中，其中涉及的改革很难在短期内全方位推进，那些渐进的、局部的改革往往会带来政策和监管套利机会，比如当前的人民币国际化），再加上金融机构内部严重的信息不对称和委托代理问题，短期资本流动对很多国家的宏观经济稳定造成巨大威胁。充分披露短期资本流动交易信息，通过征税的方式减少过高频率的短期资本交易，甚至在某些特定时间段终止短期资本流动都应该在国际金融新规则的考虑当中。

（5）最终贷款人与全球金融市场稳定机制设计。过去几年，各国中央银行之间建立了广泛的货币互换协议，通过将这些协议进一步多边化和制度化，可以为最终贷款人提供充沛的资金支持。更核心的问题是由谁支配和按照什么样的规则支配这些公共资源，这需要更强有力的国际金融机构，比如国际货币基金组织（IMF）、国际清算银行（BIS），或者是新成立的组织，还需要一套监管与救助规则。除了建立全球范围的最终贷款人和全球金融监管组织，还可以发展区域的最终贷款人和区域金融监管组织，全球和区域监管组织之间应该相互补充。这些内容都应该在国际金融新规则的考虑当中。

（6）对重要跨国金融机构的监管。提高跨国金融机构的资本充足率，降低交易杠杆，限制跨国金融机构资产负债表上严重的货币错配，完善对影子金融机构的信息披露和交易限制，加强金融交易中对弱势群体的保护等内容也都应该在国际金融新规则的考虑当中。巴塞尔协议Ⅲ和美国、欧洲新出台的金融监管法则已经做出了一些新的金融监管政策安排，接下来需要谋求适用于更大范围的全球跨国金融机构监管规则。

三 对我国参与制定全球金融规则的建议

（1）全球金融规则符合我国经济的长远利益。上述规则当中，全球统一的汇率形成机制以及对经常项目余额在GDP占比的强制性调节会给我国带来短期压力。但是应该看到，这些也都是我国在"十二五"规划中提出的改革方向，目前缺乏的是时机和更好的外部环境。如果能对全球范围内的短期资本流动和跨境金融机构实施更严格的监管，我国在外汇市场上面临的压力会大大减轻，实施更加富有弹性的人民币汇率形成机制水到渠成。此外，我国在降低经常项目余额在GDP中占比已经达到了要求，随着扩大内需政策的进一步实施，这个指标对我国也不再构成约束。值得注意的是，全球金融规则真正制约的是短期投机资本以及这些资本背后的跨国金融机构。这对于我国未来的金融开放而言非常有利。

第十五章 中国应在 G20 框架下倡导建立全球金融规则

（2）积极参与具体规则谋划，并做好相应智力支持准备。G20 的许多重要议题的实质在于制定全球金融规则，我国应该更加积极地支持和参与。G20 涉及了上述全球金融规则中的大多数议题，无论我国是否积极支持和参与，一些决议的出台在所难免。我国应该摒弃短期利益，从长远利益和全球利益着眼，支持建立全球金融规则，并且积极参与到规则的具体细节谋划当中。我国学术界对此还没有充分的知识储备，知识上的补课任务尤为突出。有必要建立由学术界和相关政府部门合作的专题项目组，全力支持我国加入全球金融规则制定的相关研究。

（3）循序渐进推动建立全球金融规则。推进全球金融规则意味着对现有国际货币体系和全球金融秩序的重大调整，推进过程需要循序渐进。第一，近期的重点工作是加强对短期资本流动和跨境金融机构的监管。全球金融规则当中，加强对短期资本流动和跨境金融机构的监管是核心，可以为建立其他规则奠定基础。金融危机之后，美、欧和 IMF、BIS 等国际经济组织对这些监管改革非常积极，从不同层面提出了建议。我国应该抓住机会，支持加快推进相关监管改革，并提出与新兴市场经济体利益相一致的建议。第二，加快人民币汇率形成机制改革，为建立全球统一的有管理浮动汇率体制做出表率。中国方面建议全球金融规则面临的最大障碍，是目前在国际社会上受到诸多质疑的人民币汇率形成机制。人民币汇率形成机制的市场化改革一拖再拖，已经到了不改不行的时候。以推进建立全球金融规则为契机推进人民币汇率改革，不仅解决了国内问题，也在国际社会上做出了表率。第三，不放弃在东亚区域内推进上述金融规则。除了在 G20 框架下的努力，还应该在东亚区域内推进上述金融规则。一方面，在东亚区域内达成的一些金融规则共识有助于提高区域内的金融市场和宏观经济稳定；另一方面，通过在东亚区域内推进上述金融规则，不仅帮助中国站在了东亚区域货币和金融规则制定的制高点，也对推进建立全球金融规则形成了倒逼压力。

第十六章
发达资本主义国家垄断的新发展对我国深化经济体制改革的启示

周 淼[*]

摘 要 当前,发达资本主义国家的垄断有了新的发展,出现了许多新的特点,对资本主义社会产生了全面而又深远的影响。垄断的发展使资本主义的发展阶段、所有制结构、产业组织结构和形式都发生了巨大变化。这种新变化,对我国的经济体制改革也有重大启示,我们必须进行相应的调整和改革,才能应对国际竞争,不断推动经济持续健康发展。

关键词 发达国家 垄断 经济体制改革

当代资本主义垄断有了新的变化和发展,对资本主义社会的影响是全面而又深远的,使资本主义的发展阶段、所有制结构、产业组织结构和形式都发生了巨大变化。针对这种新变化,只有全面深化我国的经济体制改革,积极参与国际竞争与交流,才能不断推进中国特色社会主义建设事业。

一 当代发达资本主义国家垄断的新发展

(1)垄断深化、金融化的发展使资本主义发展到了一个新的阶段。进

---

[*] 周淼,中国社会科学院世界社会主义研究中心特邀研究员,马克思主义研究院助理研究员,博士。

第十六章　发达资本主义国家垄断的新发展对我国深化经济体制改革的启示

入垄断资本主义阶段后，金融垄断资本成为资本主义国家占统治地位的资本形式。当前，随着资本主义生产和资本的集中向着纵深方向迅猛发展，垄断的规模经济和范围经济也在扩大和深化，金融化、金融全球化和金融自由化也在不断发展，使大量产业和财富日益集中在少数垄断寡头手中，形成了全球性的寡头垄断经济，资本主义也发展到了国际金融垄断资本主义阶段。国际金融垄断资本控制和掌握大量的企业和金融机构，拥有和调度巨量的资金，在他们的严密组织下，为资本的利益服务。20世纪七八十年代以来，瑞士苏黎世联邦技术学校的专家在对逾4.3万家公司的数据进行分析后，认为全球近半数的财富掌控于147家彼此间存在着千丝万缕联系的跨国公司手中。参与该课题研究的瑞士学者詹姆斯·格拉特费尔德指出，这相当于不到1%的公司控制着整个网络四成的财富。这其中大多数为金融机构，进入前20名榜单的就有巴克莱银行、摩根大通银行、高盛公司、美林公司、摩根士丹利、瑞士银行、德意志银行等。[1] 在此基础上也形成了以虚拟经济全球化为主导的、以美元霸权为中心的世界经济增长模式和资本积累模式。这种模式越来越少地依赖生产部门和生产资本的价值创造，而越来越多地依赖金融泡沫支撑下财富效应的增长和私人负债的增长来实现价值的增值，最终导致了2008年以来世界金融、经济危机和世界经济的持续低迷。

（2）金融垄断资本的所有制结构也发生了巨大变化。随着非银行金融机构和直接金融迅猛发展，金融资本的社会资本基础增强。养老基金、互助基金、投资公司、保险基金等共同基金是美国和一些发达国家最重要的非银行金融机构。

国际金融垄断资本的股权结构出现了股份占有法人化的趋势，法人取代个人或家族而成为公司股份的主要持有者。机构法人资本属于社会资本的一种更高级的发展形态，它是社会资本融合生长出来的一种社会资本新形态。但是机构法人行为仍然要受到私人资本所有者的约束并反映私人资本所有者的利益。它还通过捆绑着中小资本和劳动者储蓄收入，从而放大了资本权力和控制力，它依然是资本利益的化身，它追求的依然是资本利益的最大化，服从于资本主义的逐利逻辑。由于机构投资者管理资产庞大，投资的公司和项目众多，它通过股东代理表决、谋求董事席位、更换经理等手段实施所有权约束的成本太高，因而机构法人追求的是尽可能的投资回报，而不是谋求对公司的长期和实际控制。这体现的是大金融资本对工业资本支配性的胜利。国际金融垄断资本家阶层仍然是高度集中化的，机构法人资本主义的发

---

[1] 《147家跨国公司掌控全球半数财富》，《参考消息》2011年10月22日。

展并没有改变资本主义财富高度私人化和集中化的特点。一些美国学者的研究也表明，垄断资本阶层的所有权集中程度依旧很高，即使在被认为所有权比较分散的美国。

（3）产业组织结构和形式的新变化。随着经济全球化和信息技术的发展，国际分工与专业化协作的程度越来越高，在产业组织结构上，出现了"模块化"产业组织结构和生产网络；在产业组织形式上，出现了网络性组织、企业间战略联盟等组织形式。企业在竞争中合作，在合作中竞争已成为一个必然趋势。当前垄断组织的主要载体是跨国公司，对应于产业组织的发展新趋势，在全球产品结构、全球地区结构、全球矩阵结构、全球混合结构等传统的组织结构基础上又出现了一些新型的组织结构，如控股公司结构、国际网络结构和虚拟公司结构等。总之，跨国公司的组织结构出现了扁平化、网络化、柔性化的发展趋势。跨国公司改革原有的企业组织结构，强调要建立富有弹性的网络型组织结构，改变以往由上而下的纵向信息传递方式，大大加强横向联系，使组织结构扁平化，更具有弹性和灵活性。在垄断企业间的组织形式上，在战略联盟出现之前，常见的有卡特尔、辛迪加、托拉斯和康采恩。跨国战略联盟不同于这些形式，有如下特征和类型：跨国战略联盟实现了全方位合作。跨国战略联盟不同于合资企业的互相参股和资本流动，而是扩展到资金、技术、人才、信息等方面的全方位合作，它把分散在各国的研究开发、生产加工、市场营销及售后服务等价值链诸环节上具有特定优势的不同企业联合起来，实行分工合作，优势互补，利益共享。这种联盟结构不同于跨国公司内部一体化的模式，使生产要素的流动扩展到全球一体化的范围。跨国战略联盟的合作方式具有较大的灵活性，跨国战略联盟各方签订的则是在法律上无约束力的"谅解备忘录"，是非股权式的松散"联姻"。跨国战略联盟实现了"柔性竞争"。

二 发达资本主义国家垄断的发展对我国经济体制改革的启示

（1）坚持公有制的主体地位，继续促进生产集中和生产社会化。在当前，面对强大的国际金融垄断资本，我们需要坚持公有制的主体地位，不断发展壮大国有经济，还需要进一步鼓励和推进金融创新和金融业的发展，使虚拟经济有一个较大发展。美国虚拟经济与实体经济相脱节导致金融危机的爆发，一方面启示我们要合理发展金融业；另一方面也启示我们要坚持公有制的主体地位，私人经济为主导、对利润的无节制追求、金融创新过度、虚

第十六章 发达资本主义国家垄断的新发展对我国深化经济体制改革的启示

拟经济脱离实体经济必然会导致金融危机的爆发。国际金融垄断资本主义阶段，大多数行业和市场都处于垄断竞争格局，我们还不能以反垄断的名义反对公有制的主体地位、国有企业的主导地位。我国目前的主要问题不是垄断过度，而是企业规模过小、市场结构分散的问题。而且国有企业占有绝对优势的行业关系国民经济命脉和国家安全领域，只能由国有企业来经营，不能以反垄断名义来危害国家安全。我们要继续培育具有国际竞争力的大企业，我国的产业组织政策应继续侧重于支持企业间的兼并、联合、重组，鼓励企业在更大规模、更高层次上参与全球的垄断性竞争。生产集中和生产社会化既有规模和范围上的量的要求，又有技术进步和技术创新方面质的要求。发达国家的主导企业不仅有规模经济和范围经济的优势，还加强了对全球价值链中核心技术、品牌、销售渠道、链条管理能力等高附加值环节的控制。因此，坚持公有制的主体地位，国有经济不仅要做大，更要做强，要进一步增强企业的竞争能力、产业控制力和自主发展能力，使企业的竞争优势主要来源于企业价值链上的战略环节或称关键环节，即能够为企业带来较高附加价值的环节。同时，还要积极应对价值链上的价值重心的不断转移和变化，使自己始终处在高价值的关键环节中，保持竞争优势。

（2）坚持公有制的主体地位，积极发展混合所有制经济，增强公有制经济的控制力和影响力。党的十八届三中全会通过的《中共中央关于全面深化改革若干重大问题的决定》（下称《决定》）指出，国有资本、集体资本、非公有资本等交叉持股、相互融合的混合所有制经济，是基本经济制度的重要实现形式，有利于国有资本放大功能、保值增值、提高竞争力，有利于各种所有制资本取长补短、相互促进、共同发展。金融垄断资本的所有制结构出现了复杂化和社会化的趋势，是某种形式上的混合所有制经济，但因建立在资本主义私有制基础上，也增强了私人资本的权力和控制力。因此，发展混合所有制经济，有两种性质上的混合所有制。一种是建立在资本主义私有制基础上，私人资本占主导的混合所有制经济；另一种是适合社会主义初级阶段国情的，发展公有制经济为主体的、国有经济为主导的混合经济，这可以巩固和加强公有制的主体地位，增强国有经济的控制力和影响力。党的十五大报告指出，对关系国民经济命脉的重要行业和关键领域，国有经济必须占支配地位。在其他领域，可以通过资产重组和结构调整，以加强重点，提高国有资产的整体质量。因此，发展混合所有制经济也有一个适用范围和适用度的问题，在一些关系国家安全的重要领域是不适于发展混合所有制经济的；即使在一些重要领域发展混合所有制经济，在核心部门、核心业务、核心优质资产方面应保持国家的绝对控股，保证国有经济的主导作用。

还应遵循市场原则和企业自愿原则，不能片面强调私企参与对国企的混合，不提国企参与对私企的混合，不能导致国有资产的流失。因此，在一些关系国家命脉和安全的关键行业和领域，应坚持国有经济的独资控制和支配地位；对于一些支柱行业（如钢铁、化工）和主导行业（如重大装备制造、电子、船舶等行业），因为对国民经济有巨大的作用，应积极支持国有企业的投资控股，鼓励其发挥主导作用。对于一般性行业和领域，随着时代的变化和国际国内形势的变化，即使是在一些竞争性的一般性行业和领域，有些行业也是关系国家安全的重要领域，因此，不能以竞争性和非竞争性领域来确定国有企业的进入领域，而应根据其重要性来确定。例如，农作物种子行业，涉及粮食安全等，关系重大，就不能视为一般性行业。因此，应积极发挥国有经济的主导作用，在一般性行业和领域积极发展使国有资本、集体资本、非公有资本等交叉持股、相互融合的混合所有制经济，引导非公有制经济发展。

（3）在产业组织结构和形式上，应以发展混合所有制经济为牵引，根据经济全球化与产业组织网络范式的要求，建设网络型的产业组织结构和形式，促进产业链和产业网的整合。目前，相对于发达国家，我国各产业之间、产业内部之间还没有形成完善的产业网、产业链，还不是一个形成了专业化分工和协作的有机整体。应借鉴新的产业组织形式，如控股公司结构、国际网络结构、战略联盟等，使不同所有制企业、大小企业间通过股权和各种协议整合起来，形成一种网络型的有机协作型生产体系。国有企业和大企业在生产效率、技术创新、规模实力等方面有优势，小企业在专业性、灵活性等方面有优势，发展混合所有制经济，可以发挥国有企业和大企业的辐射带动作用，使小企业的"小而专"和大企业的"大而强"相互配合，相得益彰。近年来，一些行业和领域的混合所有制经济已经发展起来，一些国有企业按照市场机制运行的规则，采用市场手段联合私营企业共同发展，已形成了一个由央企控股、吸收私营企业参加的多元化混合经济体系，如中国医药集团、中国建材集团等。我国的非公有制经济，经过初期的发展后，面临着"二次创新""二次创业"的问题，一些国有大企业同样也面临着类似的问题。积极发展混合所有制经济，也有利于建立和完善现代企业制度，对企业的股权结构进行改革，对企业特别是私有企业的家族制、家长制等落后管理模式和运行机制进行调整。十八届三中全会的《决定》还明确提出允许混合所有制经济实行企业员工持股，形成资本所有者和劳动者利益共同体。在混合所有制企业内推行员工持股，使员工既是持股者即资本所有者，又是劳动者，有利于在企业中引入民主管理机制，调动企业员工的积极性和主动性，从而有利于提高企业竞争力。

第十七章
深入反思国际金融危机 切实维护中国经济安全
——"资本主义经济金融化与国际金融危机研究"研讨会会议纪要

刘志明[*]

摘　要　与会者深入考察了资本主义经济金融化的形成与特点，分析了资本主义经济金融化与国际金融危机的关系，描绘了国际金融危机后资本主义的基本动向与走势，并就如何应对国际金融危机与切实维护我国经济安全等问题进行了深入的研讨。

关键词　反思　金融化　金融危机　经济安全

2014年6月27日，"资本主义经济金融化与国际金融危机研究"研讨会在中国社会科学院举行。研讨会由中国社会科学院马克思主义研究院、中国社会科学院世界社会主义研究中心联合主办，中国社会科学院世界社会主义研究中心国家社科基金委托项目"国际金融危机研究"、中国社会科学院创新工程重大项目"资本主义经济金融化与世界金融危机研究"课题组共同承办。中国社会科学院马克思主义研究院原副院长张祖英教授、中国社会科学院世界社会主义研究中心傅军胜首席研究员共同主持了研讨会。十多位来自中国社会科学院、国家发展与改革委员会、国务院发展研究中心、清华大学、中国人民大学、首都经济贸易大学、新华社世界问题研究中心以及央视网证券频道等单位的专家学者出席研讨会，并做专题发言。中国社会科学

---

[*] 刘志明，中国社会科学院马克思主义研究院研究员，世界社会主义研究中心特邀研究员。

院创新工程重大项目"资本主义经济金融化与世界金融危机研究"课题组首席研究员栾文莲在研讨会上介绍了课题研究的进展情况。

与会专家学者深入考察了资本主义经济金融化的形成与特点,深刻分析了资本主义经济金融化与国际金融危机的关系,轮廓性地描绘了国际金融危机后资本主义的基本动向与走势,并就如何应对国际金融危机与切实维护我国经济安全等问题进行了深入的研讨。

一 关于资本主义经济金融化的形成与特点

国务院总体研究办公室原副主任黄振奇研究员认为,自从 20 世纪 80 年代以来,由于多种因素的促成,资本主义从一般的金融资本统治进入虚拟金融资本统治,由此进入新的历史阶段即经济金融化阶段。他指出,有几个比较重要的事情,促成了资本主义经济金融化。一是资本主义国家产业输出造成去工业化,这就导致实体经济与金融比例严重失衡。二是西方资本主义国家金融自由化,使金融资本发展失去制衡机制和有效的监管,助长了金融市场的过度投机炒作和虚拟金融资本的膨胀。三是经济全球化的形成,虚拟金融资本到处投机扩张,比如像亚洲 1997 年发生的金融危机,就与美国投机资本炒作关系极度密切。四是电子信息产业和互联网的快速发展成为虚拟金融资本扩张的便捷手段。借助计算机大规模数据处理能力开发金融衍生品和交易模型,通过技术革命,以无限的形式把国内外金融机构、商业机构,甚至个人连接在一起,可以低成本和瞬时地完成大规模交易,实现虚拟金融资本的扩张。

央视网证券频道执行总编兼首席评论员钮文新认为,之所以出现资本主义经济金融化,就是金融这个东西好赚钱,省事。做产业多难呀,包括资本的积累、场地、设备、人工、设计、科技发展,弄不好哪天突然间就滞销了,没饭吃了,太难了,而且风险很大,但是拿钱赚钱太容易了,所有人都希望能够用最简单的方式来赚钱,如果每个人来追求,这个社会就会金融化。他指出,在资本主义经济金融化的背景下,实际上只有一个国家就是美国能最轻松地获取最大的利润,最后在全球经济一体化的旗帜之下,把美国本土的实体经济逼向其他国家而保留服务,更核心的就是金融服务。

栾文莲研究员指出,在资本主义经济金融化的历史进程中,西方资本主义无论是对内还是对外主要以和平的方式和金融手段来实现金融化的目的。在西方资本主义国家内,工人自愿把自己的养老金和收入交保费,由金融资本操作。对外,美联储、国际货币基金组织和各国央行体制,通过这种方式实现美元霸权的地位,包括对前苏东国家的私有化,实际上是金融化。激进

第十七章 深入反思国际金融危机 切实维护中国经济安全

的美国学者赫德森在《金融帝国：美国金融霸权的来源基础》中写道，苏联主要是被西方金融手段瓦解掉的。这一点值得我们高度警惕和深入反思。

清华大学马克思主义学院党委副书记朱安东副教授认为，资本主义经济金融化之所以形成，与资本主义社会里面的阶级结构出现了比较大的变化密切相关。20世纪70年代以来，金融资本或者金融资产阶级成了欧美国家统治阶级里的主导型力量，所以可以推动这些国家出台一系列有利于金融资本的措施。

总后勤部司令部军训局原干部许石坪则专门分析了美国经济金融化的形成，他认为，美国经济金融化的形成是垄断资本发展的必然趋势，有三大因素推动了美国经济金融化的形成。第一，美元扩张为美国经济金融化提供了货币条件。没有货币条件，一个国家要想经济完全金融化是不可能的。美元与黄金挂钩，其他国家的货币与美元挂钩，美元发行应该受到美国黄金储备量的约束，但是美国人经常破坏这个约束。第二，金融创新是美国经济金融化的重要因素。20世纪80～90年代，为适应全球化生产的需要，美国金融创新产生的融资手段为美国企业的合并与收购提供了支持，产生了一批跨国公司。这些公司不再依赖银行，而是直接求助于金融市场，靠发行债券来融资。第三是美国政府的政策推动。从20世纪80年代起美国政府开始放松对经济的管制，在金融领域美国国会制定了一系列新法案，减少了政府的监管，从而为经济金融化开了绿灯。

关于资本主义金融化的特点，中国社会科学院学部主席团原秘书长何秉孟研究员认为，以美国为代表的国际金融垄断资本有六个主要特征。一是经济加速金融化，社会资本创造的利润越来越多地被金融资本所占有，因此推动金融资本（金融企业资本＋虚拟资本）相对于实体经济企业资本迅速膨胀，金融资本成为经济乃至政治的主宰。二是金融虚拟化、泡沫化，由金融衍生产品（其中相当部分是"有毒"的）所形成的虚假财富如脱缰之马急速发展。三是金融资本流动、金融运作自由化。四是实体经济逐步空心化。美国实体经济的主体制造业也就是第二产业在GDP中的比重，1990年仅为24%，2007年进一步下降至18%。现在，美国这个庞然大物稍有竞争力的实体经济产业已经所剩无几了，仅军工、石油、农业而已！五是劳动大众日益贫困化。美国社会的两极分化进一步加剧。近二三十年来，美国企业高管与普通员工的工资差距，从40∶1扩大到了357∶1。2000～2006年，美国1.5万个高收入家庭的年收入从1500万美元增加至3000万美元，6年翻了一番；而占美国劳动力70%的普通员工家庭的年收入从25800美元增至26350美元，仅增长550美元，6年仅增2%。前者的家庭年收入为后者的1100多倍，在这6年中，前者年收入的增加额为后者年收入增加额的近3

万倍。六是经济乃至国家运行的基础债务化。近一二十年来，在美国逐步形成了一种"负债经济模式"：普通民众靠借贷维持日常消费。1971~2007年的26年间，美国民众的消费信贷从1200亿美元激增至2.5万亿美元，增加了近20倍。美国企业甚至政府也靠举债维持经营或运转。2007年美国国债余额为10.35万亿美元。金融危机爆发后，2008年布什政府推出8500亿美元救市国债计划，为此国会不得不将国债上限提高至11.3万亿美元；2009年奥巴马上任后，又推出7870亿美元国债救市计划，国会又不得不为此将国债上限提高到12.1万亿美元。2009年8月7日，美财长盖特纳再一次向国会申请突破12.1万亿美元的国债上限，这相对于美国政府发布的大大注了水的GDP 13万亿美元来说，美国国债率已高达100%，远远高于国际公认的安全债务率60%的上限。

二　关于资本主义经济金融化与国际金融危机的关系

黄振奇研究员认为，这次发生国际金融危机的根本原因是虚拟金融资本的统治或者说资本主义经济金融化。因为经济金融化加剧了资本主义的矛盾，一是加剧社会分配的不公，少数大银行家通过金融市场的投机和欺诈，掠夺社会大多数人的财富。有一个材料讲，克林顿时期1%的富人控制着45%的经济增长，到小布什时代这个数字变成了65%，到2010年，美国经济增长中的93%集中到1%的富人手里，其余的7%才为99%的美国人所享有，两极分化的问题特别严重。二是金融市场融资方式由战后以银行信贷为主逐渐转变为以证券融资为主，资本主义国家持续的金融创新不断地吹大金融资产的泡沫，把一切财产都证券化。三是与金融资产泡沫伴行的是公司债务的激增。老百姓生活很困难，议员为了争取选票就搞福利社会，就得政府出钱，没钱怎么办，就得借债，发生债务危机的风险因而不可避免。四是社会收入分配不公引发了中低收入群体对华尔街的不满，出现"占领华尔街"的运动，这是重大历史事件。美国一位学者曾经写过，在过去50年中不论是工人阶级还是左派都不敢公然质疑美国的经济制度，谁要是这么做就会被打上不忠和非美国的烙印，现在出现公然"占领华尔街"的运动是很大的事情，这充分暴露出当代资本主义社会基本矛盾激化的程度。

国务院发展研究中心世界发展研究所丁一凡研究员也认为，国际金融危机与资本主义经济金融化密切相关。他说，20世纪80年代以来，美国经济实际上陷入了债务不断增长造成的资本市场的繁荣，资本市场的繁荣到一定的时候又造成了资产泡沫的破灭，资产泡沫破灭了以后再拱起另外一个泡沫。美国市场自20世纪80年代以来经历了好几轮"增长—破灭、破灭—增长"泡沫循环，周而复始的循环现在看起来没有什么出路。他还指出，因为陶醉在当年冷战的胜利之中，西方精英不再关注民众的社会福利等问题，结果是财富分配进一步分化的社会隐患越来越大。

中国社会科学院马克思主义研究院刘志明研究员认为，国际金融危机的发生与蔓延是经济自由化长期泛滥导致资本主义内在矛盾持续激化的必然结果。20世纪80年代以来，随着新自由主义政策主张的广泛实施，西方国家的私有化浪潮不断高涨，社会福利大幅削减，政府管制全面放松，经济金融化和自由化程度持续提高。这样，一方面，进一步加剧了本已十分严重的贫富两极分化，激化了生产无限扩大的趋势与劳动人民购买力相对缩小的矛盾；另一方面，进一步放大了资本主义市场经济的固有缺陷和市场失灵风险，激化了个别企业生产的有组织性与整个社会生产的无政府状态的矛盾。为了缓和矛盾，满足垄断资本的逐利欲望，各类所谓金融创新和金融衍生产品纷纷出笼，普通民众"自由享受"着举债消费的日子，垄断资本自由游走于世界各地，导致虚拟经济与实体经济日益脱节，各种资产泡沫不断累积、膨胀，全球经济运行的风险不断加大。2007年，美国房地产泡沫的破裂终于造成美国金融危机的爆发，金融衍生产品的风险链条又将金融危机从美国迅速蔓延到世界各地，引发国际金融危机。

三　关于国际金融危机中的西方资本主义的基本动向与走势

何秉孟研究员认为，国际金融危机后，西方资本主义的基本动向就是它们正在试图重走"第三条道路"，即美英新自由主义的模式和欧洲社会民主主义加上社会市场经济模式之间的道路。这条道路对欧洲来说，就是向右靠拢，具体表现则是欧洲向高福利制度开刀，主要是紧缩政策。对美国来说，就是向"左"靠拢，具体表现是通过加强金融监管、推行医保改革和实施"再工业化"，尽量和新自由主义的那一套保持一定的距离。不过，何秉孟认为，十多年前的"第三条道路"在美欧就夭折了，现在它们想重走"第三条道路"估计也会举步维艰，欧美注定都还要在国际金融危机中再挣扎一段时间。

中国人民大学经济学院党委书记张宇教授认为，从国际金融危机之后到现在，出了个新概念叫"新经济常态"。"新经济常态"就是说经济较长时间处于缓慢的回升阶段，达不到正常状态，其实质就是危机还没有过去。他指出，按照传统理论，资本主义经济危机是有周期的，但现在这个周期体现不出来，原因在于，现在资本主义世界经济的特点有了很多的变化，经济结构不是以产业资本为主，而是以服务业和金融业为主。大规模固定资本更新不明显，周期就看不出来。过去经济周期的变化伴随着失业率的变化，美国等西方国家现在制造业空心化了，特别是新技术革命信息化越来越高，总的趋势是排斥工人。这个危机要深入研究，用传统理论来说它不是简单的周期性危机问题，可能是资本主义阶段新的历史趋向，是比较长时段内综合性的问题。过去是提总危机，斯大林认为总危机的整个资本主义阶段被社会主义代替。当前国际金融经济危机至少不是简单的周期性危机，而是制度性和阶段性综合的危机。

清华大学马克思主义学院讲师蔡万焕认为，国际金融危机发生后，虽然西方国家的政策"按下葫芦浮起瓢"，但对于资本家来说是重大利好。美国收入集中程度更上一层楼，95%的收入流向了占人口1%的最富有的人。中产阶级继续萎缩，劳工阶层力量虽然在不断地壮大，但并没有形成实质性的挑战资本的力量。美国所谓的橄榄形社会正一步步地向沙漏形社会转变。在他看来，在这种背景下，资本主义国家短期内并不会走上本质是私有制加二次分配的社会民主主义之路，相反，正在进一步地右转，其具体表现就是：对内，右翼分子不仅要求削减政府规模，还要求去监管化、削减社会公共支出、减税；对外，右翼分子推行单边主义，渲染他国威胁论。有人说美国已经走上了扩大政府在国防战争方面支出的军事凯恩斯之路。但是，也应该看到，危机发生之后国际社会热议中国模式，21世纪拉美许多国家纷纷开始左转，经济社会形势也大为改观，"占领华尔街"运动以及欧洲23国工人大罢工中，游行的人群纷纷提出向社会主义转变的要求，这说明社会主义运动还是有积极基础的。

四 关于应对国际金融危机

中国社会科学院世界经济与政治研究所张斌研究员认为，应对国际金融危机不是一个国家能解决的问题，需要建立一套全球金融公共规则，主要包括六方面内容：一是对汇率形成机制的统一规则，有管理的汇率浮动体制不光针对中国，对发达国家都比较适用；二是对经常项目失衡的强制性调节；三是对系统重要性国家，主要指的是美国，关键宏观指标的外部约束，包括财政赤字，财政赤字当然是国内的事，但是它对外部经济有很大的影响，如果美国的国债和公共财政债务不断地增加，大家都持有美国的资产，未来对

第十七章　深入反思国际金融危机　切实维护中国经济安全

于大家来说都是潜在的损失，这需要制定一定的规矩；四是对短期资本流动的监管，IMF的态度最近几年已经发生了根本的变化；五是贷款人和全球金融稳定机制；六是跨境监管问题。

刘志明研究员介绍了西方左翼学者应对金融危机的三大战略策略。一是主张对资本主义体系进行根本的改造，比如阿根廷的政治学家说，要实现对资本主义体系根本改造，必须以列宁主义思想为指导，加强群众的组织和意识。二是强调挽救危机的真正方法是满足社会底层的基本需求，美国的约翰·贝拉米·福斯特觉得应该满足社会底层的基本需求，而不是耗费普通纳税人的财富，为社会顶层的少数人打造黄金降落伞。英国共产党也提出满足社会底层的基本需求，提出要在住房、能源和交通领域进行根本投资，并实行公有制。三是宣称社会主义是结束金融危机的唯一途径。在俄共看来，资本主义的金融、经济危机证明了争取社会主义斗争的必要性。久加诺夫说："资本主义不可避免地走向破坏性的危机、社会灾难和军事冲突。只要高利贷者和投机者的权利和利益置于物质和精神价值创造者的权利和利益之上，社会就不会和谐。这一切迫使我们必须加强争取社会公正、争取劳动者的权利和自由、争取社会主义的斗争。时代执着地证实了这一斗争的必要性和必然性。"

刘志明指出，西方左翼学者关于应对国际金融危机的战略举措虽然提出了一些促进社会保障与民生改善的政策主张，虽然说会对欧美国家产生一定的影响，但是从根本上说，它们起的作用顶多只是缓解一下资本主义制度的危机或者改良资本主义制度及其主导下的世界政治经济秩序，它们在金融危机发生以后希望政策调节向底层群众倾斜，福利模式在这种环境下多少显得有些不合时宜，因为，其关键是怎么做得到，价值取向虽然向这里倾斜，但是不触动基本的经济制度和生产资料的所有制，光提那个只是权宜之计，一旦危机一过一切照旧，不是很彻底，就是回避制度层面，比如生产资料所有制，好像是刻意地绕开。而且，即便如俄共等提出了社会主义的"必要性"，即便一些左翼学者提出了"反资本主义"的要求和战略，但是，因为他们并没有将自己的对策诉诸广大的劳工群众，也没有积极塑造马克思主义意义上的社会力量并取得这种社会力量的支持，因此，应该可以断定，他们的主张、对策将更多的只是停留在"讲坛"和"学术会议"意义上。

五　关于维护我国经济安全

关于如何切实维护我国经济安全，新华社世界问题研究中心研究员李长久指出，一定要充分吸取美国瓦解苏联的教训。美国搞苏联是压低油价，美国还利用苏联国内物资供应困难。我们严重依靠石油，我们的石油依存度已经超过60%了，其中80%来自于中东和非洲，所以，石油来源能不能保证安全？中国30多年来高速增长付出多么大的代价，环境破坏得怎么样，资源消耗得怎么样，农业怎么样，粮食自给率降到88%以下，大豆80%以上靠进口，棉花、玉米、小麦都从净出口国变成了净进口国，如果还发生1959~1961年的困境怎么办？这些问题要充分考虑。美国防范、遏止、围堵中国的战略是不会变的，我们不要对美国抱有过多的幻想。此外，推动人民币国际化要非常谨慎和稳妥。步骤一是逐步扩大双边货币直接兑换，先是与日元、澳元、新西兰元，现在与英镑实现了直接兑换。二是逐步扩大跨境贸易和投资使用人民币结算，这个也很受欢迎。三是推动人民币向多边使用延伸。四是逐步建立发展中国家自己的金融机构和评级机构，减少对美元和美国的依赖，旨在为维护全球金融市场稳定和世界经济持续健康发展做出贡献。

傅军胜研究员认为，维护经济安全、确定合适的投资率非常重要。他指出，受国际金融危机的冲击，我国经济一直处于快速下行的状态，根据最近几年的情况来看，除了2010年我国经济的增速还能保持不低于10%，其他年份都是处于快速下行状态，到2011年下行到9.3%，2012年又急剧下滑到7.8%，2013年又下滑到7.7%，2014年定的指标是7.5%。我国为了遏制住经济快速下行采取了一个重要措施，就是扩大投资，提高投资率，向经济运行输血，然而从理论上讲不仅要看投资的绝对额，更要看投资率，也就是说我们要看全国社会固定资产投资占GDP的比重，它表示全年的生产成果有多少是用于生产建设的，国家为了保证整个国民经济的健康运行，确定多高投资率为适度，不是不要投资率，这是十分重要的现实问题，投资率定得过高或过低都不利于经济健康运行，符合经济健康运行规律的投资率才能保持经济又好又快的发展。

丁一凡研究员指出，中国经济要实现安全发展，必须要遏止贫富差距迅速拉大的趋势，绝不能把西方经济学理论奉为经典，因为它所谓的许多定理正逐渐被揭穿。他以法国经济学家皮凯蒂的《21世纪资本论》为例说明，西方经济学理论关于市场会使财富分配自动回归均衡的说法根本站不住脚，金融自由化只会使富人的财富越来越多，越来越大，这一切都建立在特别简单的事实基础上，即所有金融财富的不断增长建立在债务不断增长的基础上。他认为，收入不均的问题是自然的趋势，这种自然趋势得到抑制的情况完全是政府的行为，也就是说，只有公共政策的改变才能够改变这种自然趋势。他还指出，中国现在的经济政策绝不能建立在西方经济学理论所谓的市场能自动回归均衡的"定理"上。如果政府只强调让市场起资源配置决定性作用，财富分配的差距只会越来越大，财富越来越集中，而这种分配差距越来越大最后不仅要造成巨大的社会问题，也会使经济无法持续的发展，最后金融体系和经济体系一定会崩溃，我们必须从这里得出一点教训。

央视网证券频道总编兼首席评论员钮文新认为，维护中国经济安全，要努力避免新自由主义的误导，要提出完善社会主义市场经济体制的有效解决方案。这个解决方案一定要解决社会主义经济发展的动力是什么的问题，要解决社会主义要不要追求利润、追求利润的核心动力是什么的问题。这些问题如果不能有效解决，中国经济发展有可能会走向新自由主义。提出这样一个解决方案很难。难就难在对于利润的追求是对的，但必须有度，可一有度又往往缺乏动力。比如我们可以通过分配给资本加高税，更多地分配给劳动者，产生收入的平衡，那样的话资本没有动力了，有很多这样的问题。我们靠什么来创造财富，实现社会主义的理想？

首都经贸大学金融学院金融研究中心祁敬宇教授认为，维护我国经济安全，必须防范影响我国金融和经济安全的一切风险。像通货膨胀率、财政赤字、公共债务、经常账户赤字、资本流入、金融对私部门的借贷、不良贷款的占比等。影响金融安全的这些指标中存在潜在的金融风险，我们应该密切关注这些因素，加强金融监管。此外，我们还应防范实体产业空心化的风险，有些行业的投资并不在实体行业，中国这么大的国家如果不做实体，这是很可怕的。还有我国能源对外依存度太高的风险，依存度超过了60%，粮食不安全和地方债务过于庞大的风险等，都需要我们努力加以防范。

朱安东副教授认为，维护我国的经济安全，必须反对新自由主义的经济路线，尤其在涉及国家经济安全的国有企业改革问题上，一定要全面而非片面甚至扭曲地贯彻党的十八届三中全会的精神。他还批评说，某些主管经济工作的部门把国有企业改革局限为私有化，而混合所有制本来是双向或者多向的，但某些主管经济工作的部门在具体执行过程当中只有一个方向，那就是私有化。

（曹苏红、任丽梅、单超参加整理）

后 记

本书是研究资本主义经济金融化与国际金融危机的专题研究报告集。

本书在 2014 年 6 月 27 日"资本主义经济金融化与国际金融危机"研讨会的专家发言的基础上,经过各位专家、学者的进一步研究而完成。其中有的优秀成果被推荐到《马克思主义研究》等报刊发表。由于数量所限,全部的成果以研究报告集的形式,按中国社会科学院创新工程重大招标项目的阶段性成果安排出版。

本书的作者和各部分写作情况如下:李慎明(总论),黄振奇(第一章),黄海燕(第一章),丁一凡(第二章),何秉孟(第八章),张祖英(第六章),李长久(第十三章),栾文莲(第三章、第七章),朱安东(第九章、第十章),蔡万焕(第九章),裴小革(第十一章),刘志明(第十二章、第十七章),祁敬宇(第十四章),张斌(第十五章),周淼(第四章、第十六章),单超(第五章)。

感谢以上的专家、学者在一年中最热的季节付出辛劳,悉心研究与写作。感谢全国人大内务司法委员会副主任委员、中国社会科学院原副院长、世界社会主义研究中心主任李慎明研究员对研讨会的大力支持,并欣然为本书写下总论,这激励我们更深入、扎实地进行项目研究,更深入地研究这个问题。感谢中国社会科学院马克思主义研究院院长、党委书记邓纯东对"资本主义经济金融化与国际金融危机"研讨会的支持。感谢世界社会主义研究中心副主任王立强、傅军胜研究员、曹苏红副编审、单超博士,马克思主义研究院的任丽梅博士、刘志昌博士,马克思主义研究院办公室王屹等同志对会议筹备所做的大量工作。

栾文莲

2015 年 6 月

世界社会主义研究丛书

研究系列

社会主义：理论与实践（精）
李慎明 主编
2001年4月

社会主义的历史、理论与前景（上下册）
靳辉明 主编
2004年5月

且听低谷新潮声：21世纪的世界社会主义前景
李慎明 主编
2005年2月

古巴社会主义研究
毛相麟 著
2005年10月

美国民主制度输出
刘国平 著
2006年8月

戈尔巴乔夫的改革与苏联的毁灭
谭索 著
2006年9月

当代资本主义国家共产党
聂运麟 等著
2007年11月

苏联演变的原因与教训
周新成 张旭 著
2008年2月

美国保守主义及其全球战略
姜琳 著
2008年3月

民主社会主义思潮批判
周新城 著
2008年4月

变革与转型时期的社会主义研究
聂运麟 著
2008年5月

执政党的经验教训
李慎明 等编
2008年5月

帝国主义历史的终结
王金存 著
2008年6月

十月革命与当代社会主义
李慎明 主编
2008年11月

叶利钦的西化改革与俄罗斯的社会灾难
谭索 著
2009年6月

美元霸权与经济危机
李慎明 主编
2009年7月

欧洲社会民主主义的转型
何秉孟 姜辉 张顺洪 编著
2010年5月

国际金融危机与当代资本主义
李慎明 主编
2010年6月

国际金融垄断资本与经济危机跟踪研究
何秉孟 主编
2010年7月

世界在反思：国际金融危机与新自由主义全球观点扫描
李慎明 主编
2010年7月

"颜色革命"在中亚——兼论与执政能力的关系
赵常庆 主编
2011年1月

历史在这里沉思：苏联解体20周年祭
李慎明 主编
2011年9月

信仰危机与苏联的命运
蔡文鹏 著
2011年12月

世界在反思之二——批判新自由主义观点全球扫描
李慎明 主编
2012年2月

相关链接

更多信息请查询：www.ssap.com.cn

研究系列（续）

美国中亚战略20年：螺旋式演进
杨鸿玺 著
2012年9月

"改革新思维"与苏联演变
李瑞琴 著
2012年9月

世界在动荡、变革、调整
李慎明 主编
2012年11月

世界在反思（3）：当代资本主义评析
李慎明 主编
2012年12月

探索与变革：资本主义国家共产党的历史、理论与现状
聂运麟 主编
2014年6月

世界格局与我国安全战略
李慎明 主编
2014年9月

世界社会主义和左翼思潮：现状与发展趋势
李慎明 主编
2014年10月

谈如何正确看待斯大林
张捷 著
2015年3月

社会主义是人类历史发展的必然
李慎明 主编
2015年5月

尼泊尔共产党（毛主义者）的历史执政及其嬗变研究
汪亭友 著
2015年6月

金融帝国主义与国际金融危机
栾文莲 等著
2015年12月

参考系列

全球化与现代资本主义
[古巴] 菲德尔·卡斯特罗 著
王玫 等译
2000年11月

古巴雄狮卡斯特罗的青少年时代
[古巴] D. 施诺卡尔
P.A. 塔维奥 编
宋晓平 杨仲林 译
2000年11月

改革年代：苏联东欧与中国——戈尔巴乔夫现象
[澳] 科伊乔·佩特罗夫 著
葛志强 马细谱 等译
2001年6月

第三次世界大战——信息心理战
[俄] B.A. 利西奇金
Л.A. 谢列平 著
徐昌翰 等译
2003年9月

论意识操纵
[俄] 谢.卡拉-穆尔扎 著
徐昌翰 等译
2004年2月

苏联的最后一年
[俄] 伊·麦德维杰夫 著
王晓玉 姚强 译
2005年1月

大元帅斯大林
[俄] 弗拉基米尔·卡尔波夫
何宏江 等译
2005年9月

富国陷阱
[英] 张夏准 著
肖炼 倪延硕 等译
2009年1月

俄罗斯、中国与世界
[俄] A.P. 雅科夫列夫 著
孟秀云 孙黎明 译
2007年5月

参考系列（续）

文明的对话
[保] 亚历山大·利洛夫 著
马细谱 等选译
2007年9月

欧洲社会主义百年史
[英] 唐纳德·萨松 著
孟秀云 孙黎明 译
2008年1月

幻想破灭的资本主义
[日] 伊藤诚 著
孙仲涛 等译
2008年6月

总司令的思考
[古巴] 菲德尔·卡斯特罗 著
徐世澄 宋晓平 等译
2008年1月

世界规模的积累
[埃及] 萨米尔·阿明 著
杨明柱 杨光 李宝源 译
2008年11月

富国陷阱（修订版）
[英] 张夏准 著
肖炼 倪延硕 等译
2009年1月

富国的伪善
[英] 张夏准 著
严荣 译
2009年1月

苏联的最后一年（增订再版）
[俄] 罗伊·麦德维杰夫 著
王晓玉 姚强 等译
2009年6月

从"休克"到重建：东欧的社会转型与全球化-欧洲化
[法] 弗朗索瓦·巴富瓦尔 著
陆象淦 王淑英 译
2010年3月

卡斯特罗语录
[古巴] 萨洛蒙·苏希·萨尔法蒂 编
宋晓平 徐世澄 张颖 译
2010年6月

资本主义为什么会自我崩溃？
[日] 中谷岩 著
郑萍 译
2010年7月

英国共产主义的失落
[英] 拉斐尔·塞缪尔 著
陈志刚 李晓江 译
2010年8月

解体：二十年后的回忆与反思
李慎明 主编
栗瑞雪 等译
2011年12月

新自由主义的兴衰
[巴] 特奥托尼奥·多斯桑托斯 著
郝名玮 译
2012年2月

资本主义全球化及其替代方案
[英] 莱斯利·斯克莱尔 著
梁光严 译
2012年3月

亲历苏联解体：二十年后的回忆与反思
李慎明 主编
张树华 等译
2012年5月

捍卫苏联的最后一搏："国家紧急状态委员会"反对戈尔巴乔夫
[俄] 根纳季·亚纳耶夫 著
胡昊 译
2012年11月

帝国的消亡：当代俄罗斯应从中汲取的教训
[俄] 叶·季·盖达尔 著
王尊贤 译
2013年1月

资本主义十讲（插图版）
[法] 米歇尔·于松 著
沙尔博 插图 潘革平 译
2013年4月

全球化资本主义与日本经济
[日] 鹤田满彦 著
张迪 译
2013年4月

美国社会主义传统
[美] 约翰·尼古拉斯 著
陈慧平 译
2013年11月

相关链接
更多信息请查询：www.ssap.com.cn

参考系列（续）

资本主义还有未来吗？
伊曼纽尔·沃勒斯坦 等著
徐曦白 译
2014年4月

苏联军队的瓦解
[美]威廉·奥多姆 著
王振西 钱俊德 译
2014年7月

欧洲激进左翼政党
[英]卢克·马奇 著
于海清 王静 译
2014年9月

多极世界与第五国际
[埃]萨米尔·阿明 著
沈雁南 彭姝祎 译
2014年11月

苏共二十大："秘密报告"与赫鲁晓夫的谎言
格雷弗弗 著
马维先 译
2015年1月

西方情报机构与苏联解体
戴维·阿尔贝尔兰·埃德利 著
孙成昊 张蓓 译
2015年1月

相互竞争的经济理论：新古典主义、凯恩斯主义和马克思主义
[美]理查德·沃尔夫 [美]斯蒂芬·雷斯尼克 著
孙来斌 王今朝 杨军 译
2015年6月

五十年战争：世界政治中的美国与苏联（1941~1991）
[英]理查德·克罗卡特 著
王振西 钱俊德 译
2015年10月

马克思的阶级概念
[日]渡边雅男 著
李晓魁 译
2015年11月

皮书系列

2005年世界社会主义跟踪研究报告——且听低谷新潮声（之二）
李慎明 主编
2006年3月

世界社会主义跟踪研究报告——且听低谷新潮声（之一）
李慎明 主编
2006年5月

2006年世界社会主义跟踪研究报告——且听低谷新潮声（之三）
李慎明 主编
2007年3月

2007年世界社会主义跟踪研究报告——且听低谷新潮声（之四）
李慎明 主编
2008年3月

世界社会主义跟踪研究报告（2008~2009）——且听低谷新潮声（之五）
李慎明 主编
2009年3月

世界社会主义跟踪研究报告（2009~2010）——且听低谷新潮声（之六）
李慎明 主编
2010年2月

世界社会主义跟踪研究报告（2010~2011）——且听低谷新潮声（之七）
李慎明 主编
2011年3月

世界社会主义跟踪研究报告（2011~2012）——且听低谷新潮声（之八）
李慎明 主编
2012年3月

世界社会主义黄皮书 世界社会主义跟踪研究报告（2012~2013）
李慎明 主编
2013年5月

世界社会主义黄皮书 世界社会主义跟踪研究报告（2013~2014）
李慎明 主编
2014年3月

相关链接

更多信息请查询：www.ssap.com.cn

居安思危·世界社会主义小丛书

忧患百姓忧患党：毛泽东关于
党不变质思想探寻
李慎明 著
2012年7月

"普世价值"评析
汪亭友 著
2012年7月

戈尔巴乔夫与
"人道的民主的社会主义"
王正泉 著
2012年7月

古巴：本土的可行的社会主义
毛相麟 著
2012年7月

新自由主义评析
何秉孟 李千 著
2012年7月

俄国十月社会主义革命
陈之骅 著
2012年7月

西方世界中的社会主义思潮
姜辉 于海青 著
2012年7月

当代拉丁美洲的社会主义思潮与实践
徐世澄 著
2012年7月

民主社会主义评析
周新城 著
2012年7月

历史虚无主义评析
梁柱 著
2012年7月

越南社会主义定向革新
谷源洋 著
2013年5月

中国特色社会主义理论与实践
罗文东 著
2013年5月

居安思危：苏共亡党的历史教训
（八集党内教育参考片解说词）
李慎明 总撰稿
2013年5月

全球化与共产党
卫建林 著
2013年5月

怎样认识民主社会主义
徐崇温 著
2013年5月

俄罗斯的私有化
张树华 单超 著
2013年5月

查韦斯的"21世纪社会主义"
朱继东 著
2013年5月

苏联历史几个争论焦点的真相
吴恩远 著
2013年5月

毛泽东对新中国的历史贡献
李捷 著
2013年5月

毛泽东与马克思主义中国化
李崇富 著
2013年5月

《共产党宣言》与世界社会主义
靳辉明 李瑞琴 著
2013年5月

马克思主义与社会主义的历史命运
王伟光 著
2013年5月

忧患百姓忧患党：毛泽东关于
党不变质思想探寻
（修订版·大字本）
李慎明 著
2013年7月

马克思主义与社会主义的
历史命运（大字本）
王伟光 著
2013年8月

谈谈民主、国家、阶级和专政
王伟光 著
2015年1月

中国经济体制改革的方向问题
刘国光 著
2015年1月

抽象的人性论剖析
有林 等著
2015年1月

中国道路和中国模式
侯惠勤 著
2015年1月

社会主义在探索中不断前进
周新城 著
2015年1月

列宁帝国主义论及其当代价值
顾玉兰 著
2015年1月

老挝：在革新中腾飞
柴尚金 著
2015年1月

建国后毛泽东对中国法
治建设的创造性贡献
迟方旭 著
2015年1月

西方文明东进战略与
中国应对
李艳艳 著
2015年1月

俄罗斯联邦共产党
二十年
刘淑春 著
2015年3月

图书在版编目(CIP)数据

金融帝国主义与国际金融危机/栾文莲等著. —北京：社会科学文献出版社，2015.12

(世界社会主义研究丛书. 研究系列)

ISBN 978 – 7 – 5097 – 8350 – 4

Ⅰ.①金… Ⅱ.①栾… Ⅲ.①资本主义经济 – 文集 ②金融危机 – 世界 – 文集 Ⅳ.①F03 – 53 ②F831.59 – 53

中国版本图书馆 CIP 数据核字（2015）第 268896 号

世界社会主义研究丛书·研究系列 78
金融帝国主义与国际金融危机

著　　者 / 栾文莲 等

出 版 人 / 谢寿光
项目统筹 / 祝得彬
责任编辑 / 仇　扬

出　　版 / 社会科学文献出版社·全球与地区问题出版中心（010）59367004
　　　　　　地址：北京市北三环中路甲29号院华龙大厦　邮编：100029
　　　　　　网址：www.ssap.com.cn

发　　行 / 市场营销中心（010）59367081　59367090
　　　　　　读者服务中心（010）59367028

印　　装 / 北京季蜂印刷有限公司

规　　格 / 开　本：787mm × 1092mm　1/16
　　　　　　印　张：14.5　字　数：258 千字

版　　次 / 2015 年 12 月第 1 版　2015 年 12 月第 1 次印刷

书　　号 / ISBN 978 – 7 – 5097 – 8350 – 4
定　　价 / 79.00 元

本书如有破损、缺页、装订错误，请与本社读者服务中心联系更换

▲ 版权所有 翻印必究